中国知网（CNKI）来源集刊
复旦大学"学术期刊质量提升支持计划"资助立项

Journal of China's
Neighboring Diplomacy
Volume 5, Issue 1 (2019)

中国周边外交研究

第九辑

复旦大学中国与周边国家关系研究中心　编

世界知识出版社

图书在版编目（CIP）数据

中国周边外交研究.第9辑/复旦大学中国与周边国家关系研究中心编.—北京：世界知识出版社，2019.12
ISBN 978-7-5012-6148-2

Ⅰ.①中… Ⅱ.①复… Ⅲ.①中外关系—研究
Ⅳ.①D822

中国版本图书馆CIP数据核字（2020）第201609号

责任编辑	狄安略
责任出版	赵 玥
责任校对	张 琨

书　　名	中国周边外交研究·第九辑 Journal of China's Neighboring Diplomacy: Volume 5, Issue 1 (2019)
主　　编	复旦大学中国与周边国家关系研究中心
出版发行	世界知识出版社
地址邮编	北京市东城区干面胡同51号（100010）
网　　址	www.ishizhi.cn
电　　话	010-65265923（发行）　010-85119023（邮购）
经　　销	新华书店
印　　刷	北京虎彩文化传播有限公司
开本印张	710毫米×1000毫米　1/16　19⅛印张
字　　数	344千字
版次印次	2020年10月第一版　2020年10月第一次印刷
标准书号	ISBN 978-7-5012-6148-2
定　　价	98.00元

版权所有　侵权必究

为适应我国信息化建设，扩大本集刊及作者知识信息交流渠道，本集刊已被中国知网（CNKI）系列数据库收录，其作者文章著作使用费与本集刊稿酬一次性给付。免费提供作者文章著作引用统计分析资料。如作者不同意文章被收录，请在来稿时向本集刊声明，本集刊将做适当处理。

《中国周边外交研究》半年刊

主　管　复旦大学国际问题研究院
主　办　复旦大学中国与周边国家关系研究中心

主　编　石源华
副主编　包霞琴　祁怀高
编　委（以姓氏笔画为序）

左希迎　中国人民大学	石源华　复旦大学
卢光盛　云南大学	归泳涛　北京大学
包霞琴　复旦大学	关培凤　武汉大学
祁怀高　复旦大学	李皖南　暨南大学
杨　健　复旦大学	吴心伯　复旦大学

　　　　［日本］青山瑠妙　日本早稻田大学（Waseda University）
　　　　赵卫华　广东外语外贸大学　　　　赵可金　清华大学
　　　　钟飞腾　中国社会科学院亚太与全球战略研究院
　　　　费　晟　中山大学　　　　　　　　薛　松　复旦大学
　　　　魏　玲　外交学院
　　　　［马来西亚］Datuk Danny Wong Tze Ken
　　　　　　　马来亚大学（University of Malaya）
编辑部　胡旸昱　张泽宇

编辑部联系方式

投稿电邮：ccrnc@fudan.edu.cn
电　　话：86 21-6564 2939
传　　真：86 21-6564 2939
地　　址：上海市邯郸路220号复旦大学文科楼307室复旦大学中国与
　　　　　周边国家关系研究中心
邮　　编：200433

目录

卷首语 .... 石源华 / 1

中国周边外交七十年专栏

周边外交视阈下的中国70年对美外交 .... 潘亚玲 / 11
中国对日外交70年述论 .... 吴寄南 / 31
中国对印外交的历史、现状和未来 .... 关培凤 / 52
中国对中亚区域外交的历史演进和未来发展 .... 张　宁 / 74
中国西亚区域外交：历程、成就与未来抉择 .... 郭　锐 / 94
中国对南太平洋区域外交70年述论 .... 费　晟 / 113

中国周边外交综论

关于中国周边问题的思考 .... 张蕴岭 / 137
改革开放40年中国周边外交的理念与实践 .... 李　文　刘铭赜 / 142
构建新型国际关系与中国周边学 .... 夏立平　钟　琦 / 159

中国周边学笔谈（三）：青年专场

反思与建构：中国周边学中层理论探索 .... 蒋建忠 / 177
浅议中国周边学的价值取向 .... 薛　松 / 182
中国周边学与东西方外交理论的比较与融合 .... 曹　玮 / 187
"中国周边学"的三种解读和创设目标 .... 张　群 / 192

中国周边学的新课题：如何为区域提供规范 .... 贺嘉洁 / 197
学习者视阈下的中国周边学"十问" .... 张　励 / 201

中国周边专题研究

中国周边经济形势的评估和分析 .... 钟飞腾 / 211
"一带一路"与中国国家形象的内外构塑 .... 马丽蓉 / 238
论新时代海防观的理论来源、内涵及思维方法 .... 高新生 / 248

新书栏

中国周边学的提出、推介和研究
　　——《中国周边学研究文集》前言 .... 石源华 / 269

会议综述

第八届中国周边外交研讨会综述 .... 胡旸昱 / 283

附　录

复旦大学中国与周边国家关系研究中心简介 .... / 295
《中国周边外交研究》征稿启事 .... / 297
《中国周边外交研究》稿件体例及注释规范 .... / 299

Contents

Preface..*Shi Yuanhua* / 1

China's Neighboring Diplomacy in the Past 70 Years

China's Diplomacy toward the U.S. in the Past 70 Years: A Review
  from the Perspective of China's Diplomacy with Its Neighboring
  Countries ....*Pan Yaling* / 11
A Review of 70 Years of China's Diplomacy toward Japan.................. *Wu Jinan* / 31
The History, Reality, and Future of China's Diplomacy toward India
  .... *Guan Peifeng* / 52
The Historical Evolution and Future Development of China's
  Diplomacy with the Region of Central Asia .... *Zhang Ning* / 74
China's Diplomacy with the Region of West Asia: Process,
  Achievements, and Options for Future..*Guo Rui* / 94
A Review on China's Diplomacy with the Region of South Pacific in
  the Past 70 Years..*Fei Sheng* / 113

Comprehensive Studies on China's Neighboring Diplomacy

On Solving China's Neighboring Issues.. *Zhang Yunling* / 137
Conception and Practice of China's Neighboring Diplomacy in the
  Past 40 Years of Reform and Opening-up .... *Li Wen and Liu Mingze* / 142
Constructing a New Type of International Relations and China's
  Neighboring Countries Studies ....*Xia Liping and Zhong Qi* / 159

China's Neighboring Countries Studies Report, Part 3: Young Academics

Reflection and Construction: Exploring Middle-range Theory in
China's Neighboring Countries Studies .... *Jiang Jianzhong* / 177

Discussion on the Value Orientation of China's Neighboring Countries
Studies .... *Xue Song* / 182

Comparison and Integration of China's Neighboring Countries Studies
and Diplomatic Theories of East and West .... *Cao Wei* / 187

Three Interpretations on China's Neighboring Countries Studies and
Its Targets .... *Zhang Qun* / 192

New Subject of China's Neighboring Countries Studies: How to
Provide Paradigm for the Region? .... *He Jiajie* / 197

10 Questions about China's Neighboring Countries Studies from the
Perspective of a Learner .... *Zhang Li* / 201

Research Topics on China's Neighboring Diplomacy

Assessment and Analysis on the Economic Situation in China's
Neighboring Countries .... *Zhong Feiteng* / 211

BRI and the Internal and External Construction of China's Image .... *Ma Lirong* / 238

On the Origin of Theory, Contents and Thinking Methods of Coastal
Defense in the New Era .... *Gao Xinsheng* / 248

Reading Recommendation

Preface of Essays on China's Neighboring Countries Studies:
Proposing, Presenting and Studying China's Neighboring Countries
Studies .... *Shi Yuanhua* / 269

Reviews on Symposiums

A Review on the 8th Symposium of "China's Neighboring
    Diplomacy" .... *Hu Yangyu* / 283

Appendix

Introduction on Center for China's Relations with Neighboring
    Countries of Fudan University (CCRNC-Fudan) .... / 295
Notice Inviting Contributions to the Journal of China's Neighboring
    Diplomacy .... / 297
Standards of Articles and Annotations of the Journal of China's
    Neighboring Diplomacy .... / 299

卷首语

石源华

2019年是中华人民共和国成立七十周年，庆贺新中国成立及其取得的成就成为本辑的重要内容。今年又值中美进入两个不同的"新时代"，影响和导致中国周边形势出现新态势。美国特朗普新时代的外交战略是"美国第一"，由此引发全球尤其是亚太国家的普遍担忧，其四面出击的任性妄为增加了世界和地区的不安定。中国新时代，大步推行中国社会主义特色大国外交，以合作共赢为核心理念，建设命运共同体为战略目标，形成世界和地区合作的强大新动力。中美两股力量形成相当程度的抗衡和对抗，双边深层次结构性矛盾大幅上升，"兼容共存"合作面有所下降，导致中国周边外交呈现新的特点，成为本辑关注的重点。

本辑专辟"中国周边外交70年专栏"。6篇论文均选自石源华主持的上海市哲学社会科学规划重点项目"新中国成立70周年"研究系列课题《新中国周边外交史研究》未刊书稿，该书的编撰宗旨是：立足解决百年未有大变局和正确制定周边外交战略和政策的整体角度，回顾与总结新中国成立70年来的中国周边外交史，对周边外交的历史、现状、理论、热点、战略、政策诸方面的重要问题进行反思和探索，深化对于中国周边外交史的研究，具有重要的现实意义、学术意义和理论意义。书稿相关部分原稿比较长，收入本辑时，请各位作者做了修改和浓缩，特此说明。

潘亚玲著《周边外交视阈下的中国70年对美外交》，回顾并从理论上总结了中美70年来在中国周边外交问题上的较量和发展。作者认为，由于不同的历史发展进程，中美两大文明的历史和现实的互动更多发生在中国周边地区。中美关系大致经历了战略敌对下的体系性对抗、战略对接下的放任自由和战略竞合下的短兵相接三个阶段。在此基础上，作者论述了中国对美外交实现的持续创新以及对周边地区产生的深远影响：战略理念逐渐升级为着眼于整个人类可持续发展的人类命运共同体理念，战略内涵正朝着政治—经济—人文三大支柱齐头并进的方向发展，战略手段重点转向塑造国际公共产品供应比较优势结构。强调美国对华战略冒险主义和周边国家战略机会主义的上升，意味着中国实现可持续崛起需要更高的战略要求，其核心是确保周边地区成为中美间的桥梁而非麻烦，使周边地区成为中美公共产品供应比较优势结构的确认者，中美价值链重构的中间人，中美全球治理合作的"示范区"及中美文明互鉴的"试验田"。

吴寄南著《中国对日外交外交70年述论》，立足于日本是中国一衣带水邻国，是亚洲最大发达国家，也是中国最重要周边国家之一的战略定位，论述了中国周边外交始终将如何处理好与日本的双边关系摆在最重要的位置。中日关系实现邦交正常化以来，两国交往无论在广度上还是深度上都超过了历史上任何一个时期，两国从和平相处、平等合作中获得了实实在在的好处。作者不仅深刻分析了随着国际环境的变化和两国综合国力对比的逆转，中日关系跌宕起伏、坎坷曲折的原因主要是中日间存在着旷日持久的结构性矛盾，日美同盟是横亘在中日间的最大障碍，日本对华认知障碍中日关系发展等问题，还提出如何从战略高度趋利避害、确保中日关系健康稳定发展的五项对策：坚持中日关系的政治基础、高举维护自由贸易旗帜、深化经贸领域互利合作、努力克服安保合作"短板"、促进民间交流人文合作等。

关培凤著《中国对印外交的历史、现状和未来》，将中印关系的发展历程划分为：缔结"兄弟"情谊期（1950—1959）、走向冲突对峙期（1959—1969）、解冻冷淡期（1969—1988）、睦邻友好发展期（1988—2000）、持续突破期（2000—）五个阶段，经历了从虚到实、从被动到主动、从政治为主到多领域并举的转变。进而论述党的十八大以来，中国视印度为"更加紧密的发展伙伴""引领增长的合作伙伴"和"战略协作的全球伙伴"的新定位，以"亲、诚、惠、容"和"协调"与"合作"的大国外交理念指导对印关系，进一步提升了印度在周边外交和总体外交中的战略重要性，多方面丰富和充实中国对印外交的内涵，使中印关系总体上保持了稳定向好的发展态势。同时指出，受两国相近发展程度和发展目标以及历史痼疾等问题的影响，中印关系未来仍然存在较大不确定性。中国要保持战略定力，着眼大局，立足长远，妥善应对中印关系中的问题和挑战，致力于促进和塑造与印度的战略伙伴关系，争取实现"龙象共舞"的"亚洲世纪"。

张宁著《中国对中亚区域外交的历史演进和未来发展》，将中国中亚区域外交政策以十年为期划分为三个阶段：第一阶段是建交和解决历史遗留问题（尤其是边界划分和边界稳定），第二阶段是巩固和发展，双边和多边（尤其是上海合作组织）合作日益充实丰富，第三阶段是围绕"一带一路"建设，将中亚五国全部升级为"战略合作伙伴"，各领域合作相应再上新台阶。从中国与中亚国家近30年的外交历程看，双方合作的领域、层次、内容、规模日益丰富，互信和友谊日益加深，中国中亚区域外交政策总体实用有效，实现了中国外交的任务目标。未来中亚国家在中国外交中将继续占据重要地位，"一带一路"合作将是重中之重。

郭锐著《中国西亚区域外交：历史、成就和未来抉择》，将中国西亚区域外交划分为邦交关系的孤立期（1949—1955）、创立期（1955—1959）、低潮期（1960—1969）、转型期（1970—1978）、发展期（1979—1992）、成熟期（1992—）六个阶段。中国改革开放前以"政治外交"为主，改革开放后转向政治、经济、能源、安全、文化等多领域的全方位外交，中国与西亚国家结成了"你中有我，我中有你"的依存关系。党的十八大以来，中国的西亚区域外交以构建中阿命运共同体为引领，推进"一带一路"建设为依托，推动双边关系发展跨进新阶段。中国西亚区域外交在中国周边外交乃至总体外交中的地位和分量进一步提升，增强了中国在该地区的话语权、影响力和"创造性介入"新作为。作者强调未来应进一步巩固和深化中阿传统友谊基础，落实"共商、共建、共享"原则，构建以合作共赢为核心的新型国际关系，以积极的建设性姿态推动地区和平进程，构建中国与西亚国家智库间长效交流和合作机制。

费晟著《中国南太平洋区域外交70年述论》，将中国南太平洋区域外交划分为邦交孤立期（1949—1971）、突破期（1972—1976）、成熟期（1977—1996）、转型期（1997—2012）、创新期（2012—）五个阶段。尽管对南太外交是中国周边外交中较薄弱的环节，但自1972年实现外交突破以来，南太区域外交在中国外交考量中的地位不断提升。尤其是十八大以来，中国对南太区域外交的深度与广度突飞猛进，实现了较高的制度化建设水平。中国对南太外交的历史性变化是国际及地区局势演变、南太主要国家外交战略调整，特别是中国全面崛起并积极参与地区事务等合力作用的结果。中国对南太地区的外交，以发展双边及多边经贸合作为基础，以提升对澳新战略合作伙伴关系为重点，以强化对岛国的全面交流合作为新亮点，实现了保持地区局势长期稳定及营建外交前沿新支点的目标，也将成为施展并检验未来中国外交成效的新舞台。

"中国周边外交综论"专栏收入了张蕴岭先生特稿等3篇论文。张蕴岭先生长期关注和研究中国周边外交，是国内该领域的领军人物。他撰写的《关于中国周边问题的思考》，高屋建瓴，从中国的"周边国家"和"周边地区"的概念和定位着笔，畅议中国周边问题的历史、现状和未来，着重对于"中国周边学"建设发表了重要的指导性意见。他提出了"中国周边学"的三个要素："我与周边""周边与我""他者与周边"，以及两个构建方法："系统的理论""复合的理论办法"，强调对于周边问题的深入研究是构建周边学的前提和基础。"实现民族复兴的中国必定要在推动世界和地区新发展、新关系、新秩序上发挥重要作用，从这个角度说，周边是中国发挥作用的'样板田'，既向地区展示中国，也向世界展示地区。"

李文、刘铭赜著《改革开放40年中国周边外交的理念与实践》，分列改革开放以来中国周边外交理念的变革与发展、中国与周边国家关系的发展、"一带一路"与周边外交三个部分，论述十一届三中全会以来，随着对周边关系重要性的认识不断深化，我国的周边外交理念日趋发展与成熟，引导中国周边外交在实践上不断取得新进展。指出习近平主席提出"一带一路"倡议，为中国与周边国家构建了具有共商共建共赢特点的新合作框架，预言随着"一带一路"建设的落地生根，一个共同发展、共同繁荣的周边命运共同体正在由理想变成现实。

夏立平、钟琦著《构建新型国际关系与中国周边学》，阐述和运用全球共生系统理论构建新型国际关系理论，优化中国周边体系。作者特别指出：构建新型国际关系的三个核心内涵应该成为中国周边学发展的三个核心内容：相互尊重是构建新型国际关系和中国周边学的前提；公平正义是构建新型国际关系和中国周边学的核心；合作共赢是构建新型国际关系和中国周边学的目的，中国周边学的发展应该基于这三个核心内容。

"中国周边学"笔谈（三）是编辑部特意组织的青年学者专场。集刊第七、八辑刊出的笔谈专栏（一）（二）比较多的是资深专家对于中国周边学的研究和心得。随着中国周边学研讨的不断深入，一些青年教师、博士后、博士研究生也加入了研讨行列。本辑选刊了6位青年学者的笔谈稿，他们贡献的富有创见的新观点，推进了中国周边学研究的发展。

江苏社会主义学院一级主任科员蒋建忠著《反思与建构：中国周边学中层理论探索》，认为任何一门学科的研究对象都可以分为宏观、中观和微观三个层次。中层理论介于宏大的理论体系和微观的经验描述之间，既具有高屋建瓴的抽象性，又具有细致入微的可操作性，是抽象性和具体性二者的统一。作者主张借鉴默顿的"中层理论"方法，增强中国周边学的解释功能和解读功能，使学科建设尽量摆脱唯意识形态化的桎梏。

复旦大学国际问题研究院助理研究员薛松著《浅议中国周边学的价值取向》，认为处在雏形阶段的中国周边学与美国地区研究在产生背景、研究对象和研究目标上有许多可比较性，面临的困难和挑战也具有相似性。美国地区研究由盛转衰的历史教训说明，中国周边学应从一开始就明确价值取向：在学科建设的整体层面支持国家对外战略目标，在个体研究层面至少实现学术旨趣与国家战略的价值兼容。中国周边学应走出一条与美国地区研究不同的道路，形成学科建设与国家战略相互促进的关系。

国际关系学院国际政治系副教授曹玮著《中国周边学与东西方外交理论的比较与融合》，比较中国与美国的不同周边地缘环境，比较中国与欧洲不同的外交理念和实践，认为建立中国周边学的重要基石，应当是以中国周边为核心的东方国家独有的外交实践史，中国周边学不仅要研究20世纪以来的中国周边外交实践，更应该关注这一地区从古代到近现代的外交实践。同时，要注意避免一味强调中国周边的特殊性，过分抬高东亚史的学术价值和现实指导意义，抹杀现有外交理论普适性和东西方外交实践的共通性。强调中国周边学应在加强对古代东亚外交历史的研究过程中，对东西方外交实践和理论进行充分的比较和整合，走一条东西融合、为我所用的学术创新之路。

上海社会科学院国际问题研究所助理研究员张群著《"中国周边学"的三种解读和创设目标》，从中国周边学的"中国""周边""学"的词语组合关系解读中国周边学的含义：在偏正关系下，中国周边学可以解读为"关于中国的周边国家/地区的学问/学说/学科"，研究内容等同于中国周边的区域国别研究，"学"的涵盖范围更接近于学问而不是学说或学科；在并列关系下，中国周边学可以解读为"关于中国与周边国家/地区关系的学问/学说/学科"，研究内容隶属于国际关系学科，"学"的含义更接近于学科而不是学问或学说；在指向关系下，中国周边学可以解读为"关于中国对周边国家/地区的外交实践的学问/学说/学科"，研究内容为中国对周边国家或地区的外交实践，"学"的含义更接近于学说、学派，而不是学问和学科。据此，作者认为中国周边学至少可以解读为以下三个层次：关于中国周边国家和地区的学问（知识、信息和研究）；关于中国与周边国家和地区的关系的学科；关于中国对周边国家和地区的外交实践的学说。三者的关系是，中国对周边关系的研究，以中国与周边国家和地区的知识和信息为基础，研究成果服务于中国的周边外交决策和实践。

复旦大学国际关系与公共事务学院青年副研究员贺嘉洁著《中国周边学的新课题：如何为区域提供规范》，认为随着中国实力和影响力的增长，中国已经从周边事务的重要参与者逐渐发展成为周边秩序的主要塑造者和维护者。从一个新的角度提出，除了遵守现有规范外，中国也应该为周边区域提供新的规范，一来打消周边国家对于中国崛起的疑虑，二来承担起中国对于周边稳定和发展的责任。

复旦大学一带一路及全球治理研究院助理研究员张励著《学习者视阈下的中国周边学"十问"》，另辟新境，从学习者的视阈出发对中国周边学"追问"与"求解"，提出了"中国周边学是一门新学问（或学科）吗？""中国周边学的'学'到底是指什么？""为什么此时而非彼时出现中国周边学？""中国周边学的目标抑或使命是什么？""中国周边学的研究脉络有哪些？""中国周边学和区域与国别研究的关系与异同有哪些？""中国周边学中的'周边'在英文翻译和使用时需要注意什么？""谁适合和研究中国周边学？""学习中国周边学的出路在何方？""中国周边学的专业读物与最新研究信息获取渠道有哪些？"十大问题。作者别开生面，自问自答，与读者共同"感悟"和"开悟"中国周边学的新内涵和新功能。

"中国周边专题研究"专栏刊载3篇论文。钟飞腾著《中国周边经济形势的评估和分析》，运用主要国际机构的统计数据，详尽分析了2018年中国周边外交的现状和成就。作者指出，2018年中国经济总量超过周边28个国家之和，而1992年和21世纪初中国经济总量仅相当于周边国家经济的10%和20%。2018年中国外贸格局稳定，与周边国家的经贸关系趋于均衡，并未出现与发达国家经贸关系的"脱钩"。中国已经超过美国成为周边经济体最大的出口市场。中美框架仍然是中国周边经济的主要分析框架，但中国周边经济形势呈现多样化的态势，不同区域内的国家都有各自重要的出口市场，不能用中国或美国加上某个地区大国来确定其模式，由此对分析与预测未来中国周边经济形势和应对中美贸易摩擦的结局与影响具有重要的意义。

马丽蓉著《"一带一路"与中国国家形象的内外构塑》，认为"一带一路"倡议提出五年多来，中国国家形象的美誉度稳中有升，但因美国等西方大国舆论围剿"一带一路"而使构塑中国形象的内外力博弈日益激烈，也使中国国家形象的构塑面临严峻的现实挑战。作者强调随着"一带一路"的精耕细作,中国应"立足周边"深化塑造中国的"文明形象""政党形象""学术形象"来提升中国国家形象的内涵建设,提高国家软实力,助推"一带一路"行稳致远。

高新生著《论新时代海防观的理论来源、内涵及思维方法》,论述了新时代海防观的产生是时代发展的要求,有着深刻的理论来源和内容丰富、系统完整、思想深邃的具体内涵,表明以习近平同志为核心的党中央审时度势,站在国家安全和全局的战略高度,科学判断形势,明确了新时代海防工作指导思想,确立了建设发展目标,重点改革体制机制,提高斗争艺术,明晰实现路径,运用多种思维方法,坚决维护国家主权、安全和海洋权益,努力建设强大稳固的现代海防,为实现中华民族伟大复兴的中国梦提供保障。

"新书栏"刊载石源华著《中国周边学的提出、推介和研究——〈中国周边学研究文集〉前言》,论述了中国周边学提出和推介的宗旨、经过以及主要特点,全方位地介绍了《中国周边学研究文集》。"会议综述"栏目刊载了胡昉昱撰写的《第八届中国周边外交研讨会综述》。

《中国周边外交研究》第九辑的出版,要感谢各位作者的辛勤努力,文稿完成之时正值寒假和新春佳节,大家克服各种困难,如期完成文稿。上海外国语大学忻华副教授协助了本辑的英文翻译校勘工作。复旦大学中国与周边国家关系中心科研秘书胡昉昱老师协助了编务工作,在此一并致以诚挚的谢意!

石源华

2019年5月20日

中国周边外交七十年专栏

周边外交视阈下的中国70年对美外交

潘亚玲

【内容提要】 由于不同的历史发展进程,中美两大文明的历史和现实互动更多地发生在中国周边地区。从周边外交视角看,中美关系大致经历了战略敌对下的体系性对抗、战略对接下的放任自由和战略竞合下的短兵相接三个阶段性发展。在这一过程中,中国对美外交实现了持续创新,对周边地区产生了深远影响:战略理念逐渐升级为着眼于整个人类可持续发展的人类命运共同体理念,战略内涵正朝向政治—经济—人文三大支柱齐头并进的方向发展,战略手段重点转向塑造国际公共产品供应比较优势结构。尽管如此,美国对华战略冒险主义和周边国家战略机会主义的上升,意味着中国实现可持续崛起的更高战略要求,其核心是确保周边地区成为中美间的桥梁而非麻烦,特别是使周边地区成为中美公共产品供应比较优势结构的确认者,中美价值链重构的中间人,中美全球治理合作的示范区及中美文明互鉴的试验田。

【关键词】 周边外交 中美关系 中国崛起 人类命运共同体

【作者简介】 潘亚玲,云南大学国际关系研究院研究员,复旦大学美国研究中心兼职研究员。

尽管伊恩·莫里斯(Ian Morris)认为,以中国为代表的东方文明从来就没有领先过自古罗马以来直至当今以美国为代表的西方文明,但更大的共识是东方文明的确曾引领世界长达几千年。① 由此而来，新中国成立以来的中国对美外交，事实上意味着两大文明的历史性互动，翻开了新的篇章。尽管如此，对中美关系的认知更多为两个视角主导：一是从中短期视角出发，关注相对具体的战略和利益计算；二是从周边互动视角出发，关注中美更为密切的互动。从后一视角看，新中国成立70年来的对美外交大致经历了三个阶段的发展，即冷战前半期主要基于战略对抗的系统性互动，冷战后半期及之后较长时间内双方更多追求战略对接而给予周边地区较大自由空间，以及当前中美进入系统性竞争与合作后更多关注双方在周边的"短兵相接"。在这一历史性演变过程中，中国对美外交，特别是从周边环境塑造的视角看，有着持续且重大的创新或升级，覆盖战略理念、战略内涵和战略手段三个方面。鉴于文明互动的宏大规模与缓慢进程，美国对体系性权势转移的战略焦虑心理正促使中美关系的竞争面被不实放大，并刺激了周边中间国家的战略机会主义上扬，不仅为双边关系带来困难，也为中美各自克服内部困难，推动自身发展增添了变数。

一、周边外交视野下的中美关系历史演进

中美接触始于1784年"中国皇后号"的访问，但直到20世纪70年代前，双方接触并不多。尽管在第二次世界大战期间美国曾试图同时接触国共双方，但1949年新中国的成立，特别是中国采取"一边倒"战略后，美国关闭了中美接触的大门。这一源于中短期两极对抗的战略计算，使中美成为"想象的敌人"，并在周边展开了基于国际均势的体系性对抗；但同样是在两极体系框架内，中美却在不到30年的时间里从"想象的敌人"转变为"想象的朋友"，这对周边的中间国家而言，是难得的战略机遇。两极体系的终结，推动中美寻求双边关系的新方向，而体系性权势转移进程的推进甚至加速，正促使竞争在双边竞合关系中得以凸显。尽管略有差异，但中美在周边地区的互动与双边关系的整体演变上，总体保持一致，其根本原因源于周边地区对中美而言近乎同等的战略重要性。

---

① [美]伊恩·莫里斯：《文明的度量：社会发展如何决定国家命运》，李阳译，北京：中信出版社，2014年。《文明的度量》一书事实上是莫里斯另一著作《西方将主宰多久：从历史的发展模式看世界的未来》（钱峰译，北京：中信出版社，2011年）一书的数据版，其核心主题便是"推翻"东方文明长期引领世界的"假设"。

（一）"想象的敌人"与中美周边体系性对抗（1949—1972）

新中国成立后，中国对美外交很大程度上陷入停滞，其根本原因在于，从1949年新中国成立至20世纪70年代初中美关系初步正常化期间，中美近乎处于全面对抗状态。源于中国走社会主义道路的意识形态敌视，美国拒绝承认中华人民共和国，双方军事、政治、经济及文化等交流全面中断，中国很大程度上被建构为美国"想象的敌人"。在周边地区，中美基于体系性对抗思维，形成恶性互动循环，双方主要围绕台湾问题、朝鲜战争、越南战争等展开了多次直接或间接较量。

这一时期，中美围绕台湾问题发生了两次危机，即1954—1955年第一次台海危机和1958年第二次台海危机，其中第一次危机更多是双边性的，而第二次则具有明显的体系性色彩。需要指出的是，这两次危机的另一个共同特征是，高度而持续的对抗性并未对双边关系的学习曲线产生重要影响，都是在危机升级至特定阶段后，中国出于内部考虑而推动危机缓解。这也对美国此后在两岸关系、中美关系方面的政策假设产生了长远影响。

如果说新中国的成立迅速引发美国国内舆论反弹，对华认知转向负面，那么1950年6月至1953年7月的朝鲜战争，便直接推动了美国对华"敌人"认知的固定。朝鲜战争既是二战后东亚地区的第一场战争，也是新中国成立后中美双方的第一次直接对抗。正因如此，在朝鲜战争爆发后，美国不仅迅速为自身武装干涉朝鲜半岛事务制造合法性理由，更为其武力阻挠中国实现国家统一制造事端。就在朝鲜战争爆发后的第三天即1950年6月27日，杜鲁门总统命令第七舰队进入台湾海峡，以武力阻挠中国人民解放台湾。此后，美国又试图将战火烧向中国，正因为美国的步步进逼，导致了中国不得不进行抗美援朝。作为中美冷战后的第一次正面对抗，朝鲜战争不仅对中美关系产生了长远影响，对朝鲜半岛的长期和平与稳定也产生了难以估量的影响。

与越南战争相比，中美在朝鲜半岛和台湾地区的对抗都相对短暂。很大程度上，美国是从法国手中"继承"或"接管"了越南问题，并逐渐将其升级为一场持久战。对美国而言，"继承"越南问题的根本逻辑在于对"共产主义扩散"的恐惧。艾森豪威尔总统在1954年提出"多米诺骨牌效应"，某种程度上是对美国社会及西方世界的"恐吓"。他强调，由于中国的存在，一旦越南"沦陷"，西方在远东地区的防线就会像"多米诺骨牌"一样倒塌，直至全部

"沦陷"。① 为避免这一"多米诺骨牌"现象，美国在近20年的时间里陷在越南战争的泥沼中难以自拔，不仅投下远超过二战时期总投弹量的炸药，动用除核武器以外的几乎所有新式武器，更使多位总统难以"体面"下台。正是这一日渐难以承受的成本，使美国在20世纪60年代末逐渐意识到，解决越南问题"关键不在河内，而在北京和莫斯科"。② 也正是这一认识，推动尼克松总统上台后尝试实现与中国的关系正常化，其后果是中美从"想象的敌人"迈向"想象的朋友"。

（二）"想象的朋友"与对中国周边放任自由（1972—2008）

大致而言，中美"想象的朋友"关系仅持续了10年左右，即从1979年至1989年，但却存在重要的向前追溯和向后延伸期：向前可追溯至1972年尼克松访华，向后可延伸至2008年全球金融危机爆发，甚至直到2011年奥巴马政府启动"亚太再平衡"战略之后。中美"想象的朋友"认知不仅促进了双边关系发展，更拓展了周边中间国家的政策空间，使大量位居中美之间的中间国家可发挥更为明显的中等强国（middle power）作用——尽管这有时是消极的。

首先，在20世纪80年代，中美接近的直接战略后果，是中国与周边地区各国关系的全面改善。尽管地理距离较近，但中国与东南亚国家的外交关系不如想象中顺利：由冷战而来的意识形态竞争，使中国与马来西亚、泰国、菲律宾等国在20世纪70年代建立外交关系后就难有进展；中国与印度尼西亚关系长期相对困难，到1985年才逐渐恢复并在1990年后得到了进一步发展；直至1990年与新加坡、文莱建立外交关系，中国才实现与东盟所有成员国均建立外交关系。可以说，中国与东南亚国家关系的全面发展，很大程度上源于中国与美国关系的改善。

其次，冷战结束后，中美并未重返体系性对抗，基于"想象的朋友"认知的路径依赖，为周边中间国家提供重要的中等强国作用发挥空间，其典型是澳大利亚和东盟。澳大利亚较早发现中美不再专注于体系性对抗所带来的政策空间，亚太经合组织就是在其倡议基础上得以创建的，并成为亚太地区一体化进程的重要倡导机制。相比之下，成立于1967年的东盟在冷战时期并未取得明显进展。但冷战结束的确是其成为东亚地区一体化"驾驶员"的重要推动力

---

① 资中筠：《战后美国外交史——从杜鲁门到里根》，北京：世界知识出版社，1994年，第583页。

② 尼克松：《尼克松回忆录》（上册），北京：商务印书馆，1978年，第348页。

量，其标志是东盟地区论坛和东盟与中日韩（10+3）两大机制的创立和发展：前者在20世纪末、21世纪初一度是东亚地区最为重要的安全对话机制，它将东盟对地区安全合作的关切传递给外部大国，进而形成了一种观念的向外辐射；而后者则推动东亚地区一体化达到一个高潮——其代表是东盟与中国、日本、韩国等的自贸区建设。

再次，中美对周边中间国家的放任自由，为后者塑造地区洛克式和平文化创造了重大有利条件。国际关系主流理论近乎一致地假定，由于东北亚地区充满文化多样性，地区各国政治制度差异大，历史纠纷多，各国力量对比变化快，必然导致既有的安全困境、声望竞争、领土争端、历史怨恨及经济冲突被放大，并导致整个地区陷入冲突。[1] 尽管如此，冷战结束后的东北亚总体上保持了稳定甚至是和平，国家间的合作与协调非但没有削弱，反而有所强化，尤其是在朝鲜核问题上。同时，地区内错综复杂的历史敌对情绪，并未影响地区经济合作，尤其是中国的崛起很大程度并未被视作威胁，而是被当作了机遇。

最后，中美对周边中间国家的放任自由，很大程度上也为部分"麻烦制造者"提供了政策空间，特别是那些追求发展核武器的国家，大致包括朝鲜、伊朗、印度、巴基斯坦以及潜在的日本、韩国等。尽管有人将这归因于核技术门槛的降低，[2] 但体系性大国对中间国家的约束力下降本身明显提供了体系性动力。

（三）体系性竞合与中美在中国周边"短兵相接"（2009—）

冷战结束后，面对体系转型特别是日渐明显的权势转移进程，中美双方均尝试重新界定双边关系，体系性竞合逐渐成为事实上的双边关系战略定位。克林顿政府一上台便尝试"接触+遏制"的"两面下注"（hedge）战略：一方面努力推动中国融入世界市场经济体系；另一方面制衡中国的"不配合"行为，为接触战略添加"保险"。随着2008年全球金融危机爆发，美国越来越倾向于认为，先前对"两面下注"战略中的接触强调过多且并不成功，因此是时候强调遏制的一面，由此催生了当前明显可见的地缘经济加地缘政治的复合竞争，

---

[1] G. John Ikenberry and Michael Mastanduno, "International Relations Theory and the Search for Regional Stability," in G. John Ikenberry and Michael Mastanduno, eds., *International Relations Theory and the Asia-Pacific,* New York: Columbia University Press, 2003, p.2.

[2] William Langewiesche, *The Atomic Bazaar: The Rise of the Nuclear Poor,* New York: Farrar, Straus and Giroux, 2007, p.88.

特别是导致了中美在周边地区的"短兵相接"状态。

首先，基于对华"接触"已然失败的假设，美国试图在周边地区与中国"全面竞争"，进而导致双方在地区内的互动，某种程度上更具对抗性。具体而言，中美在中国周边的"短兵相接"可能包括以下六个方面：台湾问题、中美经贸关系、海上安全、领土和海洋争端、防核扩散及国际体系转型。为避免对抗演化为危机，美国往往强调两个方面：一是如何突破因中国实力强大而来的反介入/区域拒止战略，或者说实现美国的介入；二是通过战略对话，减少战略模糊性并提升战略互信度，其核心目标是信心建立机制。

其次，自奥巴马政府启动"亚太再平衡"以来，美国加大了利用中国与周边国家的领土和海洋争端的力度。自2010年以来，东亚地区的领土和海洋争端呈现一种集中性爆发态势，但美国扮演的角色并不积极，① 而是利用其影响力煽风点火，明显是在支持其他国家与中国对抗。无论是奥巴马政府还是特朗普政府，都一方面声称在南海问题上保持中立，另一方面却无理纠缠，强调所谓航行自由、地区秩序、主权平等等。② 但事实上，美国所要的并非各国依据国际法所享有的真正的航行自由，而是美国军舰军机所专享的"横行自由"。③ 事实表明，美国曾经所提出的"对南海仲裁案结果不持立场、不选边站队，支持直接当事方开展对话"不过是一句空话，美国对于维护与中国的战略互信根本不在意。此外，美国还继续在南海地区通过抵近侦察、军舰巡逻等手段，刺探中国军事情报，破坏地区稳定，动摇中美互信。尽管包括菲律宾政府在内的东南亚国家仍更多强调争端的和平解决和双边解决，但美国特别是特朗普政府仍不时尝试炒作该议题，特别是经常性派军舰进入南海地区。

最后，自蔡英文担任台湾地区领导人后，美国利用台湾问题制造摩擦的意愿和力度均明显强化。奥巴马政府在结束前，曾有一波利用台湾问题制造摩擦的运作，包括允许蔡英文赴拉美途中"过境"美国，通过含有美台高层军事交流内容的"2017财年国防授权法案"等。特朗普在当选候任期间就与蔡英文

---

① 张春认为，"美国可称得上东亚地区领土领海争端集中爆发的罪魁祸首"。王鸿谅：《国际权势转移中的东亚格局》，《三联生活周刊》2012年第37期，http://www.lifeweek.com.cn/2012/0918/38533.shtml。

② "Remarks by President Obama in Address to the People of Vietnam," The White House Office of the Press Secretary, May 24, 2016, https://www.whitehouse.gov/the-press-office/2016/05/24/remarks-president-obama-address-people-vietnam.

③ 《2016年5月24日外交部发言人华春莹主持例行记者会》，中国外交部网站，2016年5月24日，http://www.fmprc.gov.cn/web/fyrbt_673021/jzhsl_673025/t1366070.shtml。

通电话，此后甚至表示"一个中国"原则是"可以谈判的"，并在2018年3月通过"台湾旅行法"。针对美国政府的种种冒险举动，中国政府不仅表示强烈不满和坚决反对，还强烈敦促美国行政部门和国会恪守在台湾问题上向中方做出的承诺，遵守"一个中国"原则和中美三个联合公报原则，停止美台军事联系和售台武器，以免给中美关系和台海和平稳定造成损害。

二、周边外交视角下的中国对美外交创新

中国与美国的互动，很大程度上代表着一个古老文明与一个新兴文明的对话。基于我悠久的历史文化传统，中国往往较为及时地依据时事变化而调整、丰富和创新对美外交的战略理念、战略内涵和战略手段。新中国成立以来，中国对美外交经历从无到有、由简至繁的发展，其战略理念从一开始相对短期的体系对抗思维，逐渐发展为着眼于整个人类可持续发展的人类命运共同体理念，据此提出了中美新型大国关系构建的战略目标；其战略内涵从最初的政治独立与生存，朝向经济繁荣与富足、文明交流与理解方向发展；其战略手段从相对简单的竞争或合作朝向竞合并存并塑造国际公共产品比较优势结构的方向发展。

（一）战略理念创新：建构中美新型大国关系

随着相互依赖的日益深入，中美两国成了无法分离，但又"相看生厌"的两个大国。但前提是明确的，即中美两国是事实上的利益共同体，更在全球层次上同属一个命运共同体。[①] 这一前提，恰好就是中美建构新型大国关系的基础。可以认为，当中美围绕命运共同体理念形成共识时，中美新型大国关系的建构就相对顺利；反之，中美关系就可能陷入困难。迄今为止，中美主要围绕全球气候变化治理、国际发展合作及国际安全治理等展开合作。对周边国家而言，中美新型大国关系的建构顺利，周边地区各国的政策空间就更大、更自由；反之则可能更小、更困难。

尽管2009年在哥本哈根气候变化大会上中美相互指责，但到2014年这一格局已经完全逆转。2014年11月12日，中美发表首份气候变化联合声明，强

---

① 潘亚玲：《中美社会和人文对话机制：既有基础与战略路径》，《美国问题研究》2017年第2期，第82页。

调两国"在应对全球气候变化这一人类面临的最大威胁上具有重要作用。该挑战的严重性需要中美双方为了共同利益建设性地一起努力"。① 同日,中美两国宣布了各自2020年后应对气候变化行动。② 2015年9月,中美两国元首发表第二份气候变化联合声明,其最重要的意义是"致力于达成富有雄心的2015年协议,体现共同但有区别的责任和各自能力原则,考虑到不同国情"。中美双方进一步认为,应以恰当方式在协议相关要素中体现"有区别"。③ 事实上,正是中美的相互合作,推动了2015年底气候变化《巴黎协定》的最终达成。2016年3月31日,中美两国元首再次发表气候变化联合声明。该声明再次宣示了中美合作决心,认为"中美气候变化方面的共同努力将成为两国合作伙伴关系的长久遗产"。④ 应当承认,中美围绕全球气候变化治理展开合作,对整个中国周边有着重要的积极意义。

国际发展合作也是中美共同推动人类命运共同体建设的重要领域。2015年9月,在访问华盛顿期间,习近平主席与奥巴马总统围绕中美发展合作达成"受援国提出、受援国同意、受援国主导"的原则。根据该指导原则,中美于2015年9月签署了《中华人民共和国商务部和美国国际开发署关于中美发展合作及建立交流沟通机制谅解备忘录》,建立了中美发展合作沟通机制与合作框架,明确了发展合作领域和内容,并决定共同积极支持联合国2030年可持续发展议程的落实。2016年4月,中美举行了首次中美发展合作年度会议。就周边地区而言,中美双方都认识到自身对维护地区和平、稳定、繁荣的重要性和共同责任,决定协调推进区域经济一体化,同意加强在亚太经合组织、东亚峰会和东盟地区论坛等地区多边机制框架内的沟通与协调,并开展好同第三方的合作项目。⑤

国际安全治理也是中美建构人类命运共同体的重要方面,特别是在对中国周边地区而言高度重要的核安全方面。核安全合作也是中美元首高度共识的

---

① 《中美气候变化联合声明》,新华网,2014年11月12日,http://news.xinhuanet.com/world/2014-11/12/c_1113221744.htm。
② 《中美气候变化联合声明》,新华网,2014年11月12日,http://news.xinhuanet.com/world/2014-11/12/c_1113221744.htm。
③ 《中美元首气候变化联合声明》,中国外交部网站,2015年9月25日,http://www.mfa.gov.cn/chn/gxh/zlb/smgg/t1300787.htm。
④ 《中美元首气候变化联合声明》,新华网,2016年3月31日,http://news.xinhuanet.com/world/2016-04/01/c_128854045.htm。
⑤ 《中美元首杭州会晤中方成果清单》,中国外交部网站,2016年9月4日,https://www.fmprc.gov.cn/web/zyxw/t1394413.shtml。

重要产物。习近平主席连续参加了2014年第三届和2016年第四届核安全峰会，对推动中美两国核安全合作、共同提高全球核安全水平和促进核不扩散做出了贡献。2016年，中美双方举行了核安全问题首次年度双边对话，并于第四届核安全峰会期间发表了《核安全合作联合声明》。

（二）战略内涵创新：政治—经济—人文三支柱并进

从周边外交视野看中美关系的发展史，可以得出一个基本规律，即中美关系整体是否良好，对周边地区有着重要影响。随着国际权势转移进程的推进，中美关系呈现诸多新特征、新可能，如美国政治文化转型与美国对华战略的互动，美国对华战略"脱钩"的再尝试，中美双边—多边的新型互动态势，等等。总体上，特别是自特朗普上任以来，中美关系"战略互动总体稳定，战术竞合风险飙升"的特征正变得日益明显。这对周边国家来说很大程度上是不利的，因此也凸显了中国对美外交另一创新的重要性，即不断夯实经贸合作的压舱石功能，同时加大中美人文交流力度，形成中美关系政治—经济—人文三大支柱并进的局面。

首先，尽管战术性竞争风险正在上升，但中国仍尽力确保中美战略互动的稳定性。尽管由权势转移进程加速而来的中美政治关系正趋于紧张，但中美的确建立了大量机制以确保双方关系的基本框架得以稳定。特朗普就任美国总统以来，尽管中美关系的不确定性明显上升，但战略层面的互动似乎仍总体稳定。其最为重要的特征便是习近平主席与特朗普总统的领导人友情往往并不因双方具体议题的争议而恶化，有时甚至反而是缓解战术层面交恶的重要保障，中美贸易摩擦的发展表现得最为明显。可以认为，正是双方战略互动的总体稳定，确保了中美在战术层面的种种竞争不会失控，这也进一步印证了中美关系进入体系性竞合阶段的判断。

其次，尽管中美贸易摩擦自2018年成为关注焦点，但中美地方经贸合作的深化的确有助于中美关系压舱石的进一步夯实。例如，2017年，在货物贸易方面，中国是美国5个州的最大出口市场，是美国46个州的前五大出口市场；而在服务贸易方面，中国是美国18个州的最大出口市场，在所有50个州都位居前五。不仅如此，对华贸易为美国创造了大量就业，仅2016年所创造的就业机会就超过100万个，在29个州创造了1万个以上的就业机会。① 同样，中国对美投资的快速增长，也为美国地方创造了大量就业，带动了经济发展。因此，2018年受贸易摩擦影响而出现的中国对美投资大幅下降，对美国地方社区而言无疑是相当消极的。正如美国企业研究所（American Enterprise Institute）强调的：1975—2015年间的数据表明，贸易赤字并不意味着美国就业流失；同时，数据同样表明，人民币汇率并未影响美国国内就业，事实上是1994年人民币贬值后美国国内就业反倒上升了，在1995—2015年，人民币汇率的变化很可能对美国就业起到了积极的促进作用。②

最后，人文交流正日渐成为中美关系的三大支柱之一，与政治互信、经贸合作相并行。人文交流长期以来都是中美战略关系的重要润滑剂，扮演着中美关系探路者、铺路者和护路者的角色。在经过前期的大量积累之后，中美人文交流在2010年进入新的发展阶段，即机制化、系统化发展时期，其标志是中美人文交流高层磋商机制的正式建立。特朗普上台后，对中美关系和中美人文交流的认知均趋于负面。尽管如此，中美人文交流仍总体保持平稳，不仅实现机制平稳过渡，还总体上维持了核心动力。2017年4月，习近平主席访问美国，期间同特朗普总统达成建立中美社会和人文对话机制的新共识。2017年9月，首轮中美社会和人文对话在华盛顿举行，并通过《首轮中美社会和人文对话行动计划》。在实现水平拓展的同时，中美地方人文交流也日益朝向纵深发展，其中最显著的是中美友好省州、城市、区郡关系的发展。从1979年到2018年底，中美已建立277对友好省州和友好城市。尽管特朗普总统上台后中美友好省州关系结对数量有明显下降，但2018年出现了回升迹象，说明在中美关系竞争面加大的背景下，中美人文交流的基本动力仍得到了有效维护。此外，中美地方人文交流还在教育、立法、经贸合作等领域取得了长足发展。

（三）战略手段创新：塑造国际公共产品供应比较优势③

尽管由于美国政治文化转型而导致中美关系竞争面上升，但中国仍设法通过战略手段创新，推动中美关系新定位，特别是中美新型大国关系的建构。这

---

① US-China Business Council, *State Export Report: Goods and Services Exports by US States to China over the Past Decade*, April 2018, p. 4.
② Derek Scissors, "Fixing US-China Trade and Investment," Working Paper, AEI April 20, 2016, http://www.aei.org/wp-content/uploads/2016/04/China-US.pdf.
③ 本节论述主要借鉴了张春：《国际公共产品的供应竞争及其出路——亚太地区二元格局与中美新型大国关系建构》，《当代亚太》2014年第6期。

一战略手段创新便是迄今仍少有学术关注的中美国际公共产品供应的比较优势结构塑造,实现中美在国际公共产品供应的领域性配合而非地域性竞争。

经过改革开放40余年的发展,中国经济实力大幅提升,为国际社会提供国际公共产品特别是经济类公共产品的能力大大增强。形成这一发展的根本在于中国自改革开放以来,经济实力的持续增长。中国供应地区乃至全球经济类国际公共产品的重要努力,始于1997年亚洲金融危机,通过不让人民币贬值为亚洲国家稳定金融、经济形势提供了重要帮助。2008年全球金融危机爆发后,中国供应地区和全球性经济类公共产品的能力和意愿再次凸显,特别是在稳定周边国家经济形势和引领后者走出经济困境方面。自2013年习近平主席提出"一带一路"倡议后,中国在地区和全球性经济类公共产品供应方面有了新的抓手,并发起或参与建立亚洲基础设施投资银行(亚投行)、丝路基金、金砖国家新发展银行等机制。

需要指出的是,尽管中国所供应的经济类国际公共产品总体很受欢迎,但美国所供应的安全类公共产品总体上被认为是亚太地区稳定的最重要保障。原因是多方面的,但最为核心的原因仍是中美在地区安全中的角色差异:中国与这些安全问题的关联更为紧张甚至有着重要的直接利益关系,而美国更多发挥"离岸平衡手"作用。首先,尽管周边地区仍存在大量的领土和海洋争端,但最为突出的仍是中国与周边国家的领土主权和海洋权益争端;其次,尽管全球层次的冷战早已结束,但在中国周边地区,冷战思维仍显而易见;再次,地区各国的历史性冲突和记忆,对地区安全的未来影响极可能是消极的;最后,中国周边地区汇聚了多个崛起/复兴大国,成为国际权势转移的策源地,中国自然成为整个国际权势转移的矛头所指。因此,就中国周边地区而言,几乎所有结构性指标都指向一种不稳定预期。① 这样,基于美国在中国周边地区所发挥的历史性作用,相对而言的距离感,以及其强大的军事能力,美国总体上被认为能够为地区安全带来更多稳定因素——尽管事实可能并非如此。

由此可以认为,在中国周边地区,公共产品的供应存在一种比较优势结构:中国在经济类公共产品的供应上更具优势,而美国的优势则是在政治、安全等公共产品供应上。这一比较优势结构对周边地区而言无疑是有利的,因这可为其提供利益最大化的机会。但如果中美难以就此难达共识,特别是在美国

---

① Richard Betts, "Wealth, Power, and Instability: East Asia and the United States after the Cold War," *International Security*, Vol. 18, No. 3, Winter 1993/4, p. 34.

试图扭曲中国在地区公共产品供应中的角色的话，那么周边地区可能不仅无法从中得益，反而会受损严重。

三、中国对美外交转型的周边逻辑

在2018年6月举行的中央外事工作会议上，习近平总书记强调，当前是中国实现"两个一百年"奋斗目标的历史交汇期，是国际体系转型过渡期。这一两期叠加态势，对中国对美外交提出了新的要求。由于对美外交长期是中国对外工作的重要方面，因此其所涉及的因素相当复杂。从周边外交的视角看，中国对美外交的未来发展需要关注三个方面的重要发展，分别对应美国、周边和中国。

（一）美国的战略冒险主义

冷战结束后，美国一直试图寻找新的"敌人"或"对手"，进而延续自身霸权地位。但冷战结束后的另一客观事实是，权势转移并不只是发生在国家之间或传统的国际体系层次上，还发生在国家与非国家行为之间或全球体系层次上。[1]尽管如此，美国却出于战略制定的便利和对历史经验的简单化解读，将其简化为从美国到中国的权势转移；出于同样的逻辑，尽管中国崛起或中美权势转移本身也充满各种复杂性，但美国却采取了冒险主义的外交战略"预防性管理"中美权势转移[2]，而特朗普总统种种"反外交"行为更令局势更加复杂。

美国"预防性管理"中美权势转移的最冒险举动，核心是在中国周边地区从传统均势的"离岸平衡手"朝向"均势操盘手"发展。自二战结束后直至21世纪初的东北亚地区均势结构，事实包括两个层次：由美国和苏联/俄罗斯组成的离岸平衡手，和由中朝、日韩组成的均势操盘手。这一格局在冷战时期的对抗中最为直接地体现在朝鲜战争中。尽管战争相当激烈且美国直接介入均势，但正是由于美国的直接介入，苏联只能作壁上观。更为重要的是，在朝鲜战争结束后，东北亚地区的均势结构更加明确，即中朝与日韩成为直接的均势操盘手，而苏联和美国则是对立的离岸平衡手。朝鲜战争结束后，东北亚两

---

[1] ［美］约瑟夫·奈：《权力大未来》，王吉美译，北京：中信出版社，2012年，第157—158页。
[2] 有关这一点，可参见张春：《管理中美权势转移：历史经验与创新思路》，《世界经济与政治》2013年第7期，第74—90页。

极格局的冷战局面最终形成,东北亚均势结构得以形成。受整个冷战时期美苏全球均势结构的影响,东北亚地区的均势结构也由中、朝、日、韩四国具体操作,转换为美国和苏联分别充当阵营两边的离岸平衡手。冷战结束使全球体系层次的美苏均势格局瓦解,但却没有根本上影响东北亚地区的均势格局。随着美国冒险性地聚焦于中美权势转移管理,美国正危险地从其传统的"离岸平衡手""堕落"为"均势操盘手"。

从均势的发展史角度看,当英国逐渐卷入欧洲大陆的均势运转而成为直接的"均势操盘手"之后,它也就丧失了"离岸平衡手"的地位,并随之逐渐丧失了国际体系霸主的地位;取代英国短暂地成为欧洲均势的"离岸平衡手"的俄罗斯,也迅速地卷入均势运转而未能有效利用这一地位使自身成为体系霸主。[①] 成功从俄罗斯手中接过离岸平衡手角色的美国,则长期保持了这一角色,并以此赢得了体系霸主地位。换句话说,美国从"离岸平衡手"转变为"均势操盘手",极可能加剧其因权势转移而来的霸权衰落进程,而这又会进一步刺激其战略冒险主义——而这正是美国在均势体系中角色转变的根源;由此,一个恶性循环似乎难以避免。

在美国对华战略冒险主义陷入死循环的同时,特朗普的"反外交"立场令形势更加复杂。其一,信奉"美国优先"论,特朗普总统上任后采取各种努力退出全球治理,如在2017年1月退出跨太平洋伙伴关系协定(TPP),6月退出《巴黎协定》,10月退出联合国教科文组织,等等。其二,基于其个人经历,特朗普采取一系列的"反外交"手段,特别是创新性地运用所谓"推特外交"(twitter diplomacy),为国际社会带来严峻的外交沟通困难。对传统外交而言,"推特外交"的使用至少有三重冲击:传统外交舆论塑造方法,传统外交谈判的双层博弈逻辑,及特殊利益群体对传统外交的影响方式,都可能因此而发生重大改变。其三,特朗普总统对外交人员、外交礼仪等不屑一顾,更是对传统外交的重大冲击。

(二)周边的战略机会主义

随着美国刻意放大中美关系的竞争面,中国周边中间国家再次发现了其中蕴含的机会,尽管与中美"想象的朋友"时期的机会可能完全不同,表现为一

---

① 有关国际均势体系这一"滚雪球"性的演变历史,可参见 Ludwig Delio, *The Precarious Balance: Four Centuries of the European Power Struggle*, New York: Alfred A Knopf, 1962。

种战略机会主义逐渐主导着周边国家对中美的战略抉择，从而推动一种"经济上靠中国、安全上靠美国"的战略格局日渐浮现。

一方面，尽管美国试图以各种手段，包括奥巴马政府时期的跨太平洋经济伙伴关系（TPP）和特朗普政府的贸易战，挤压中国在周边的经济影响力，但周边中间国家并未因此而全面追随美国，相反还积极利用中国提供的经济机会，特别是积极参与共建"一带一路"等。以周边各国参与亚洲基础设施投资银行（AIIB）为例，在亚投行建设过程中，美国出于战略东移考虑，曾发挥过不好的影响，但绝大多数周边中间国家并未受美国影响，而是积极参与到亚投行的筹建之中，甚至包括在诸多问题上与美国走得极近的菲律宾也在2015年12月31日最后一刻宣布加入亚投行；随着中日关系在2018年逐渐缓和，日本对"一带一路"的态度也明显积极起来，中日双方对在第三方市场合作的意愿很大程度上是"一带一路"建设的重要进展。另一方面，如前所述，尽管在经济上搭车中国，但周边各国仍选择在政治上、安全上依赖美国。

需要指出的是，周边中间国家也并非完全是在中国—经济、美国—政治安全之间选择，现实更为复杂，至少可识别出三类国家：一是俄罗斯和印度。随着美国战略东移从最初的"友华"转变为"防华、反华"，处于中美之间的地区大国特别是俄罗斯和印度获得了更大的战略筹码，使自身在面对中美时拥有更大的话语权，其政策空间明显增大，能更为积极地对亚太地区事务发挥影响力，对中国周边事务参与活跃度明显提升。

二是美国的盟友和准盟友。尽管其政策空间扩大但战略选择却呈两极分化态势：或在对华战略上保持与美国的步调一致，共同营建对华的战略包围圈或防火墙；或试图在中美之间搞平衡。

三是其余周边中间国家。由于其政策空间遭受较大挤压，因此大多处于一种战略选择的两难困境之中，多选择一种骑墙或观望的态度。所有这些国家的战略机会主义都相当明显，其中蒙古、朝鲜或许更加明显。蒙古事实上选择一种在中美之间"左右逢源"的战略。早在2012年，蒙古就参加了北约峰会，并提出"第三邻国"政策，推动同美国、日本等国关系的发展；2014年，中俄蒙三方合作机制启动，并在2015年批准了《中俄蒙发展三方合作中期路线图》，着力打造中俄蒙经济走廊。换句话说，中美关系竞争面的上升，客观上提高了蒙古的地缘政治地位，为蒙古释放了战略空间。朝鲜的战略选择也较为明确。朝鲜曾充分利用克林顿和小布什政府对朝政策的"失败"，奥巴马政府的"战略忍耐"的确使朝鲜一度成为"被人遗忘的地方"，但特朗普在与朝鲜的多次"边缘战略"未果后转而采取接触战略,朝美两国领导人迄今的两次会晤大大改善朝鲜的生存环境,并带动了整个地区局势的变化——尽管其中长期战略后果迄今仍难以判断。

(三)中国崛起的战略可持续性

当前阶段是中国实现"两个一百年"奋斗目标的历史交汇期,中国必须结合自身崛起的时代性和特殊性,创新大国崛起之路,提高中国崛起的长期可持续性。具体而言,这一崛起道路的创新大致可包括三个方面。

第一,中国崛起战略步骤的世界历史性创新,即采取新型的"四步走"战略。大国崛起的传统模式可总结为三个要素,即同质性崛起——同一文明体系内的崛起;宽松性崛起——崛起国面临的战略挤压并不严重;武力性崛起——主要通过军事征服或霸权战争实现崛起。但中国当前的崛起环境、时代背景已经完全不同,中国并非当前主导国际体系的力量的同质文明,军事崛起今天既不可能、也不符合中国文化传统,中国崛起也早已被用放大镜观察。因此,中国崛起的战略步骤必然不同于历史上的既有模式。基于大国崛起的历史经验和中国崛起的特殊性和时代性,中国实现体系内全面崛起的战略目标应当采取一种"四步走"战略,即经济性崛起先行,道德性崛起紧随,制度性和军事性崛起押后。当然,这"四步走"并非固定不变,而应结合历史经验与现实发展,及时调整,确保总体战略节奏与局部战术步骤之间的合理平衡。

第二,中国崛起战略溢出的世界历史性创新,即让发展中国家特别是周边国家成为中国崛起的受益者。由于传统大国崛起多通过军事性或武力性崛起实现,因此,其战略溢出总体上是消极的。特别是对广大发展中国家而言,传统大国崛起更多是"小国的悲剧"而非"大国的悲剧"。因此,中国当前崛起的第二大创新便是其积极溢出,特别是使发展中国家特别是周边国家成为中国崛起的"受益者",不再如同历史上那样是"受害者"。尽管实现这一创新并不容易,特别是世界历史上大国崛起尚无此类先例,但中国外交已有一定经验和尝试:一方面,自新中国成立之初起,中国便尝试为发展中国家提供各类公共产品,在国际舞台上始终站在发展中国家一边,做发展中国家的可靠朋友和真诚伙伴;另一方面,中国目前正尝试建立与发展中国家的利益共享机制,推动人类命运共同体和新型国际关系建构,其核心抓手便是推进"一带一路"倡议的落实,与国际社会合作大力促进联合国2030年议程的落实,等等。

第三,中国崛起战略落实的世界历史性创新,首先要求创新持续崛起的能力建设，特别是允许地方政府、民间力量等承担更多中国崛起的战略任务。传统上，地方政府参与对外交往存在重大限制。但随着全球化和相互依赖的深入，地方政府在国家对外工作中的政策空间正快速上升，并可发挥重要的"补位外交"作用。在地方参与国际交往特别是中美经贸合作的过程中，一方面可根据自身利益关切开展先行试验，另一方面可在特定领域补充国家总体外交。①

四、周边视角下的中国对美外交展望

源于中美两大文明的不同文化特性及中美两国的不同发展历程，中美两大文明的互动更多发生在中国周边地区而非美国周边地区。因此，透过周边视野观察中美关系的发展，可为中美关系的未来方略提供诸多参考。从中国长期可持续崛起的角度看，周边地区在中国对美外交的未来设计中有着重要地位，其核心是使周边地区成为中美之间的桥梁，而非麻烦，具体体现为四个方面。

首先，要使周边地区成为中美公共产品供应比较优势的确认者。

如前所述，就周边地区的国际公共产品供应而言，中美的比较优势结构已经事实上存在；而就中美供应地区公共产品的实践而言，周边地区已用其实际行动或选择进一步强化了这一比较优势结构，即所谓"经济上靠中国、安全上靠美国"的二元格局。但一个根本问题在于，周边国家仍是自发地巩固这一比较优势结构，尚未上升到自觉的高度。为有效管理周边国家的战略机会主义，就必须使周边国家在中美公共产品供应的比较优势结构建构中的角色，从消极变为积极，从自发变为自觉，使其有意识地确认中美公共产品供应的比较优势。由此需要采取的战略举措大致包括：一是进一步巩固中美在地区公共产品供应方面的比较优势，特别是要进一步提升中国自身的经济公共产品供应能力；二是设计安全、政治乃至思想类公共产品供应的合理战略节奏，避免给予美国和周边地区过于"强势"的错误印象；三是设计全面、完整和有效的宣传战略，使周边地区基于公共产品供应比较优势结构的中美分工，将确保地区各国获益最大化，从而使其乐意确认、维护甚至优化中美分工，不再从机会主义视角在特定议题上选边站。

其次，要使周边地区成为中美价值链重构的中间人。

---

① 张春：《地方参与中非合作研究》，上海：上海人民出版社，2015年，第22页。

特朗普政府对华发起贸易战的核心目标并非其所宣称的贸易公平,而是阻遏中国的长期可持续崛起。尽管如此,中美经贸关系的转型,中美价值链与产业链的重构,仍将是未来一段时间影响中美关系及中美在周边地区互动的重要方面。虽然周边地区貌似并非中美贸易摩擦的一部分,但中美经贸关系转型和价值链、产业链重构,对周边国家来说意味着重大的经济机会。需要指出的是,由于中国自身完整的经济体系、庞大的经济规模和巨量的市场潜力,中美经贸关系不可能"脱钩",中美价值链、产业链的重构很大程度上并非简单的转移,极可能是价值链与产业链的拉伸与拓展。这意味着,中美经贸关系、价值链、产业链将从先前相对简单的"两点一线"演变为更为复杂的、充斥着各种中间节点的网络体系。在这一网络体系中,周边国家由于其地理位置、劳动成本、经济结构等原因,有成为升级后的中美价值链的中间环节的重要潜力。中国应充分利用中美贸易摩擦带来的转型、调整压力,以共建"一带一路"为主渠道,有意识地推动和培育周边地区的桥梁作用,积极、稳妥并系统地重构中美价值链。

再次,要使周边地区成为中美全球治理合作的示范区。

尽管特朗普政府在全球治理领域有大量的"退出努力",并不意味着中美全球治理合作的"死亡"。恰好相反,中美全球治理合作当前的低潮极可能酝酿着下一个高潮或反弹。在这一时期,中国应从中美全球治理合作的示范区打造的角度思考周边外交。这既可促进中国与周边地区的全球治理合作,更可为中美全球治理合作的新高潮预作准备。中国可与周边各国率先启动合作,并在恰当的时机将美国纳入其中,从而既能建立某种领先优势,又能通过三方合作及多方合作促进中美全球治理合作。具体的合作领域最为主要的包括:一是全球气候变化治理合作,其重点是周边地区的小岛国、内陆国等,重点领域可以是地方性气候变化合作,碳交易市场建设等;二是国际发展合作,其重点是联合国2030年议程的减贫目标;三是地区安全合作,特别是冲突国家的冲突后重建、可持续转型,地区核安全治理,等等。

最后,要使周边地区成为中美文明互鉴的试验田。

中美文明互动的历史并不长,但已经产生了大量或积极或消极的因素。为促进中美关系的持续健康稳定发展,应当高度关注周边国家的如下客观事实:一方面,周边国家的华人华侨数量众多,并曾为中国的改革开放与国家发展做出重要贡献;另一方面,周边国家深受美国影响,文化上与美国的联系也相当密切。由此而来,周边国家很大程度上是中美文明互鉴的前沿阵地,尽管中国、美国及周边国家都很大程度上认识不够充分。就此而言，中美人文交流应当大力拓展视野，不仅要直接从双边层次上促进中美人文交流，更要从三边、多边的层次促进中美文明互鉴。周边国家的华人华侨与美国人的具体接触，对美国文化的切身感受，及对周边各国当地人民对中美文明的个体理解，都将是中美文明互鉴的重要源泉，也将成为中美关系未来发展的敏感触角。

China's Diplomacy toward the U.S. in the Past 70 Years:
A Review from the Perspective of China's Diplomacy with Its Neighboring Countries

PAN Yaling

Abstract In history and reality, the interactions between China and the U.S., the two major civilizations of the world, mostly took place in China's neighboring countries and regions. Viewed from the perspective of China's diplomacy with its neighboring countries, the China-U.S. bilateral relations roughly got through three stages: from the systemic confrontations in strategic hostilities, through the "laissez-faire" period derived from their strategic integrations, to the direct games against the background of strategic rivalry. During all this process, continuous innovations have been realized in China's diplomacy toward the U.S., creating a far-reaching influence on China's neighboring countries. The strategic idea guiding this diplomacy has been upgraded to the concept of a community with a shared future for mankind, for the purpose of the sustainable development of all humans. The contents of this diplomacy are supported by three columns: politics, economy, and humanity, and is being expanded forward continuously. Whereas the key strategic means of this diplomacy have been transformed to shape a structure that may have the comparative advantages to provide international public goods. Despite of all these changes, U.S. strategic adventurism toward China is on a rise, and the strategic opportunism of China's neighboring countries also becomes more prevalent. In this sense, China has to meet even higher demands if it wants to achieve a sustainable rise. The core of these demands is to guarantee that China's neighboring countries act as bridges, not troubles between China and the U.S. particularly, China's neighboring countries should become confirmers of the China-U.S. structure of comparative advantages for providing public goods, and middlemen of the reconstruction of the China-U.S. value chains. They should act as the demonstration areas of the China-U.S. cooperation for global governance and experimental fields of the mutual learning between China and U.S. civilizations.

Key Words　Neighboring Diplomacy; China-U.S. Relations; Rise of China; A Community with a Shared Future for Mankind

Author　Pan Yaling, Associate Professor at Center for Indian Studies of Yunnan University, Adjunct Researcher at Center for American Studies (CAS) at Fudan University.

中国对日外交70年述论

吴寄南

【内容提要】 日本是与中国隔着东海、一衣带水的邻国，是亚洲最大的发达国家，也是中国最重要的周边国家之一。中国的周边外交始终将如何处理好与日本的双边关系摆在最重要的位置。1972年，中日实现邦交正常化，揭开了双边关系上新的一页。近47年来，两国间的交流交往无论在广度上还是深度上都超过了历史上任何一个时期，两国从和平相处、平等合作中都获得了实实在在的好处。随着国际环境的变化和两国综合国力对比的逆转，中日关系的发展跌宕起伏，充满着坎坷和曲折。就中国而言，在处理对日外交时如何趋利避害，顺势而为，确保两国关系沿着健康、稳定的轨道发展，是最棘手也是最重要的课题之一。

【关键词】 中国　对日外交　70年

【作者简介】 吴寄南，上海市日本研究会会长，上海国际问题研究院咨询委员会副主任、研究员。

日本是与中国隔着东海、一衣带水的邻国，是亚洲最大的发达国家，也是中国最重要的周边国家之一。中国的周边外交始终将如何处理好与日本的双边关系摆在最重要的位置。随着国际环境的变化和两国综合国力对比的逆转，中日关系的发展跌宕起伏，充满着坎坷和曲折。就中国而言，如何趋利避害，顺势而为，确保两国关系沿着健康、稳定的轨道发展，是最重要的外交课题之一。

一、中国对日外交的沿革与评估

新中国成立后,中日关系大致可以分为两大阶段:第一阶段是从1949年到1971年。由于日本当权者追随美国,执行敌视中国的政策,民间外交成为两国交往的主要形式;第二阶段,从1972年中日邦交正常化至今。中日关系在各个领域都取得重大进展,但由于内外各种因素的综合作用,风波迭起,呈时冷时热、错综复杂的局面。

(一)中日邦交正常化前的中国对日民间外交

1949年10月,中华人民共和国诞生时,日本尚处于美国军事占领之下,直到1951年4月"旧金山和约"生效才恢复独立。时任首相的吉田茂内阁一度曾考虑与新中国建立外交关系,但在美国的压力下,最终选择了与台湾蒋介石集团缔结所谓的"日华条约"。

中国政府强烈谴责日本当局同蒋介石集团建立官方关系。尽管如此,中方仍非常重视加强中日两国人民的友好。

1952年5月,日本三位国会议员取道莫斯科访问北京,受到中国政府热烈欢迎。这是两国在尚未恢复邦交的情况下以民间形式开展交往的开始。两国的有识之士为增进两国的理解和往来做出了不懈的努力。1952年6月,中日间签署《中日贸易协议》,以民间贸易方式互通有无。1953年10月、1955年4月和1958年3月,双方签署3个民间贸易协定。1958年12月,签署为期5年的《中日钢铁贸易协定》。1962年11月,在周恩来总理和日本著名政治家松村谦三会谈的基础上,开始了以中国国务院外办副主任廖承志和日本前通产大臣高崎达之助两人姓氏命名的"L(廖)T(高)备忘录贸易"。从1964年起,两国互派代表,设立联络事务所,并互派常驻记者。

在岸信介内阁和佐藤荣作内阁任内,日本政府追随美国,推行敌视新中国的政策,中日民间交往一度遭受重挫。但是,随着中国国际影响的不断扩大,日本当权者无视新中国存在的"鸵鸟"政策已难以为继。1971年10月,中国恢复在联合国的合法席位,日本国内要求两国关系正常化的呼声越来越高。1971年10月2日,中方提出"复交三原则":1. 中华人民共和国是代表中国的唯一合法政府;2. 台湾是中华人民共和国领土不可分割的一部分;3. "日台条约"是非法的，无效的，应予废除。①

1972年7月，田中角荣出任首相，表示能够充分理解中方提出的"复交三原则"，愿为实现邦交正常化进行政府间谈判。9月25日，田中率团访华。经过五天会谈，中日双方于9月29日签署了《联合声明》。其中载明："自本声明公布之日起，中华人民共和国和日本国之间迄今为止的不正常状态宣告结束"，"日本国承认中华人民共和国是中国的唯一合法政府"，"中华人民共和国政府重申，台湾是中华人民共和国领土不可分割的一部分。日本国政府充分理解和尊重中国政府的这一立场，并坚持遵循波兹坦公告第八条的立场"。中国在《联合声明》中宣布，"为了中日两国人民的友好，放弃对日本的战争赔款要求"。②随同田中首相访华的大平正芳外相在《联合声明》签署后的记者招待会上宣布，由于中日邦交正常化的结果，"日华条约"失去存在的意义，已告终结，日本与台湾的"外交关系"无法继续维持下去。③

（二）中日邦交正常化后的对日外交

中日邦交正常化揭开了中日关系史新的篇章。亚洲这两个意识形态和社会制度迥异、对地区局势有着举足轻重影响的国家开始摸索一条相互尊重、长期友好、互利合作的道路。随着国际环境的变化和两国综合国力对比的逆转，1972年后的中日关系大体经历了三个时期：

1. 成长期

20世纪70—80年代。中日邦交正常化以后，两国先后缔结了贸易协定（1974年1月）、航空协定（1974年4月）等双边协定。1978年8月问世的《中日和平友好条约》，得到两国最高立法机构批准，奠定了中日两国长期和平友好、合作共赢的法律基础。

这一时期，中日关系的主旋律是全面开展交流与合作。中日邦交正常化以后，两国双边贸易迅速扩大。1972年，两国贸易额不到11亿美元；1981年突破了100亿美元大关；经过再一个10年的努力，1991年跃过202亿美元。1978年底，中国开始改革开放后，来自日本的资金、技术援助发挥了重大的作用。日本政府开发援助（Official Development Aid，ODA）始于1979年12月。其中

---

① 田桓主编：《战后中日关系文献集（1971—1995）》，北京：中国社会科学出版社，1997年，第39页。
② 田桓主编：《战后中日关系文献集（1971—1995）》，第111页。
③ [日] 霞山会编：《日中关系基本资料集（1945—1997）》，1998年，第164页。

包括日元贷款、无偿援助和技术合作三项内容。1979年至1984年,日本对华第一次日元贷款的总额为3309亿日元;1984年至1990年,第二次日元贷款的总额为4700亿日元。日元贷款的利息较低(2.5%至3%),偿还期长达30年,对推动中国沿海地区和内地的基础设施建设和环保项目发挥了重要的作用。①

在双边关系日趋紧密和务实的过程中,两国间也出现过一些摩擦和对立。例如,20世纪80年代初中国经济调整,取消部分成套设备进口合同,在日本国内曾引起一阵风波;1982年6月,日本文部省在审定教科书时将日本对中国的"侵略"改成"进出",遭到中方强烈反对;1985年8月,中曾根康弘首相率领阁僚正式参拜供奉着甲级战犯的靖国神社,严重伤害了中国人民的感情。但是,由于中国政府采取坚持原则,顾全大局的立场,这些摩擦和对立没有影响中日关系的发展。

2. 磨合期

冷战结束后的20世纪90年代。中日两国随着交流交往的不断深化,彼此间龃龉与对立日渐凸显。再加上外部环境的影响,中日关系呈现出"V"状的跌宕起伏。

1989年夏秋之交,中国国内出现政治动乱。日本虽参加西方国家对中国的经济制裁,但与欧美保持了一定的距离。1990年7月,海部俊树内阁在西方发达国家中率先解除对华经济制裁。1992年10月,天皇和皇后访问了中国的西安、北京和上海,受到中国政府和民众的热烈欢迎,中日关系出现了一个小高潮。

进入90年代后,随着中国改革开放不断深入、投资环境持续完善,日本对华直接投资出现迅速增加的局面。截至2000年底,日本对华直接投资累计有20340项,合同总金额为386.34亿美元,成为中国最大的外资来源国。受对华直接投资的牵动,中日双边贸易额在1991年跨过200亿美元大关后,每年递增100亿美元,2000年中日双边贸易总额达831.7亿美元。② 中日两国在20世纪90年代缔结了两项为期5年的日元贷款协议。其中,1990年至1995年的第三次日元贷款,总额为8100亿日元;第四次日元贷款分两期执行,1996年至1998年为5800亿日元,1999年至2000年为3900亿日元。③

---

① 吴寄南、陈鸿斌:《中日关系"瓶颈"论》,北京:时事出版社,2004年,第263页。
② 中华人民共和国外交部政策研究室编:《中国外交》,北京:世界知识出版社,2001年,第50页。
③ 吴寄南、陈鸿斌:《中日关系"瓶颈"论》,第263页。

但是，1994年至1996年，中日两国在政治和安全领域出现了较多的对立和摩擦。1994年9月，日本政府不顾中方的一再交涉，邀请台湾"行政院副院长"徐立德出席在广岛举行的亚运会，制造了"两个中国"的恶劣先例；1995年8月，日方借口中国进行核试验，无理冻结对华无偿资金援助；1996年7月，日本右翼团体登陆钓鱼岛建灯塔，构成对中国主权的严重挑衅；同月，桥本龙太郎首相参拜靖国神社，极大地伤害了中国人民的感情。

1997年以后，国际环境出现了有利于中日关系转圜的变化。其一是中美首脑互访成功，标志着冷战结束后一度很不稳定的中美关系逐步走上正常轨道。其二是1997年爆发的亚洲金融危机促使这一地区的国家抱团取暖，共度时艰。1997年9月，桥本首相访华，宣布日本将遵循村山前内阁在历史问题上的表态，绝不走军国主义道路或军事大国道路。1998年11月，江泽民主席应邀访问日本。这是中国国家元首历史上第一次访问日本。访日期间，江泽民主席与小渊惠三首相发表《联合宣言》，宣布将面向21世纪，建立致力于和平与发展的友好合作伙伴关系。中日两国为跨世纪的双边关系明确定位，标志着两国关系的发展进入了一个崭新的时代。

3. **转型期**

进入新世纪以后，随着国际环境的变化以及中日综合国力对比逆转，两国进入了竞争与合作并存，战略博弈加剧的新时期。中日关系呈"低—高—低—高"的态势。

进入新世纪后，国际格局日趋多极化，新兴经济体群体性崛起，改变了迄今为止的权力结构。其中，中国综合国力的上升更是引起全球的瞩目。中国的GDP在2010年反超日本，后又不断拉大与日本的差距，日本朝野对中国产生强烈的焦虑感，少数政治家产生要与中国"搏一搏"的冲动，试图迟滞甚至逆转中国的增长势头。

中日关系在这一时期出现两次低潮、两次高潮。第一次低潮是2001年至2006年，时任首相小泉纯一郎持续参拜靖国神社，引起中方的强烈愤慨。双边关系急趋恶化。

2006年9月，安倍晋三出任日本首相后，迫于国内外压力日益加大，寻求中日关系的转圜。2006年10月，安倍成为6年来第一个访问中国的日本首相，也是第一位将中国作为入主首相官邸后首次出访国家的日本首相。中日两国达成了致力于建立战略互惠关系的共识。2007年至2010年内，中日首脑互访频繁。特别是胡锦涛主席在2008年5月访日，与日本首相福田康夫签署了《中日关于全面推进战略互惠关系的联合声明》,成为奠定中日关系政治基础的第四个政治文件。

中日关系的"小阳春"很快由于2010年9月钓鱼岛撞船事件和2012年9月钓鱼岛"购岛风波"受到严重挫折。2012年12月,安倍再次出任首相后,中日关系出现了第二次低潮。两国在历史认识、台湾问题、领土争端乃至安全保障问题等几乎所有领域都尖锐对立、全面对峙。在小泉任内的第一次低潮中,两国经贸往来并没有受太大影响,呈现"政冷经热"的局面,但安倍复出后的第二次低潮中,中日经贸合作出现持续5年的萎缩,从2011年的3428.9亿美元跌至2016年的2747.9亿美元。与此同时,两国国民感情明显恶化。日本内阁府的外交舆论调查表明,日本受访者对中国有亲近感的比例从2011年度的26.3%跌至2014年、2015年的14.8%,没有亲近感的比例却从71.4%增为83.1%和83.2%。[①] 这不能不引起两国的严重忧虑。

2017年1月,特朗普就任美国总统后,秉持"美国优先"的方针,推行单边主义和保护主义,引起日本当权者的疑虑和不安。加上日本将在2020年举办东京奥运会,不希望由于同邻国交恶而给这次体育盛会带来负面影响。日本财界看到中国经济持续稳定增长,中国提出的"一带一路"倡议取得显著进展,不希望由于中日关系继续僵冷失去难得的商机。在这种情况下,安倍于2017年5月派遣高官出席首届"一带一路"国际合作高峰论坛,向中方传递了希望改善中日关系的信号。

2018年5月8日至11日,李克强总理借出席中日韩领导人峰会之际对日本进行了正式访问。这是时隔8年中国总理再次访问日本;同年10月25日至27日,安倍晋三应邀访华,作为日本首相也是时隔7年后的第一次。这标志着中日关系终于走出持续多年的阴霾,重回正常轨道。

新中国成立70年来,成功地与日本这个原本与中国处于交战状态的敌对国家建立了正式的外交关系,在世界上树立了一个不同社会制度国家和平共处的典范。在中日两国悠久的交往历史上,彼此第一次以平等地位相处,睦邻友好,互利合作。

中日两国作为世界第二、第三大经济体,经贸合作的规模和深度不仅在亚洲雄踞榜首,在世界上也是名列前茅的。2018年,中日双边贸易总额达3276.6

[①] [日]内阁府:《外交舆论调查》,参见内阁府网站:http://survey.gov-online.go.jp/index-gai.html,访问时间:2019年1月19日。

亿美元。全世界达到这一规模的除中日外仅有美加、美中及美墨这三对贸易伙伴。日本对华直接投资也遥遥领先域外各国。截至2017年底，日本累计对华投资额1081.8亿美元。从1979年至2008年，日本政府向中国提供的日元贷款共255项，累计金额为33164.86亿日元。两国的人员往来也呈逐年扩大的趋势。从1972年的不到1万人到2018年的超过1100万人次，无论从广度还是从深度来看都超过了历史上任何一个时期。

二、中国处理对日外交的基本理念和创新思维

新中国的成立开创了中国对外关系的新纪元，也根本改变了旧中国与日本的关系。冷战结束后，随着中国综合国力的增强，在处理涉日关系时主动营塑、积极引领的特征越来越明显。

（一）中国对日外交的基本理念

中国处理对日外交的基本理念在大的方面和处理与其他国家关系是一致的。但考虑到中日间历史的恩怨比较多，加上两国传统文化中多少有些相似的地方，中国对日外交的基本理念有一些独特之处。

1. 两分法

日本在历史上曾长期侵略中国，欠下了深重血债，已成为中华民族集体记忆中不可磨灭的一部分。两国交往中一不小心就会触碰到这一"痛点"。新中国领导人一贯坚持两分法，教育民众将发动战争的军国主义分子和同样也是战争受害者的日本人民区别开来。周恩来总理曾经这样指示："要向群众多做宣传工作，要向人民讲清楚，中日两国人民都是日本军国主义发动侵略战争的受害者，对此日本人民是没有责任的。毛主席早就说过了嘛，要把帝国主义的政府和这些国家的人民区别开来。日本人民是愿意和中国人民友好的……两国应该在新的基础上重新友好！"[①]

两分法的内涵在对日外交实践中不断延伸和充实，不仅适用战前的日本，也提供了战后如何区分日本政府和日本人民，区分日本政府内的主流派和非主流派，成为处理中日间复杂问题，做出一系列重要判断的依据。日本著名的中

---

① 邓加荣、韩小蕙：《南汉宸传》，北京：中国金融出版社，1993年，第385页。

国问题专家毛里和子将两分法誉为中国对日战略的两大支柱之一。① 在日华人学者朱建荣肯定两分法是中国外交的一大亮点，是一笔财富。它体现了一种大国风范、宽广胸怀、仁义之心和迈向未来的精神，是一种始终站在正义一边的自尊、以不变应万变的自信和以东方文明的哲学文化道义为基础的软实力。②

2. 和为贵

毛泽东和周恩来曾多次明确指出，日本军国主义对中国的侵略只是历史长河中的一股逆流。1955年10月，毛泽东会见日本国会议员访华团说，"中日关系的历史是很长的，人类几十万年以来过着和平的生活，我们的祖先吵过架，打过仗，这一套可以忘记啦！应该忘记，因为那是不愉快的事情，记在我们脑子里干什么呢？"③

周恩来也指出，近代以来，日本多次侵略中国，"中日关系是不好的，但这已经过去。我们应该让它过去。历史不要再重演。""我们不能受外来的挑拨，彼此间不应该不和睦。我们要从我们自己中间找到真正'共存共荣'的和平种子。"中日关系的"关键就是要和平共处，谁也不要存别的心思"，"我们要在友谊的基础上改善中日关系，……我们为的是和平共处。这就是我们友好的种子。"④

邓小平则强调，要"把中日关系放在长远的角度来考虑，来发展。第一步放到21世纪，还要发展到22世纪、23世纪，要永远友好下去。这件事超过了我们之间一切问题的重要性。看得远些广些，有利于我们之间的合作、这种合作不是只对一方有利，而是对双方、对两国、对两国人民都有利"。⑤

3. 求同存异

中日两国作为两个社会制度、意识形态迥然不同的国家，两国间又有过一段不幸的历史，加上所处国际战略环境和国家利益的差异，难免会产生这样那样的问题。中国领导人采取的方针是"求同存异"，顾全大局。

---

① [日]毛里和子：《重建中日关系》，《日本学刊》2013年第5期，第25页。
② 朱建荣：《对日"两分法"过时了吗？》，《日本学刊》2014年第4期，第41页。
③ 田桓主编：《战后中日关系年表（1945—1970）》，北京：中国社会科学出版社，1996年，第231页。
④ 《周恩来总理会见日本国会议员访华团和日本文化代表团时的谈话》，1954年10月11日，中华人民共和国外交部、中共中央文献研究室编：《周恩来外交文选》，北京：中央文献研究室，1990年，第87—88页。
⑤ 《邓小平会见日本首相中曾根康弘时的谈话》，1984年3月25日，《邓小平文选》第三卷，北京：人民出版社，1993年，第53页。

求同存异最早是周恩来在1955年万隆会议上提出来的。这次会议是由曾经遭受帝国主义侵略和奴役的亚洲、非洲国家发起和参加的第一个大型国际性会议。周恩来在会上严正宣布："中国代表团是来求团结而不是来吵架的。我们共产党人从不讳言我们相信共产主义和认为社会主义制度是好的。但是，在这个会议上用不着来宣传个人的思想意识和各国的政治制度。虽然这种不同在我们中间显然是存在的。中国代表团是来求同而不是来立异的……"① 在中国的积极推进下，万隆会议将和平共处五项原则写进了《万隆宣言》，成为推动亚非国家团结反帝的指导方针。

在中日邦交正常化谈判中，中日两国领导人秉持求同存异的精神，就涉及两国关系政治基础的重大问题达成了一致。其中包括两国间存在主权争端的钓鱼岛问题。1972年9月27日，在中日第三次首脑会谈快要结束时，田中首相提出了钓鱼岛问题，周恩来总理明确表示这次不想谈。田中也同意，不需要再谈，以后再说。周总理也说，以后再说，这次我们把能解决的基本问题，比如两国关系正常化问题先解决。这是最迫切的问题。有的问题要等到时间转移后来谈。田中说，一旦邦交正常化，我相信其他问题是能够解决的。②

1978年10月25日，邓小平赴东京出席《中日和平友好条约》的换文仪式后举行记者招待会。针对岛屿争端问题，邓小平指出："'尖阁列岛'，我们叫钓鱼岛，这个名字我们叫法不同，双方有着不同的看法。实现中日邦交正常化时，我们双方约定不涉及这个问题。这次谈中日和平友好条约的时候，双方也约定不涉及这个问题。倒是有些人想在这个问题上挑一些刺，来障碍中日关系的发展。我们认为两国政府避开这个问题是明智的。这样的问题放一下不要紧，等十年也没有关系。我们这一代人缺少智慧，谈这个问题达不成一致意见。下一代人肯定比我们聪明，一定会找到彼此都能接受的方法。"③

以后，邓小平曾经不止一次地强调这一立场，并进一步提出"搁置争议、共同开发"的主张。这不仅在中日关系史上是一大突破，在中国处理与南海争端国关系中也成为一个具有现实指导意义的典范。

4. 以史为鉴

---

① 《在亚非会议全体会议上的补充发言》，1954年4月19日，中华人民共和国外交部、中共中央文献研究室编：《周恩来外交文选》，第121页。
② 张香山：《中日复交谈判回顾》，《日本学刊》1998年第1期，第47页。
③ 田桓主编：《战后中日关系文献集（1971—1995）》，北京：中国社会科学出版社，1997年，第249页。

中国领导人对待中日间历史问题的一贯态度是以史为鉴，面向未来。面向未来的前提是坦率承认日本对中国进行侵略的历史，并进行深刻的反省。1972年9月25日，田中角荣在周恩来举行的欢迎宴会上致辞，谈到过去日本侵华战争时轻描淡写地用"添了麻烦"的话表示道歉。周恩来在翌日举行的第二次首脑会谈中一口气讲了近一个小时，详尽揭露了日本军国主义侵略中国的罪行。日本军国主义发动的长达14年的侵华战争，给中国人民带来了深重的民族灾难。死伤3000万人，经济损失2000亿美元，绝不能用"添了麻烦"这句话搪塞过去。毛泽东在会见田中一行时也表示：只说句"添了麻烦，年轻人不满意。在中国，这是把水溅到女孩子裙子上说的话"。由于中方在原则问题上毫不妥协，最终在《中日联合声明》上明确写上了："日本国深感过去由于战争给中国人民造成的重大损害的责任，表示深刻的反省。"这是战后日本在与外国签署的官方文件中首次这样表述。

邓小平是中国领导人中最重视中日经济合作的，在历史问题上对日本的"敲打"也最多。1985年10月11日，他在会见日本外务大臣安倍晋太郎时强调："这些年我们没有给日本出过难题，而日本的教科书问题、参拜靖国神社问题，还有蒋介石遗德显彰会问题，是给我们出了很大的难题。……因为这些问题一出现，人民就联系到历史。"[①] 一年后的1986年8月5日，邓小平会见日本自民党最高顾问二阶堂进，在谈到中日关系时，邓小平指出："我们注意到日本政界有些人很强调日本人的感情，请他们注意不要忘记还有个中国人民的感情。……维护和发展中日关系还有很多事情要做。正确对待历史也是对日本人民进行教育的一种形式。"[②]

进入新世纪后，中国的领导人始终坚持正确的历史观是发展中日关系的前提，在这个问题上不能有一丝一毫的动摇和含糊。2014年11月，习近平在应约与日本首相安倍会面时严正指出：历史问题事关13亿多中国人民感情，关系到本地区和平、稳定、发展大局，日本只有信守中日双边政治文件和"村山谈话"等历届政府做出的承诺，才能同亚洲邻国发展面向未来的友好关系。[③] 2015年，习近平主席在雅加达应约会见日本首相安倍晋三，再次严肃指

---

① 《邓小平会见安倍晋太郎时的谈话》，1985年10月11日，中共中央文献研究室编：《邓小平年谱（1975—1997）（下）》，北京：中央文献出版社，2004年，第1087页。
② 《邓小平会见二阶堂进时的谈话》，1986年8月5日，中共中央文献研究室编：《邓小平年谱（1975—1997）（下）》，第1128、1129页。
③ 杜尚泽：《国家主席习近平应约会见日本首相安倍晋三》，新华社北京2018年11月10日电。

出:"历史问题是事关中日关系政治基础的重大原则问题,希望日方认真对待亚洲邻国的关切,对外发出正视历史的积极信息。"①

(二)新时代中国对日外交的创新思维

中国共产党第十八次全国代表大会以来,中国外交迈入了一个崭新的发展阶段。中国提出了构筑新型国际关系和人类命运共同体的目标,在处理对外关系时由被动应对外部挑战转为主动形塑国际秩序,表现得更有自信,更有战略视野。在对日外交上也有一些不同以往的创新思维。主要表现在以下几方面。

1. 坚持原则立场,捍卫战后秩序

党的十八大以来,中国对日本当权者的挑衅行为显示出前所未有的强硬立场。2013年3月23日,习近平担任国家主席后选择俄罗斯作为首次出访的国家。他在与普京总统会谈时强调中俄两国要"密切在国际和地区事务中协调配合,坚决维护两国共同战略安全,坚决维护联合国宪章宗旨和原则及国际关系基本准则,维护二战成果和战后国际秩序,维护国际公平正义,促进世界和平、稳定、繁荣"。从此,维护二战胜利成果和战后国际秩序成为包括对日外交在内中国对外交往中使用频率最高的主题词之一。2014年1月7日,《人民日报》就安倍参拜靖国神社发表署名文章指出:"日本首相安倍晋三悍然参拜靖国神社,实质上就是要颠覆东京审判结果,美化日本军国主义对外侵略和殖民统治历史,是对人类良知的肆意践踏和对公理正义的狂妄挑衅,否定世界反法西斯战争成果,挑战二战后的国际秩序。"②

中方对原则立场的坚持还体现在两大国家举措上:其一是设立南京大屠杀死难同胞国家公祭日。这是2014年2月27日全国人大常委会第七次会议一致通过的。同年12月13日,习近平主席出席首届南京大屠杀死难同胞国家公祭仪式并发表讲话。其二是举行"九三"大阅兵。2015年9月3日,在天安门广场举行了纪念中国人民抗日战争暨世界反法西斯战争胜利70周年集会。习近平主席发表讲话并检阅了中国人民解放军三军部队。49位外国领导人和政府代表、10位国际和地区组织负责人出席。这次阅兵突出体现了世界各国人民反对战争、坚决维护二战成果和战后国际秩序的共同愿望。

---

① 《习近平在雅加达会见日本首相安倍晋三》,2015年4月22日,中国新闻网,http://www.chinanews.com/gn/2015/04-22/7226822.shtml,访问时间:2019年1月25日。

② 钟声:《对良知和公理的公然挑战——二论安倍晋三参拜靖国神社的恶劣性质》,《人民日报》2014年1月7日。

2. 审慎拿捏分寸，适当留有余地

面对中日关系复杂严峻的局面，中方秉持"斗而不破"的方针，在彰显原则立场、狠挫日方嚣张气焰后注意见好就收，给对方留面子，让其有台阶可下。这种收放自如、宽严相济的姿态，凸显了中方在处理涉日问题时的自信和大度，更有利于引领舆论，争取人心。

以2016年日本外相岸田文雄来访为例，4月30日王毅外长和他见面时慷慨陈词，毫不留情，强调日方应切实把中日"互为合作伙伴、互不构成威胁"的共识落实到具体行动当中，以积极和健康的心态看待中国的发展，不再散布或附和形形色色的"中国威胁论"和"中国经济衰退论"。①《每日新闻》等日本媒体评论王毅外长此番话，说中方"采用了以往所没有的具体表述"，"公开表达了对安倍政府的不信任和焦虑情绪"。②但是，中方随后由杨洁篪国务委员和李克强总理分别对岸田予以接见。对岸田这位自民党内第四大派系的领袖而言，这种高规格的接待无疑是能增加其政治资本的。既表达了中方对改善双边关系的诚意，也让岸田和他的支持者感到心悦诚服。

2016年9月5日，习近平主席在杭州举行的二十国集团领导人峰会期间，应约与日本首相安倍晋三会面。习近平明确指出，中方致力于改善发展中日关系的基本立场没有改变。两国关系现在正处于爬坡过坎、不进则退的关键阶段，双方应该增强责任感和危机意识，努力扩大两国关系积极面，抑制消极面，确保两国关系稳定改善。要把握2017年中日邦交正常化45周年、2018年《中日和平友好条约》签署40周年等重要契机，推动中日关系向前发展。③2017年5月，安倍首相派遣自民党干事长二阶俊博率团出席在北京举行的首届"一带一路"国际合作高峰论坛，并将亲笔信转交习近平主席，表示了希望与中方改善关系的愿望。随后，安倍在多种场合表示日本将在一定程度上参加"一带一路"建设。

---

① 《王毅会见日本外相就改善中日关系提出四点要求》，新浪网，2016年4月30日，http://news.sina.com.cn/c/nd/2016-04-30/doc-ifxrtzte9842057.shtml。
② 《日中外相会談 関係改善に努力「南シナ海」は平行線》，《日本経済新聞》2016年5月1日。
③ 《习近平会见日本首相安倍晋三》，人民网，2016年9月5日，http://cpc.people.com.cn/n1/2016/0905/c64094-28692950.html。

3. 重视首脑互动，密切战略沟通

首脑互动向来是引领双边关系的"风向标"。但过去往往中日两国关系一紧张，双方首脑会晤便被取消。这固然是向对方施加压力的一种手段，但同时也失去了面对面沟通的渠道。党的十八大以来，中国与日本差不多每年都有高层接触。即便日本高调介入南海局势，中日关系发展的势头暂时受挫时，两国仍通过首脑会晤进行战略沟通，中方将自己的战略底线清晰地告诉对方，同时也给对方台阶下。

自2014年11月至2018年底，习近平主席在国际会议的场合八次应约与日本首相安倍晋三举行会晤。分别是：2014年11月9日在北京举行的亚太经合组织领导人非正式会晤、2015年4月22日在印尼雅加达举行的纪念万隆会议60周年大会、2015年11月21日在秘鲁利马举行的亚太经合组织领导人非正式会议、2016年9月5日在中国杭州举行的二十国集团领导人峰会、2017年7月8日在德国汉堡举行的二十国集团领导人峰会、2017年11月11日在越南岘港举行的亚太经合组织领导人非正式会议、2018年9月12日在俄罗斯符拉迪沃斯托克举行的第四次东方经济论坛、2018年11月30日在阿根廷布宜诺斯艾利斯举行的二十国集团领导人峰会。

除了这八次会晤外，2018年5月8日习近平主席与安倍首相举行了电话会谈，这是中日两国领导人间的首次尝试。2018年10月26日，习近平在北京会见对中国进行正式访问的安倍晋三，这是日本首相在时隔7年后首次访华。与国际会议场合的首脑会晤相比，这样的战略沟通时间更充裕，议题更集中，磋商更深入，效果也更明显。

中国领导人在首脑会晤中一再敦促日方坚持中日间四个政治文件和已达成的各项共识。就战略沟通而言，应该说是卓有成效的。譬如，2018年10月26日，习近平在会见安倍时强调，当前中日关系重回正常轨道，重现积极势头，值得双方共同珍惜。在新形势下中日两国要开展更加深入的战略沟通，开展更高层次的务实合作，开展更加广泛的人文交流，开展更加积极的安全互动，更加紧密的国际合作，要重信守诺，按照中日四个政治文件和双方已达成共识行事，建设性地处理矛盾分歧，维护好中日关系健康发展的政治基础。①

---

① 李忠发：《习近平会见日本首相安倍晋三》，新华社北京2018年10月26日电，见新华网：http://www.xinhuanet.com/politics/leaders/2018-10/26/c_1123620183.htm。

4. 倡导合作共赢，推动第三方合作

党的十八大以来，中国外交站到了前所未有的高度。以习近平同志为核心的中央领导集体深刻洞察人类前途命运和时代发展趋势，提出了打造人类命运共同体的重要倡议。中国通过各种双边、多边外交的舞台主动发声，在对日外交中充分体现了这一新姿态。

2013年，当中国刚刚提出"一带一路"构想时，日本是世界主要大国中反应最消极、质疑最强烈的。日本国内占主流地位的研判是，"一带一路"不过是中国企图改变地缘政治格局，与美、日争夺东亚地区主导权的战略工具。但随着"一带一路"倡议在国际社会受到广泛欢迎，日方态度发生了转折性的改变，由抵触、观望，转为有条件地参与。应该说，这是在中国对日外交创新思维指导下取得的成果。

2017年5月，习近平主席在会见来华出席首届"一带一路"国际合作高峰论坛的日本自民党干事长二阶俊博时明确指出，作为世界主要经济体，中日两国在推进经济全球化、推进贸易自由化等方面有着共同利益。"一带一路"倡议可以成为中日两国实现互利合作、共同发展的新平台和"试验田"。[1] 习近平主席这番表态得到了安倍晋三首相的响应。安倍在东京都举行的国际会议上发表演讲就"一带一路"倡议首次表态，表示日本将在条件成熟时与中国进行合作。[2]

经过中日磋商，两国在"一带一路"框架下进行的国际产能合作使用"第三方市场合作"的称谓。2018年5月，李克强总理访日期间，两国就"第三方市场合作"签署合作备忘录。同年10月26日，在安倍访华期间，中日两国在北京举行了首届"第三方市场合作"官民论坛。双方政府部门、经济团体和企业界人士1000余人与会。期间，双方共签署了52项协议或备忘录，总金额达180亿美元。通过这些领域的合作，不仅两国能实现互利共赢，还能带动相关国家的发展。

---

[1] 白洁：《习近平会见日本自民党干事长二阶俊博》，新华社北京2017年5月16日电，见新华网：http://www.xinhuanet.com//politics/2017-05/16/c_1120980107.htm。

[2] 《安倍晋三：一带一路若条件成熟日方愿合作》，凤凰网，http://news.ifeng.com/a/20170606/51199058_0.shtml，访问时间：2018年3月9日。

三、中日关系存在的问题与未来走向

（一）中日关系的改善任重而道远

与中国与其他周边国家的关系相比，中日关系的改善难度较大。历史遗留问题和现实利益对立交织在一起，又掺杂着彼此间的认知差距，加上外部势力作祟，导致两国间总是磕磕碰碰，风波不断。

1. 中日间存在着旷日持久的结构性矛盾

中日间结构性矛盾主要是历史认识问题、台湾问题和领土争端这三项。

历史认识问题：日本对自己第二次世界大战期间侵略历史的反省上一直暧昧、含糊，未能让它的亚洲邻国尤其是中国人民满意。日本每隔一段时间就会有身居高职的政治家发表美化侵略战争，否定战争责任的挑衅性言论。20世纪80—90年代，"失言"的阁僚常会丢官；但进入21世纪后，同样的"失言"阁僚却不必承担政治责任了。用日本媒体的话来说，日本的政治家中已出现了"谢罪疲劳症"。

靖国神社供奉着东条英机等14名甲级战犯。日本政要参拜靖国神社不仅成为日本国内政争的焦点，也成为国际社会共同瞩目的议题。中国坚决反对日本现职首相参拜靖国神社，认为这是对中国等战争受害国人民的侮辱，是践踏人类良知和国际正义的暴举。进入21世纪后，中日两国在这一问题上的角逐加剧。从2001年起，时任首相的小泉纯一郎在5年内6次参拜靖国神社，致使中日关系急剧恶化。安倍晋三在第一任内慑于国内外的强烈反对，未敢参拜靖国神社，但他复出一年后却公然参拜靖国神社，这对已经跌入低谷的中日关系不啻是雪上加霜。2014年以后，安倍虽然再也没有敢踏进靖国神社大门，但他在春秋两季靖国神社大祭时依然用首相名义献祭品。未来，日本首相参拜靖国神社将始终是一枚随时可以引爆中日对立的"定时炸弹"。

台湾问题：台湾问题是中日关系中最敏感的问题。日本在甲午战争后对台湾实行了长达半个世纪的殖民统治，目前仍然是与台湾在经济、文化领域联系最密切的国家。在中日邦交正常化交涉中，双方围绕台湾问题曾进行过激烈的交锋。在《中日联合声明》中，日本政府对中方有关台湾是中华人民共和国领土不可分割的一部分的立场表示"理解与尊重"，并坚持波茨坦公告第八条的要求。承诺只同台湾保持民间的、经贸领域的往来。但是，日本国内始终有一股政治势力图谋突破这一框架，提升与台湾的实质关系，导致中日间风波迭起。

进入21世纪后,台湾问题日益成为中日战略博弈的重要领域。日本当权者采取"切香肠"的方式,逐步摆脱1972年后日台关系的基本框架。日本先是取消政府课长级官员访台的限制,继而又批准台湾卸任领导人赴日活动,将1974年成立的处理日台事务的"交流协会"名称改为"日本台湾交流协会"。更有甚者,2017年3月,日总务副大臣赤间二郎赴台参加公务活动。这是1972年日台断绝所谓"外交"关系以来访台级别最高的日本官员。与此同时,日台间军事互动也逐渐浮出水面。如日本自卫队将领以"退休"身份常驻台北,台"陆军总司令"赴日观摩自卫队的军事演习,等等。台湾当局推行"潜艇国造"计划,最青睐的是日本曾向澳大利亚推销的"苍龙"级潜艇技术。未来,三菱重工、川崎重工等制造商会不会让相关技术人员以"退休"身份赴台传授潜艇制造技术,将是中日博弈的一大"聚焦点"。

领土争端:中日间围绕钓鱼岛主权归属的争端是导致两国战略信任严重受损的直接"导火线"。1972年9月,中日邦交正常化谈判时,两国领导人曾经决定将这个问题"放一放,以后再解决"。1978年10月,邓小平在访日时再次强调"这样的问题放一下不要紧"。但是,从1995年起,日本政府突然"变脸"。先是否认中日间曾有过搁置钓鱼岛争端的默契,继而又纵容右翼团体出面在争端岛屿上兴建灯塔,以凸显日本对钓鱼岛及其周围海域的所谓"主权"。2010年和2012年相继发生的钓鱼岛撞船事件、钓鱼岛"购岛"闹剧,严重激化了两国间围绕岛屿主权归属的对立。

尽管中日两国在2018年6月启动了防务部门海空联络机制,对可能导致双方兵戎相见的对立进行了一定程度的管控,但这毕竟不是最终的解决。从二战结束后的历史来看,世界主要大国间鲜有通过谈判解决彼此领土和海洋争端的先例。中日两国间围绕岛屿归属和专属经济区划分的争端还将持续相当长一段时间。

2. 日美同盟是横亘在中日间的最大障碍

日本是美国在亚太地区最大的盟国。1952年,两国缔结《日美安保条约》。根据该条约,美国在结束对日占领后仍驻军日本,日本向美国提供维持基地所必需的土地和劳务。《日美安保条约》的缔结意味着日本加入了西方遏制中、苏等社会主义国家的阵营。

日美强化军事同盟导致中日难以建立战略互信。《日美安保条约》从诞生起就有浓厚的针对中、苏两国的军事色彩。虽然中日两国在1972年实现了邦交正常化，中美两国也在1979年正式建交，冷战本身也已在20世纪90年代初画上了句号，但《日美安保条约》却不仅没有成为历史，反而得到了进一步的强化。这一方面是因为美国需要依仗其盟国体系维护在亚太地区的霸权地位；另一方面日本也有拉住美国，扩大在亚太地区影响力的考虑。日美两国在1996年发表有关亚太安全的联合宣言，1997年和2015年两次修订《日美防卫合作指针》。日本还在1992年通过了《联合国维护和平法》，1999年通过《周边事态法》，2003年通过"有事法制"，2015年通过新安保法制，导致日美同盟联合对地区冲突进行军事干预的功能日益凸显。一旦台海地区爆发军事冲突，日美就会以日本安全受到威胁为由联手进行介入，阻碍中国统一大业的实现。在可预见的未来，中国将对日本强化日美同盟的举措特别是对军事介入台海局势的动向始终保持高度警惕，这是两国间建立战略互信的最大障碍。

中日关系发展很大程度上受美国影响。中日关系走向总是受到美国的掣肘和左右。一般来说，中美关系发展平稳时，中日关系改善的空间就比较大，而中美关系一旦交恶，日本就较难与中国维持良好关系，甚至可能大幅后退。迹象表明，美国当权者越来越将中国视为挑战其霸权地位的主要竞争者。特朗普上任后，美国的遏华攻势有愈演愈烈之势。从长远趋势来看，中美关系已很难回到过去的状态。美国既然将中国视为主要竞争对手，必然会对日本百般施压，迫使其"选边站"。未来，日本不管是谁掌权，要想将对美"一边倒"转变为"两面下注"，阻力都是比较大的。

3. 日本的对华认知阻碍中日关系发展

王毅外长在2016年两会期间会见记者时强调，"治病要断根"。中日关系的病根就在于日本当政者的对华认知出了问题。面对中国的发展，究竟是把中国当作朋友还是敌人？当作伙伴还是对手？日方应该认真想好这个问题，想透这个问题。①

从深层次看，日本之所以会在对华认知上出现上述问题，是日本媒体长期对华负面报道的结果，也是两国在变化了的国际国内环境下相互重新定位和调整关系过程中的必然现象。

日本大众传媒长期对华负面报道造成严重后果。近年来，日本媒体对华报道的一个显著特点就是热衷各种负面新闻的报道。这种负面报道长期发酵的结

---

① 《王毅：中日关系病根在日本当权者的对华认知出了问题》，新华社北京2016年3月8日电。见新华网：http://news.xinhuanet.com/politics/2016lh/2016-03/08/c_128782862.htm。

果，导致日本社会对华认识严重偏离客观现实。近年来，日本主流社会对中国的评价是：政治上实行"一党独裁"，高层权力斗争不断；军事上已形成对周边国家的威胁，试图以实力改变现状；经济上则是"濒临崩溃"，拖累了世界经济。据美国皮尤研究中心2015年对40个国家的调研，82%的巴基斯坦受访者对中国有好感，俄罗斯对中国持肯定态度的比例是79%，韩国是61%，美国38%，德国34%，而日本受访者对中国的好感度仅为9%，低得离谱。[①] 这种状况恐怕在短期内难以发生根本变化。

中日国力逆转造成日本国内对华焦虑感日益凸显。一般而言，在两个国际行为体之间原有的平衡状态被打破时，彼此间最容易产生疑虑和不安，弱势一方总是较强势一方更强烈。1990年，日本的GDP总额相当于当年中国的9倍多。日本朝野普遍存在着一种思维定式，认为中国永远不可能赶上日本，也威胁不了日本，对来自中国的批评多少还比较宽容。

从20世纪90年代开始，两国GDP总额的差距逐步缩小、持平，2010年中国的GDP反超日本，2017年更达日本的2.5倍。日本对中国的迅速追赶既不适应，也不服气，朝野上下普遍存在着对华焦虑感、恐惧感。2018年10月，日本民间非营利组织"言论NPO"和中国外文局共同举行的民意调查表明，日本受访者里对中国印象"很好"和"较好"的比例较上年只增加了1.6个百分点，与中国受访者对日本印象改善10.7个百分点，两者形成鲜明对比。[②]

（二）从战略高度把握和引领中日关系

为实现两个百年目标，推动中华民族伟大复兴，中国需要有稳定的周边环境，有一批友好相处、互利合作的邻邦。从这个意义上说，中国亟须保持中日关系企稳向好势头，推动中日关系的真正转圜。这是中国经略周边环境，改善战略姿态的关键"棋局"。有以下五大着力点。

1. 坚持中日关系的政治基础

中日邦交正常化以来的历史表明，只要两国忠实履行四个政治文件，双边关系就能稳定和前进，反之则会出现曲折和倒退。正如习近平主席2017年7月

[①] 美国皮尤调查中心2016年6月29日发表，转引自美国智库"战略与国际研究中心"（CSIS）"中国力量"（China Power）项目研究报告《世界对中国看法的变化趋势》（How are Global Views China Trending？），http://chinapower.csis.org/global-views/#1466797926875-8b9b1371-534e。

[②] [日]特定非营利法人言论NPO：《第14回日中共同世論調査》，2018年10月9日，见言论NPO网站：http://www.genron-npo.net/world/archives/7053。

8日在汉堡会见安倍晋三首相时所指出的,在涉及中日关系政治基础的重大问题上"不能打任何折扣,更不能有一丝倒退"。① 2018年10月26日,习主席在会见安倍首相时再次强调,要重信守约,按照中日四个政治文件和双方已达成共识行事,建设性地处理矛盾分歧,维护好中日关系健康发展的政治基础。② 这是确保中日关系健康稳定发展的"定海神针",也是我必须牢牢占据的道德高地。

2. 高举维护自由贸易的旗帜

中日两国都是现行国际秩序的最大受益者,也应该是自由贸易和多边体制的捍卫者。慑于美国的压力,日本当权者目前尚不敢公开向特朗普政权的倒行逆施叫板。但随着美国迫使日本让利的要价不断提高,超出一定的容忍底线,日本也会为维护自身利益与美国顽强交涉。如果欧盟和以金砖国家为代表的发展中国家一起抵制美国的单边主义和贸易保护主义,日本的态度可能还会更强硬一些。中方宜对日本晓以利害,善加引导,敦促日本切实兑现维护自由贸易和多边机制的承诺,为早日缔结区域全面经济伙伴关系协定(RCEP)共同发力,并尽快完成中日韩自由贸易协定(FTA)谈判。

3. 深化两国经贸领域互利合作

发展经贸领域的交往一向是中日关系的"压舱石"。两国应加强在节能环保、金融保险、医疗介护等领域的互动,扩大双方产业链、价值链和供应链的高度契合。要落实两国在第三方市场合作官民论坛上缔结的一系列协定,在推动共建"一带一路"国家互联互通和产能领域的合作中,共绘宏图,共担风险,共享利益,实现"三赢"或"多赢"。目前,以"日本运通"为代表的日本物流企业已深度参与"中欧班列"的运营,通过"海陆联运""空陆联运"架起沟通亚欧两大经济圈的"桥梁"。这是一个可喜的开端。

4. 努力克服安保合作的"短板"

中日两国在安全保障领域分歧突出,信任缺失,是两国民众对对方国家亲近感低位徘徊的主要原因。为克服这一"短板",首先,要恰当管控分歧,防止偶发冲突。两国已启动防务部门海空联络机制。下一步可考虑签署"重大军事行动相互通报信任措施机制谅解备忘录"和"海空相遇安全行为准则谅解备

---

① 《中国国家主席习近平8日应约在汉堡会见日本首相安倍晋三》,中国新闻社汉堡2017年7月8日电。

② 李忠发:《习近平会见日本首相安倍晋三》,新华社北京2018年10月26日电,见新华网:http://www.xinhuanet.com/politics/leaders/2018-10/26/c_1123620183.htm。

忘录"，逐步完善危机管控机制。其次，要加强安保对话，避免战略误判。宜在自卫队和解放军间恢复校官级互访基础上，适时重启舰队互访和防长互访。再就是推动两国在打击海盗、跨国救灾等非战争军事行动中的合作，逐步增加彼此间的互信。

5. 促进两国民间交流人文合作

鉴于两国民众对对方国家的亲近感都比较低，宜大力推动两国传媒界的交流合作，力求客观、准确地传递对方国家的有关信息。目前，两国国民访问对方国家的数量出现明显的不平衡，访华的日本游客仅及访日中国游客的三分之一，由此也带来了彼此对对方国家亲近感的"温度差"。要切实落实两国政府有关5年内组织3万名青少年访问对方国家的安排。特别要创造条件，尽快恢复日本中小学生以中国为目的地的修学旅行。两国还需着眼未来，推进民间交流队伍的"新陈代谢"和"世代更替"，推进民间交流平台的网络化和社交媒体化。

A Review of 70 Years of China's Diplomacy toward Japan

WU Jinan

Abstract As one of China's neighboring countries that is separated from China only by a stripe of water of the East China Sea, Japan is the largest developed country of the Asia and one of the most important countries in China's neighboring areas. In China's diplomacy with its neighboring countries, its relation with Japan has always been put on the list of top priorities. In 1972, China and Japan normalized their diplomatic relations, opening a new page on the history of their bilateral relations. In the past 47 years, the mutual exchanges between these two countries have surpassed any single period in history, whether in depth or in scope. Both of two countries have obtained substantial benefits from their peaceful coexistence and equal cooperation. However, in pace with the changes of international environment and the shift of relative overall national capacities of these two countries, ups and downs occur in this bilateral relations and twists and turns are inevitably emerging. Therefore, one of the most thorny and important tasks confronting China is how to ensure a healthy development of the China-Japan relations along a stable track through locating common interests and avoiding unnecessary harms, and through a joint effort to follow the trends of the world.

Key Words China; China's Diplomacy toward Japan; 70 Years

Author Wu Jinan, President of Shanghai Association for Japanese Studies, Professor and Vice Director at Advisory Committee, Shanghai Institutes for International Studies (SIIS).

中国周边外交七十年专栏

中国对印外交的历史、现状和未来

关培凤

【内容提要】中国与印度建交以来，以时间和重要事件为界，中印关系的发展历程大致可以分为五个阶段。在近七十年的发展历程中，中国对印外交在总体上坚持睦邻友好的基础上，经历了从虚到实、从被动到主动、从政治为主到多领域并举的转变。党的十八大以来，中国以"亲、诚、惠、容"的周边外交理念和"协调"与"合作"的大国外交理念指导对印关系，进一步提升印度在周边外交和总体外交中的战略重要性，多方面充实对印外交的内涵，使中印关系总体上保持了稳定向好的发展态势。但受历史和现实等因素的影响，中国对印外交面临着诸多挑战，中国须保持战略定力，着眼大局，妥善应对中印关系中的问题和挑战，致力于促进与印度的战略伙伴关系。

【关键词】分期与特点　新理念　新定位　新内涵　挑战与对策

【作者简介】关培凤，武汉大学中国边界与海洋研究院教授、博士生导师。

印度是第一个与中国建交的非社会主义国家。1950年4月中印建交至今近七十年，两国关系起伏跌宕，几经波折才逐渐走向稳定、成熟，在政治、经贸、人文等领域取得了可喜的成果。在当前中国外交布局中，印度是"唯一具有三个层次特征的国家，也就是说，印度既是一个正在兴起的大国，又是中国的邻国，还是发展中国家"。[①] 这一特征决定了印度在中国外交中具有特殊重要性，即兼具"首要性""关键性"和"基础性"。1988年印度总理拉吉夫·甘

---

① 赵伯乐：《中印关系——新型的大国关系》，《当代亚太》2005年第8期。

地访华以来，中印关系发展迅速，许多领域取得了重要进展。党的十八大以来，中印关系总体向好，但受历史和现实因素的影响，中国对印外交仍面临不少挑战，中国需着眼大局，立足长远，妥善处理好中印关系中的问题和挑战，为中印关系的健康稳定和可持续发展创造条件。

一、中国对印外交的发展历程及特点

从1950年正式建交以来，中印关系的发展以时间和重大事件为界，大致可以划分为五个阶段。期间，中印关系的发展虽然一波三折，但中国对印外交在逐渐走向成熟。

（一）中国对印外交的发展历程

第一阶段：缔结"兄弟"情谊期（1950—1959年）。印度在中华人民共和国的睦邻外交战略中占有特殊地位。1950年4月1日，中印正式建立外交关系并互派大使。1953年12月31日，周恩来总理在接见来华谈判的印度代表时，首次提出要按照互相尊重领土主权、互不侵犯、互不干涉内政、平等互利、和平共处五项原则来解决两国间业已成熟却悬而未决的问题。1954年4月29日，中印签署《关于中国西藏地方和印度之间的通商和交通协定》，并就撤退印度在中国西藏地方的武装卫队等问题换文。该项协定和换文对中印在西藏地区的边贸、交通和朝圣等事宜的规定，以及对印度片面继承的英国在西藏特权的基本废除，使中印两国在中国西藏地方的关系得以在新基础上重新建立。同年6月，周恩来总理首次出访印度，于28日发表的两国总理联合声明重申了指导两国关系的和平共处五项原则，并指出该项原则适用于中印同亚洲及世界其他国家的关系中。10月19—30日，尼赫鲁总理回访中国，毛泽东主席先后四次会见尼赫鲁，与其就发展中印双边关系、建立和扩大和平区域等问题进行了广泛讨论。印度外交部翻译V. P.帕兰杰普盛赞尼赫鲁访华是"印中关系的里程碑，印中友好达到了高峰"。[①] 在万隆会议上，尼赫鲁对周恩来提出的"求同存异"原则给予积极支持，中印友好合作共同保证了万隆会议的成功。1956年11月，周恩来总理再次出访印度，不仅对印度议会两院联邦院和人民院进行了访问，还在议会大厅对议员们发表了演说，"印地秦尼巴依巴依"（中印两国

---

① 赵蔚文：《印度外交官回忆印中关系》，《现代国际关系》1995年第3期。

是兄弟）的热切欢呼响彻云霄。这一时期，中印各界人士和代表团频繁互访，涵盖政党、军事、贸易、交通、教育和宗教等领域，有力地推动了中印友好关系的建立和发展。

第二阶段：走向冲突对峙期（1959—1969年）。中印建交以来，围绕西藏问题的干涉和反干涉斗争一直存在。1959年西藏上层反动分子发动全面武装叛乱后，一方面，印度政府公开干涉我西藏内部事务；另一方面，尼赫鲁1959年3月22日致函周恩来，以印度片面主张的边界线为据，正式向中国政府提出了全面的领土要求。与此同时，印度在边境地区积极推行"前进政策"，于8月和10月，先后在中印边界东段和西段制造了"朗久事件"和"空喀山口事件"。为避免冲突升级，周恩来在11月7日致信尼赫鲁，建议在中印边境东段和西段的两国武装部队各自后撤20公里以脱离接触，两国总理在近期内就边界问题举行会谈。[①] 该建议遭到尼赫鲁拒绝后，中国边防部队单方面从实际控制线后撤20公里，并采取了其他一些力避武装冲突的积极措施。[②] 1960年4月，周恩来第三次访问印度，与尼赫鲁进行了7次会谈，却没能就解决边界问题达成协议。[③] 随后半年中，中印举行的三轮官员会谈也无果而终。1961年7月和1962年7月，印、中先后召回各自大使，双边关系实际上被降到临时代办水平。从1962年5月起，印军利用中国边防部队停止巡逻的机会侵入"麦克马洪线"以北，在西藏境内建立了包括扯冬在内的4个据点。在西段，印军到1962年10月已在中国境内设立了43个侵略据点。[④] 在中段，印军也多次侵入中国境内进行非法的侦查活动。印度的偏执和领土野心最终将中印关系导向战争。战争结束后，中国政府再次建议两国总理重启会谈，并采取了主动交还缴获的印军武器和物资、主动释放全部印军被俘人员等一系列积极措施。但印度无视中国为保持中印友好所做的努力，致使中印关系在此后数年一直处于僵持对立中。

第三阶段：解冻冷淡期（1969—1988年）。亚洲两个大国的长期敌对，既不符合两国利益，也对亚洲安全造成严重威胁。从1969年元旦开始，印度开

---

① 中共中央文献研究室编：《周恩来年谱1949—1976》（中），北京：中央文献出版社，1998年，第266页。
② 王宏纬：《当代中印关系述评》，北京：中国藏学出版社，2009年，第180页。
③ 中共中央文献研究室编：《周恩来年谱1949—1976》（中），第313—314页。
④ 王绳祖主编：《国际关系史》第九卷（1960—1969），北京：世界知识出版社，1995年，第342页。

始就打破僵局做一些试探性表态。① 中国对此积极回应。1970年5月1日，毛主席在天安门城楼对印度临时代办拉杰希·米希拉表示，"中印人民总是要友好的"。1976年1月，中国外交部副部长韩念龙在出席印度大使馆举行的国庆招待会时表示，如果印度派出驻华大使，相信"中国政府会做出相应反应"。② 7月和9月，印中两国先后重新互派大使，迈出关系正常化的第一步。1979年2月瓦杰帕伊外长访华，邓小平副总理向其表示，中印双方应求同存异，边界问题不应妨碍双方在其他领域进行友好交往。对于历史遗留的边界问题，只有采取"一揽子解决办法"。③ 1981年6月，黄华外长回访印度期间，同意印度首批香客赴西藏冈仁波齐山和玛旁雍错朝圣。④ 这一时期，中印双方在不同场合均表示了进一步改善和发展两国关系的愿望。但由于印度坚持在边界问题解决前，中印关系不可能完全正常化，加上印度国内亲苏派的干扰，中印关系仅停留在部长级层面。边境地区还发生过"桑多洛河谷事件"和印度不顾中国抗议将中印东段争议地区升格为所谓"阿鲁纳恰尔邦"的严重事件，阻滞了中印关系的完全恢复。

20世纪80年代末国际形势的演变为中印关系的发展迎来了新的机遇。1988年12月，拉吉夫·甘地总理访华，这是自尼赫鲁总理1954年访华后34年来首位印度总理来访。邓小平在与拉吉夫·甘地的会见中从战略高度强调了中印友好的重大意义。双方一致同意，恢复和改善关系，既符合两国人民的根本利益，也有利于亚洲和世界的和平与稳定；通过和平友好方式协商解决边界问题；在边界问题解决前，积极发展其他方面的关系。⑤ 显然，印度决心改变对华敌视，不再为发展中印关系预设前提。两国政府还就科技合作、文化合作及民用航空运输等签署了一系列协定，并决定建立边界问题联合工作小组，寻求解决边界问题的办法。拉吉夫·甘地访华翻开了中印重塑友好关系的新篇章，被盛赞为"破冰之旅"。

第四阶段：睦邻友好发展期（1988—2000年）。拉吉夫·甘地总理成功访华后，中印关系得到了迅速发展。首先是恢复高层互访。1991年12月，李鹏

---

① 郭书兰编：《中印关系大事记》（1949年10月—1986年12月），中国社会科学院亚洲太平洋研究所内部资料，1987年，第105页。
② 赵蔚文：《印中关系风云录》，北京：时事出版社，2000年，第221页。
③ 《邓小平文选》第3卷，北京：人民出版社，1993年，第19页。
④ 《中印两国外长会谈结束》，《人民日报》1981年6月29日，第6版。
⑤ 《中印联合新闻公报》，1988年12月23日，中华人民共和国驻印度共和国大使馆网站，https://www.fmprc.gov.cn/ce/cein/chn/zygx/zywx/t724779.htm。

总理对印度进行正式访问,重申边界问题不应影响两国关系的发展,应积极努力扩大双边经贸关系。拉奥总理重申印度承认西藏是中国领土的一部分。1992年5月,拉马斯瓦米·文卡塔拉曼总统访华,这是中印建交以来第一位来访的印度总统。1993年9月,拉奥总理访华,两国总理就双边关系和国际形势充分交换了意见。1996年11月,江泽民主席正式访印,双方确立了"建立面向21世纪的建设性合作伙伴关系"的目标,提升了中印友好的层级。这一时期,两国的其他高级领导人和政府官员之间也互访不断,对增进相互了解、改善关系起了积极的促进作用。

其次,边界谈判取得进展,双方就维护边境地区的和平与稳定达成了重要协定。1993年中印签署《关于在中印边境实际控制线地区保持和平与安宁的协定》,承诺互不使用武力或以武力相威胁,在边界问题最终解决前,严格尊重和遵守双方之间的实际控制线。1996年中印又签署《关于在中印边境实际控制线地区军事领域建立信任措施的协定》。两项协定的签署,是这一时期中印在敏感的边界问题上取得的最重要成就,反映了边界争端对双方开展互利合作关系的消极影响在降低,也反映了中印关系在逐步成熟。

再次,中印经贸、科技等领域的合作迅速发展。1988年12月成立的中印部长级经贸科技合作联合小组和一系列贸易协定的签署,在推动双边经贸科技的合作交流方面发挥了积极作用。据不完全统计,1991年至1993年间,双方有100多个大小不同的贸易代表团进行了互访。[①] 1988年,中印双边贸易额约为1.08亿美元,此后连年成倍增长,到2000年已达到29.1亿美元。[②] 这一时期,双方还签署了包括科技合作协定及和平利用外空的科技合作备忘录在内的一系列文件,推动了两国在农业、水产、轻工、化工、医药卫生、电子、生物技术、气象、航天等领域的合作,两国关系在多方面取得了新进展。

1988年至2000年是中印关系迅速发展的重要时期。虽然因印度进行核试验导致双边关系一度受挫,但持续的时间并不长。一方面是因为印度在成功核试后很快修正了此前所谓"中国威胁"的错误言论,另一方面要归功于中国的克制。2000年纳拉亚南总统访华,标志着因印度核试验再起波澜的中印关系全面恢复。

第五阶段:持续突破提升期(2000年至今)。2000年以来,中印关系持

---

① 王宏纬:《当代中印关系述评》,第335页。

② 同上,第337页。

续发展，在很多方面都有重大突破。首先是两国关系的定位不断提升。从倡导"建立面向21世纪的建设性合作伙伴关系"，到将"发展两国长期建设性合作伙伴关系"作为指导两国关系发展的四项原则之一，再到"建立面向和平与繁荣的战略合作伙伴关系"，并随后提出夯实战略合作伙伴关系内涵的十项具体战略目标，最后到将印度定位成"紧密的发展伙伴""引领增长的合作伙伴"和"战略协作的全球伙伴"，印度在中国周边外交和总体外交布局中的地位持续攀升。

其次，在困扰双边关系的西藏问题和边界问题上达成新的谅解。在2003年6月签署的两国关系原则和全面合作宣言中，印度"承认西藏自治区是中华人民共和国领土的一部分，重申不允许西藏人在印度进行反对中国的政治活动"。这是印度首次在双边正式文件中明确承认西藏是中华人民共和国领土的组成部分，以限定明确的"中华人民共和国"取代了过去解释度较宽的"中国"二字。而同时签署的《中印关于扩大边境贸易的谅解备忘录》确认西藏的仁钦岗和锡金的昌古为中印双方新增的边贸口岸，也传达了中国在锡金问题上改变立场的政治意涵。2005年4月国家测绘局行业管理司正式下发《关于地图上锡金表示方法变更的通知》，规定在中国出版的地图上将锡金作为印度的一个邦标示。[①] 在边界问题上，2003年，中印建立特别代表会晤机制，探讨解决边界问题的框架。2005年4月，中印签署了《解决两国边界问题的政治指导原则的协定》，这是1981年中印恢复边界谈判以来签署的第一个原则性指导文件。同时签署的还有《关于在中印边境实际控制线地区军事领域建立信任措施的实施办法的议定书》。2012年中印又签署了《建立中印边境事务磋商和协调工作机制的协定》，负责开展和加强中印边境地区军事人员和机构的交流与合作，处理可能出现的影响边境和平与安宁的重大边境事务。一系列协定的签署，为边境地区的和平与安宁提供了重要保障。

再次，双边经贸和人文交流取得重大发展。一方面，经贸在中印关系中的地位得到极大提升。2006年11月签署的中印联合宣言确认"中印全面经济和贸易关系是两国战略合作伙伴关系的核心组成部分"。另一方面，中印双边贸易额增长迅猛。2000年中印双边贸易额仅为29.1亿美元，到2010年已经猛增

---

① 刘恩恕、刘惠恕：《中国近现代疆域问题研究》，北京：世界知识出版社，2009年，第161页。

至617.6亿美元。① 党的十八大以来，中印经贸关系发展更加迅速，2017年中印双边贸易额达到844亿美元。② 经贸合作越来越成为中印关系的加速器和压舱石。此外，中印人文交流也有所加强。两国在文化、旅游、影视和学术交流等方面的人员往来都有进一步的增加和扩大。

（二）中国对印外交的特点

近70年来，中国对印外交在总体上坚持"友邻"和"伙伴"基本定位不变的同时，也经历了从虚到实、从被动回应到主动谋划、从政治外交为主到多领域并举的转变。

第一，中国对印外交始终坚持友邻和伙伴的基本定位。在20世纪50年代中印关系友好期，中国将印度视为开展睦邻友好、营造和平稳定周边环境的重点国家，不仅与印度共同倡导了和平共处五项原则，而且尽力回避与印度在西藏和边界问题上的分歧，即使在西藏发生叛乱和印度公开干涉西藏内政后，仍坚持"印度不是我国的敌对者，而是我国的朋友"的立场。20世纪70年代以来中印关系解冻和恢复虽历经曲折，但中方坚信"中印始终要友好"。中印恢复正常关系后，从1996年倡导"建立面向21世纪的建设性合作伙伴关系"，到2005年倡导"建立面向和平与繁荣的战略合作伙伴关系"，中国一直将印度定位成合作伙伴。2013年李克强总理访印以来，中方反复强调要积极看待彼此的发展，中印互为伙伴而非对手，中印互为发展机遇而非挑战。习近平主席更从双边、地区和全球三个层面定位中印关系，强调印度作为"合作伙伴"的重要性。纵观中印近70年的关系历程，除了边界战争前后的一段时期，中国始终视印度为友邻和伙伴，而非对手和敌人。这是中印关系在历经起伏跌宕中仍能向前发展的重要基石和保证。

第二，中国对印外交经历从虚到实，逐渐成熟的转变历程。"由于历史文化和意识形态等方面的原因，在新中国成立后的相当一段时间内，国家利益在中国对外关系中的地位并不突出。"③ 20世纪50年代中印共同倡导的和平共处五项原则和广为宣扬的"兄弟"情谊，并非建立在坚实的国家利益之上，而是

---

① 《2010年中印经贸合作概况》，2011年5月11日，中华人民共和国驻孟买总领事馆经济商务室网站，http://bombay.mofcom.gov.cn/article/zxhz/201105/20110507544138.shtml。

② 《2017年中印双边贸易额创历史新高》，中华人民共和国国务院新闻办公室网站，http://www.scio.gov.cn/31773/35507/35510/Document/1628551/1628551.htm。

③ 张清敏：《理解十八大以来的中国外交》，《外交评论》2014年第2期。

相对空泛务虚的反对殖民主义和帝国主义侵略、维护国际和平的政治理念之上。中印对于彼此的认识，都存在某种一厢情愿的幻象。一旦国家利益分歧加剧，"兄弟"反目就难以避免。边界战争后，中印恢复正常关系的历程虽然漫长，但双方的相互认知在逐步调整，尤其是中国开始较多从国家利益出发来看待与印度的关系。冷战结束后，国家利益的概念正式出现在中国对外政策的官方表述中，①成为指导双边关系的根本原则。1988年拉吉夫·甘地总理访华以来，中印在贸易、投资、基建、卫生、科技等多领域的合作迅速发展，相互依存度不断加深。中印妥善应对两国关系中的问题，既是双方共求发展、同谋和平的政治意愿使然，更是两国间盘根错节的现实利益所驱动。党的十八大以来，习近平等党和国家领导人多次表示，中印应尊重各自的核心利益和重大关切，也多次强调与印度在地区和全球事务中的共同利益。在全球化和相互依存的世界里，中国对印外交的内容在不断拓展，基础在不断夯实。

第三，中国对印外交经历从被动回应到主动谋划的转变。回顾中印关系中的重大事件可以发现：中国对印外交是从被动回应逐渐走向主动设计的。1950年中印建交、中印签署关于西藏地方的协定、中印边界战争及其后的对立、20世纪70—80年代恢复关系进程中出现的起伏，都是印度主导的结果。中国对印外交则总体上呈现"应激—反应"的特征。这一方面是因为新中国成立初期内求发展、外谋和平的双重压力，极大地压缩了中国主动筹划的空间；另一方面也是出于争取印度、稳定周边的考虑，避免主动引发事端或恶化事态。20世纪80年代中期以来，中国将改善和发展与周边各国的友好关系、营造良好的周边环境放在对外关系的首位，这使20世纪90年代中国与所有周边国家实现了关系正常化，周边环境有了实质性的改善。同时，中国对邻国关系的认识逐步深化，外交的主动性和能动性大大增强。1979年邓小平副总理在印度外长瓦杰帕伊访华时率先提出，中印要求同存异，不使边界问题影响双方在其他领域的友好交往。1988年以来，中国积极开展对印外交，发掘两国共同的"发展"利益，拓宽两国合作领域，不断提升印度在中国周边外交乃至总体外交布局中的定位；强调中印"不能只把眼睛盯在分歧上而忽略了友谊和合作，更不能让两国发展进程和两国关系大局受到干扰"②；倡导从战略的高度看待中印关系，"携手追寻民族复兴之梦"。正是在这种战略观、大局观引导下，中印关系

---

① 张清敏：《理解十八大以来的中国外交》，《外交评论》2014年第2期。
② 《习近平在印度世界事务委员会的演讲（全文）》，新华网，2014年9月19日，http://www.xinhuanet.com/politics/2014-09/19/c_1112539621.htm。

虽有波澜但总体在向前发展。

第四，中国对印外交主体经历从政治外交为主到多领域并举的转变。西藏问题、边界问题、中印各自与第三国的关系问题等政治议题，在很长时期内都是中国对印外交的主体。自印度同意在边界问题解决前，积极发展双方在其他领域的关系以来，中印交往领域迅速扩大。经贸、科技和人文领域的合作不断增加，尤其是经贸关系迅猛发展。2006年11月的中印联合宣言中，将全面经济和贸易关系定位成"两国战略合作伙伴关系的核心组成部分"。2014年9月，中印发表关于构建更加紧密的发展伙伴关系的联合声明，这是中国首次同一国构建以"发展"命名的伙伴关系，充分说明了"发展"对中印各自及其在构建健康稳定、积极向好的双边关系中的特殊意义。2018年12月中印人文交流机制的正式启动，进一步反映了中印关系中外交主体的多元化。尽管传统的政治议题始终会影响中国的对印外交，但其敏感度和影响力将会随着中印合作领域的进一步拓宽和加深、相互依存度的进一步增强而有所下降；而中印在经贸、科技、文化产业、教育、智库等领域开展合作的重要性将不断上升。换言之，中国对印外交的主体已经实现了从政治外交为主导向多领域并举的转变。

二、新时代中国的对印外交

当前，国际格局正在进行前所未有的深刻调整，亚洲在全球格局中的地位不断上升。作为亚洲最大的两个发展中国家、世界多极化进程中的两大支柱、新兴经济体的主要代表，以及拉动亚洲乃至世界经济增长的有生力量，中印的相互依存和支持，对两国及世界的和平、发展和稳定都将产生巨大的积极影响。这决定了新时代中国对印外交理念的创新、对印外交定位的提升和对印外交内涵的充实。

（一）对印外交理念的创新

党的十八大以来，中国外交在保持总体稳定和连续的基础上，进行了一系列重大的理论创新，特别强调在开展周边外交时要突出体现亲诚惠容的外交理念，在发展大国关系时要积极推进大国协调和合作，构建总体稳定、均衡发展的大国关系框架。这些创新成为新时期中国开展对印外交的主要指导理念。

第一，以亲诚惠容的周边外交理念指导对印外交。"无论从地理方位、自然环境还是相互关系看，周边对我国都具有极为重要的战略意义"。① 中国历来高度重视周边外交，"睦邻友好"的周边外交理念不断发展。2004年第十次驻外使节会议上，中国正式提出了"大国是关键、周边是首要、发展中国家是基础、多边是重要舞台"的外交布局，周边的"首要"地位得到凸显。进入21世纪，周边国家的发展优势和发展潜力越来越明显，周边对于中国的重要性不断攀升。中国政府在2013年10月24日至25日举行了新中国成立以来的首次周边外交工作座谈会，这是党中央为做好新形势下周边外交工作召开的一次重要会议，充分反映了新时期中国对周边外交的高度重视。习近平主席在会上指出，我国周边外交的基本方针，就是坚持与邻为善、以邻为伴，坚持睦邻、安邻、富邻，突出体现亲诚惠容的理念。

印度不仅是中国在南亚最大的邻国和贸易伙伴，而且"对中国实现稳定周边、保持西南边境地区安宁、促进边疆地区对外开放的目标，具有相当大的重要性"。② 新时期中国的对印外交强调"亲"，注重沟通，首脑互访频率之高前所未有，在多边场合的深度会晤也超越以往；中国对印外交投之以"诚"，坚持在和平共处五项原则基础上，以合作而非对抗的方式、以共赢而非零和的理念发展双边关系；中国对印外交行之以"惠"，本着互惠互利的原则同印度开展合作，倡导建设孟中印缅经济走廊，重视双方贸易失衡问题，力求提升双方利益融合度；中国对印外交强调包容性，中印之间既有超越社会制度与意识形态的共同利益和共同追求，也有短期内难以解决的各种结构性和非结构性分歧，中印不仅要求同存异，还要知异求同，从两国人民的根本利益出发，做好邻居，好伙伴。

第二，以"协调"和"合作"的大国外交理念指导对印外交。在全球化、信息化和网络化时代，国家间的相互依存度越来越高。世界各国，特别是大国有责任通过协调解决分歧和争端，有义务通过合作谋求共同利益。习近平总书记在党的十九大报告中论述中国同大国的关系时强调，要推进大国间的协调和合作，构建总体稳定、均衡发展的大国关系框架，这为中国特色大国外交指明了方向。中印两国体量巨大，不仅人口最多，国土广袤，还是"拉动世界经济增长的两大引擎"，经济总量均居世界前列。中印国家间关系不仅是发展中国家间关系、新兴经济体间关系，还是大国间关系。因此，当前中国的对印外交

---

① 《习近平谈治国理政》(第一卷)，北京：外文出版社有限责任公司，2014年，第296—297页。

② 赵干城：《中印关系：现状·趋势·应对》，北京：时事出版社，2013年，第213页。

是在"协调"和"合作"、不冲突、不对抗的大国外交理念指导下进行的。

中国领导人多次强调，中印关系已经超出双边范畴，具有全球和战略意义，双方要相互支持，密切协调。中国希望同印度在全球事务中加强战略协作，坚持和发扬和平共处五项原则，坚持主权平等、公平正义、共同安全，坚持共同发展、合作共赢、包容互鉴，维护两国和广大发展中国家共同利益；希望同印度在参与全球治理、推动世界多极化和经济全球化、应对气候变化、粮食安全、能源安全等全球性问题中协调立场，用一种声音说话；愿意同印度加强在中俄印、金砖国家、二十国集团、上海合作组织等多边机制内的战略协作，支持印度在联合国包括安理会发挥更大作用的愿望。[1] 在双边关系中，中国坚持同印度通过和平方式解决分歧，不搞冲突和对抗。2017年"洞朗对峙事件"使中印关系高度紧张，但中方保持了高度克制，从稳定中印关系、稳定周边的大局出发，坚持通过和平对话寻求解决问题的方法，这正是"协调与合作"外交理念的规范和引领之功。

（二）对印外交定位的提升

习近平主席在2013年周边外交工作座谈会上强调，"要更加奋发有为地推进周边外交，为我国发展争取良好的周边环境"。这一指导思想给中国对印外交带来显著变化。如果说，20世纪中国对印外交主要是在"回应"印度，进入21世纪尤其是党的十八大以来，中国强调从战略高度定位印度和中印关系，对印外交中"主动谋划"的一面越来越突出。2014年9月，习近平在印度世界事务委员会所做的演讲中指出，"中印两国要做更加紧密的发展伙伴、引领增长的合作伙伴、战略协作的全球伙伴"，[2] 从双边、地区和全球层面赋予中印"伙伴"关系新的时代意义。

第一，双边关系做更加紧密的发展伙伴。早在1988年拉吉夫·甘地总理访华时，邓小平就指出："中印两国对人类有一个共同的责任，就是要利用现在有利的和平国际环境来发展自己。……真正的亚太世纪或亚洲世纪，是要等到中国、印度和其他一些邻国发展起来，才算到来。"[3] 当前，中国正在为实现中华民族伟大复兴的"中国梦"奋斗，印度也在致力于建设一个团结、强大、现代的"杰出印度"。发展是中印两国最大的共同战略目标，中印两国的首要

---

[1] 《习近平在印度世界事务委员会的演讲（全文）》，新华网，2014年9月19日。
[2] 《习近平在印度世界事务委员会的演讲（全文）》，新华网，2014年9月19日。
[3] 《邓小平文选》第三卷，第281—282页。

任务是实现自身和平发展、合作发展和包容发展,"让本国人民生活得更舒心、更安心、更幸福"。为此,中印需要更加紧密地发展伙伴关系,"分享经验,深化互利合作","实现优势互补",推动中国向西开放和印度"东向"政策对接,"使两国合作向更高水平、更深层次加速发展,打造世界上最具竞争力的生产基地,最具吸引力的消费市场,最具牵引力的增长引擎"。

第二,地区层面做引领增长的合作伙伴。印度是亚洲最大且发展最快的国家之一,中国积极看待印度的发展,希望与印度共做"地区驱动发展快车,带动地区各国共同发展","努力凝聚地区合作共识,与相关国家一道推进区域经济一体化和互联互通进程,加快孟中印缅经济走廊建设,早日完成区域全面经济伙伴关系谈判"。①习近平在2014年访印前夕,专门在印度《印度教徒报》和《觉醒日报》发表署名文章,呼吁中印"共同推动孟中印缅经济走廊建设,探讨丝绸之路经济带和21世纪海上丝绸之路倡议,引领亚洲经济可持续增长"。作为在亚洲和国际事务中影响力不断扩大的国家,中印对维护亚洲和平稳定、实现亚洲繁荣发展,负有重要的历史责任和时代使命。中国肯定并积极支持印度在地区稳定中发挥与中国相同的支柱作用,中印同做"地区和平的稳定双锚,共同致力于在亚太地区建立开放、透明、平等、包容的安全与合作架构,实现共同、综合、合作、可持续安全"。②

第三,全球层面做战略协作的伙伴。在冷战对峙的国际环境下,中印两国首倡和平共处五项原则,使其成为规范和发展国家间关系的基本准则,并在维护国际正义与和平中发挥了重要作用。当前,和平、发展、合作、共赢的时代潮流更加强劲,但国际关系中的不公平、不合理现象仍然突出。在推动经济全球化、建立更加公正合理的国际经济秩序、打击恐怖主义与跨国犯罪、环境治理等全球性或地区性问题上,中印两国面临相似的挑战,也拥有广泛的共同利益。中国肯定印度的国际影响力,支持印度在国际事务中发挥更大的作用,希望在继承和发扬和平共处五项原则的基础上,与印度加强在全球事务中的战略协作,加强在中俄印、金砖国家、二十国集团、上海合作组织等多边机制内的战略协作,在共同发展、合作共赢、包容互鉴的原则下,维护两国和广大发展中国家的共同利益,并以自身的发展"为世界经济增长和全球治理做出更大贡献,为气候变化、粮食安全、能源安全、网络安全等全球性问题提供代表广大

---

① 《习近平在印度世界事务委员会的演讲(全文)》,新华网,2014年9月19日。
② 同上。

发展中国家利益的方案"。①

（三）对印外交内涵的充实

在新的对印外交理念指导下，中国从战略高度看待中印关系，在周边外交和总体外交布局中显著提升印度地位的同时，在实践领域也高度重视对印工作，充分发挥两国领导人的引领作用，继续强化经贸交流的核心地位，对人文交流在两国关系发展中的基础作用也给予前所未有的重视。

第一，首脑外交的引领作用得到充分发挥。首脑外交是"由国家实际掌握最高决策权的首脑人物（一般为国家元首或政府首脑）直接出面处理国家关系和国际事务的外交"。② 中印建交以来至2000年，两国首脑在50年中共有9次互访，包括中印边界战争爆发前的4次互访（1954年、1956年和1960年周恩来总理三次访印和1954年尼赫鲁总理访华）和拉吉夫·甘地总理访华以来的5次互访（1988年和1993年印度总理拉吉夫·甘地和拉奥先后访华，1992年印度总统文卡塔莱曼访华，以及1991年和1996年李鹏总理和江泽民主席先后访印）。2000年以来，首脑外交在中国对印外交中的重要性日益增强。十八大以前的12年间中印首脑互访8次，中印首脑各访问对方国家4次（包括2000年纳拉亚南总统、2003年瓦杰帕伊总理、2008年辛格总理和2010年帕蒂尔总统访华；2002年朱镕基总理、2005年温家宝总理、2006年胡锦涛主席和2010年温家宝总理访印）。

十八大以来，中国在对印外交中进一步提升了首脑外交的地位。习近平主席在2014年访印期间向莫迪建议，中印"要发挥两国领导人的引领作用"。一方面，中印首脑互访频率加大。2013年5月至2018年间，中印两国首脑互访共有6次（包括2013年和2014年李克强总理与习近平主席先后访印；2013年辛格总理、2015年和2018年莫迪总理、2016年慕克吉总统访华），平均每年一次的频率，超过了以往任何时候。尤其值得强调的是，2013年李克强出任中国政府总理后，首访就选择印度为第一站；2014年9月，习近平主席又对印度进行了国事访问。这不仅反映了中国对对印外交的高度重视，也反映了新时期中国政府和领导人在开展对印外交中对首脑外交形式的重视。另一方面，通过首脑外交来解决重大分歧的外交形式有所强化。回顾中印关系的发展历程，

---

① 《习近平在印度世界事务委员会的演讲（全文）》，新华网，2014年9月19日。
② 钱其琛主编：《世界外交大辞典》（下），北京：世界知识出版社，2005年，第1855页。

双方在西藏问题、边界问题等方面所取得的一些重大突破，都离不开首脑外交的引领。新时期，中印双方更加重视通过首脑外交来解决两国关系中的一些重大分歧。中印"洞朗对峙"的和平解决，即是典型例证。"洞朗对峙"后仅半年多时间里，中印就走出了对峙阴影，双边关系得以恢复并持续改善，首脑外交发挥了决定性作用。不仅如此，两国领导人还利用上海合作组织首脑会议、金砖国家首脑会议等多边场合频繁会晤，就共同关心的双边和地区问题进行探讨，或协调立场。

第二，经贸交流的核心地位进一步强化。中印两国都处在发展经济、深化改革、推进现代化进程的关键阶段，都将经贸关系视作促进中印关系的重要手段，经贸交流在中印关系中的核心地位一再得到强化。一是双边贸易额大幅提升。2018年中印双边贸易额再创新高，达到955.4亿美元，比2017年增长111亿美元，同比增长13.2%。① 二是推动贸易平衡备受重视。长期以来，印度对华巨额的贸易逆差是中印经贸关系一个不容小觑的消极因素。随着印度政府更加积极融入全球市场，印度对进出口政策管制逐步放开，中国自印进口增速已明显高于对印出口增速。2017年，中国自印进口大幅增长近40%，使双边贸易更加平衡。② 2018年3月，中印经贸联合小组第11次会议重点就推进中印双边贸易平衡发展进行了讨论。之后，两国就解决大米、菜籽粕等部分商品市场准入问题也举行了两轮官员级会谈。11月6日，印度商务部秘书阿努普·瓦德哈万率团访华，中印双方就减少印度对华贸易逆差，加大中国对印度农产品、医药产品、信息技术服务和旅游等方面，尤其是食糖的进口进行了讨论。③

第三，人文交流的基础作用越来越受到重视。中印人文交流有两千多年历史，但两国人员交流规模长期保持在很低的水平。党的十八大以来，中印人文交流的基础作用越来越受到重视。首先，加强人文交流成为中印高层会晤中的重要议题。习近平主席2014年访印期间与莫迪总理共同启动了"中国—印度文化交流计划"，内容覆盖两国旅游合作、青年互访、博物馆交流等领域。2018年4月两国领导人武汉会晤期间，一致同意建立两国高级别人文交流机制。同年12月21日，中印正式启动高级别人文交流机制，它不仅为两国人文

---

① 《中国印度经贸合作简况》，2019年2月20日，中华人民共和国商务部网站，http://www.mofcom.gov.cn/article/jiguanzx/201902/20190202836075.shtml。

② 《2017年中印双边贸易额创历史新高》，2018年4月28日，中华人民共和国国务院新闻办公室网站，http://www.scio.gov.cn/31773/35507/35510/Document/1628551/1628551.htm。

③ "Press Release: Commerce Secretary pitches for balanced India-China Trade," http://indianembassybeijing.in/Commerce-Secretary-pitches.php.

交往提供了新平台,为两国开展合作提供了新动力,也大大提升了两国人文交流合作的高度,"使人文交流纽带成为双边关系的稳定器"。

其次,人文交流的成果和形式进一步丰富。一是两国地方政府间展开了积极合作,大力举办中印地方合作论坛、缔结中印友好城市(省邦)等活动。截至2018年4月,中印之间已有14对友城友省。二是两国学者间的交流合作增多。2014—2015年出版的中英双语《中印文化交流百科全书》是两国学者数年通力合作的成果,也是两国文化合作的一大亮点。2015年5月,在两国总理共同见证下,中国社会科学院与印度外交部签署了《关于设立中印智库论坛合作交流备忘录》,同意设立"中印智库论坛"。从2016年12月启动以来,论坛已连续举办三届,为中印学者围绕两国经济社会发展、双边关系及共同面临的地区和全球性重大问题开展深入交流提供了重要平台。此外,中国对瑜伽、电影、印地语等印度文化的引入力度也在逐渐加大。中印人文交流的积极开展,拉近了中印人民之间的距离,对于沟通中印文化心灵、增进相互了解与友谊、培育积极亲善的民意基础大有裨益。

三、中国对印外交面临的挑战与前景

两国建交近七十年来,中国致力于在和平共处五项原则基础上发展中印友好关系,取得了丰硕的成果。但与两国的发展现状和潜力、国际地位以及未来战略需求相比,当前的中印关系远未达到应有的水平。未来中国开展对印外交尚面临诸多挑战,需要两国充分发挥政治智慧,才能携手向前。

(一)中国对印外交面临的挑战

中印关系具有持续发展的政治条件与现实必要,双方在构建互信、扩大经贸和人文交流,以及安全领域的协作等方面都有程度不一的进展,但两国在战略诉求、政治互信、经贸平衡、地区和全球范围内的协调等方面存在的问题,构成了中国对印外交面临的现实挑战。

第一,两国相似的战略诉求引发的矛盾较为突出。自20世纪40年代后期相继争得民族独立以来,中印都将实现国家富强和民族复兴作为奋斗目标。尼赫鲁早在印度独立前就宣布,印度"要么就做一个有声有色的大国,要么就销声匿迹"。① 印度独立以来奉行不结盟外交，在国际舞台上左右逢源，长期有利的国际环境使印度的复兴之路较少受到外部干扰。2014年莫迪上台以来，随着印度经济的快速发展，基于对自身战略环境和战略机遇的认识，印度在追求"有声有色"大国地位的路上，不仅要求继续维持和巩固其南亚霸主地位，而且将成为"世界大师"和世界"领导大国"作为其战略目标。② 与印度相似，追求民族复兴，成为全球性富国、强国也是中国自1840年以来，特别是新中国成立以来的奋斗目标。作为亚洲体量最大、发展势头最强劲的两个相邻大国，在实现"印度梦"和"中国梦"的道路上，"两国互为毗邻的地缘现实使得任何一方的强国梦必然包括在对方邻近及周边地区的扩展影响与扩大存在"，其客观结果是，"两国离'强国'目标越近，两国间的地缘冲突就越尖锐"。③ 战略目标的"同性相斥"制约了两国对具体矛盾的解决，也会给中国的对印外交造成掣肘。

第二，双边互信严重不足。互信的缺失既有历史痼疾，也有第三方因素。尽管西藏问题和边界问题在当前中印关系中的负面作用有所下降，但它们仍然是影响中印构建互信的最直接也是最主要的因素。印度虽多次重申坚持西藏是中华人民共和国领土组成部分的立场、不允许藏人在印度从事反对中国和分裂中国的行为，但事实上却一直在纵容和包庇"藏独"分子。就边界问题而言，虽然两国在2003年就确定了解决边界问题"三步走"路线图，在2005年达成解决边界问题的政治指导原则协定，并在特别代表会晤机制下进行了21轮会谈，但由于两国在争端的历史和来源、争端领土的面积以及实际控制线的位置三个关键问题上严重缺乏共识，④ 中印边界谈判迄今尚未取得突破性进展，而且中印双方还都在边境进行大量的军事基础设施建设，印度更是长期在边境地区部署重兵，力图在局部保持对中国的军事优势。凡此种种都表明，中印对彼此都有强烈的戒备。

中国与巴基斯坦的关系，也是影响中印互信的一个重要因素。印度对20世纪60年代以来迅速发展的中巴关系始终高度警惕。尽管自冷战结束以来，

---

① [印]贾瓦哈拉尔·尼赫鲁:《印度的发现》，向哲濬等译，上海:上海人民出版社，2016年，第40页。
② [印]拉贾·莫汉:《莫迪的世界》，朱翠萍、杨怡爽译，北京:社科文献出版社，2016年，第249、265页。
③ 胡仕胜:《洞朗对峙危机与中印关系的未来》，《现代国际关系》2017年第11期。
④ 张家栋:《中印关系中的问题与超越》，复旦大学中国与周边国家关系研究中心编:《中国周边外交学刊》2016年第1辑，北京:社会科学文献出版社，2016年，第164—165页。

中国开展对印、对巴关系时力求保持平衡和中立，在克什米尔争端问题上也秉持公正立场，但印度总在抱怨中国对印在巴基斯坦问题上的安全关切缺少敏感性。有人认为，尽管中国力图平衡与印度和巴基斯坦的关系，但"一旦局势有变，中国仍随时会向巴基斯坦倾斜，全力支持巴基斯坦，利用巴基斯坦遏制打击印度"。① 印度还从政治和安全角度看待中巴经济走廊建设，认为"中巴经济走廊建设作为'一带一路'的旗舰项目，将对中印关系产生持久的负面影响"。② 此外，印度多次指责巴基斯坦是印控克什米尔地区暴恐活动的幕后主导，批评中国在恐怖主义问题上实施"双重标准"，"间接支持"或者"纵容"巴基斯坦。考虑到长期以来的中印、中巴和印巴关系状况，巴基斯坦仍将是中印构建互信的一大制约因素。

第三，中印经贸关系长期失衡。中印贸易关系的不平衡，主要体现在以下三个方面：一是印度对中国存在巨额贸易逆差，且逆差额总体呈增长态势。据印度商业信息统计署与印度商务部统计，2014—2018年，印度对中国的贸易逆差额分别为449.6亿美元、514.5亿美元、516.9亿美元、595.7亿美元和578.8亿美元。③ 二是贸易地位的巨大悬殊。中国成为印度第一大贸易伙伴已经十余年，截至2017年，印度在中国贸易伙伴排名中仍居于欧盟、美国、东盟、日本、韩国、巴西之后。④ 三是双边贸易额在两国经济中的重要性相差明显。2001年以来，印度与中国的贸易额平均占其本身GDP的5%左右，占其贸易总额的12%左右；中国与印度的贸易额平均占其本身GDP的1%不到，占其总贸易额的2%不到。⑤

中印贸易关系的长期不平衡使中印贸易摩擦频繁。据世界贸易组织统计，1995年至2013年上半年，印度共提起690起反倾销调查，其中针对中国企业的多达157起，占22.8%。⑥ 2012年至2018年间，印度对华共发起77起反倾销

---

① 吴永年：《变化中的印度：21世纪印度国家新论》，北京：人民出版社，2010年，第225页。
② Jaganath P. Panda, Tittli Basu, *China-India-Japan in the Indo-Pacific: Ideas, Interests and Infrastructure*, New Delhi: Pentagon Press, 2018, p.60.
③ 《国别贸易报告·印度·2018年第4期》，中华人民共和国商务部网站，https://countryreport.mofcom.gov.cn/record/qikan110209.asp?id=10782。
④ 根据wind数据库相关贸易数据统计。
⑤ 薛健吾：《中印边境冲突中的贸易因素：贸易和平效果的局限性》，《全球政治评论》第60期（2017年，台湾）。
⑥ 中国社会科学院经济研究所经济增长研究室：《印度经济走势、经济政策以及研究跟踪》第3期，2017年3月27日，http://ie.cass.cn/academics/economic_trends/201712/t20171204_3765987.html。

调查，2015—2018年共有55起。① 近年来，印度已是对中国进口商品采取贸易限制措施最大的国家。更重要的是，经贸关系可能会在双边关系其他领域产生消极影响，早在2011年12月，印度国家安全委员会秘书处就暗示说，印度对中国的贸易逆差可能会给印度带来国家安全问题。② 这意味着中国在开展对印外交时，必须要考虑有助于推动贸易平衡或减低贸易失衡的举措。考虑到中印贸易失衡程度和还在加剧的现状，未来一段时期内有效解决该问题的难度较大。

第四，印度在地区和全球层面对中国有怨怼。在地区层面，印度政府一直把"一带一路"倡议看作是中国将经济优势转化为政治、安全优势的地缘政治扩张战略。尽管印度国内也有一些学者主张客观看待"一带一路"倡议并寻求合作机遇，但更主流的意见认为该倡议不仅忽视了印度在国家主权和领土完整层面的"核心关切"，还使中国对"印度在次大陆的主导地位构成了挑战"。同时，印度还认为中国同马尔代夫、斯里兰卡等国家在基础设施领域的合作含有军事目的，将会威胁到印度的国家安全。中国是印度面临的主要安全挑战的看法，已经成为当前印度对中国的主流认知。③ 此外，印度还试图以介入南海争端来反制中国在印度洋地区日益增长的影响力。在全球层面，印度力图在国际社会发挥更大作用，对成为联合国安理会常任理事国和加入核供应国集团执念很深，而对中国在这两个问题上坚持原则的做法心生不满，将中国视为其"大国崛起的挡道者"。在这种认知背景下，印度可能会通过持续加强同本地区国家及域外大国合作的方式来防范和对冲中国在该地区逐渐扩大的影响和利益。近年来，印度加强同美国、日本等国的合作，就有明显地遏制中国的意图，这无疑会影响到中国对印度的认知和评判。

由于中印在多个领域存在矛盾和竞争，印度可能会继续通过多方面举措来遏制中国在南亚和印度洋地区持续增长的影响力，达到维护其地区优势地位的目的，从而对中印关系的持续良性发展造成不良影响。

---

① 根据中国贸易救济信息网数据统计，http://cacs.mofcom.gov.cn/cacscms/view/statistics/ckajtj。
② 《美媒：印度应该让中国产品为其繁荣效力》，环球网，2012年8月24日，http://oversea.huanqiu.com/economy/2012-08/3066454.html?agt=45。
③ Frederic Grare, *India Turns East: International Engagement and US-China Rivalry*, London: Hurst & Company, 2017, p.30.

（二）未来中国对印外交的开展

中印之间战略目标的竞争，以及包括边界争端、西藏问题、中巴关系，甚至跨界水问题和印度对"一带一路"倡议的认知及反应等诸多未解决的问题，决定了中印关系的"两面性"和不稳定性将一直存在。未来中国的对印外交，至少需要着眼于以下几点。

第一，全力维护中印关系的稳定。保持战略定力，坚定不移地奉行对印友好政策，全力维护中印关系稳定大局。中印毗邻而居，同为世界文明古国，同为新兴经济体主要代表，在地区和国际事务中的影响力都在不断扩大。尽管中国在综合国力上领先于印度，但印度自身的地理位置（基本上控制整个印度洋）及其面临的国际环境（遇到国际上各种各样的干扰相对较少）与中国相比具有比较优势。此外，印度不仅是海上丝路的重要枢纽和桥梁，还对中国西南边疆的稳定有着举足轻重的影响。无论是在中国的周边外交，还是总体外交布局中，印度的特殊重要性决定了中国必须坚持睦邻友好政策，致力于同印度发展友好稳定的战略伙伴关系，努力发掘和扩展两国间的共同利益，不使两国之间的分歧和竞争演化为冲突与对抗，尽可能降低印度对中国和平崛起的负面影响，减少域外因素对中印关系健康发展的阻滞。

第二，积极培育两国互信。2018年4月同印度总理莫迪在武汉进行会晤时国家主席习近平指出："中印关系要稳定，要发展，基础是互信。"受历史和现实因素的影响，中印关系中比较脆弱甚至缺失的一环恰恰是"互信"。信任源于了解，但当前中印之间相互隔膜的状况仍未得到根本改观。以人员往来为例，直到2015年，中印双向游客才首次超过100万人次。[①] 2017年，中国有1.44亿人次游客出境旅游，但赴印游客仅有25万人次。心理上的疏远和有限的人员交流，造就了认知的鸿沟。国之亲在于民相交，中印两国自不例外。不断加强沟通和了解，推动两国各阶层加深对彼此认知的准确度，是培育和构建政治互信的必要之举。在政府层面，要从战略上把握中印关系，双方都要本着积极开放包容的心态，正确分析和看待彼此的意图，将彼此视为世界力量对比变化中的积极因素、实现自身发展梦想的合作伙伴；在民间层面，要加强中印两国人民之间的沟通与交流，尤其要重视开拓文化产业合作，强化媒体之间的交流、拓展两国大学之间的校际合作，加强青年人之间的交流互访等。只有人

---

① 张家栋：《中印关系中的问题与超越》，第177页。

文交流水平得到大力提升，中印才能增进相互认识和理解，才有助于正确看待各自的发展利益和战略选择，不断扩大双边共识，减少猜疑，为两国政治互信的构建提供肥沃土壤。而双边关系的良性互动也将推动两国在地区和全球层面的交流和协作。

第三，妥善管控中印边界争端。领土争端对于中印来说都是高度敏感的政治议题，尽管双方都试图将其与发展其他领域的关系相剥离，但实践中却很难真正脱钩。由于中印对2005年达成的原则协定中所规定的"对各自在边界问题上的主张做出富有意义的和双方均能接受的调整"在理解上存在重大分歧，中印边界问题特代会几无进展，双边关系中的互疑互虑难以真正消除。为此，必须要妥善管控中印边界冲突，全力维护边境地区的和平安宁，以利双边关系的正常发展。中印在领土问题上分歧严重，解决该项争端的时机远未成熟。但中国在处理国家间关系中的大局观和以往处理边界争端的建设性方式，有助于争端管控。考虑到中印两国的发展战略、各自面临的内外环境，及双方在环境、能源、非传统安全等领域的诸多共同利益，"除非域外强权介入，否则未来中印边界问题演化成为武装冲突或区域战争的可能性极低"。[1] 因此，未来一段时间内，双方不必追求争端的彻底解决，而须专注于妥善管控边境，积极维持和平与安宁的状况。中印关系的健康与否影响的不只是双边关系，拘泥于边界问题只能局限各自的视野。[2]

第四，避免对印度造成重大心理"刺激"。随着近年来中国海外利益的不断扩展，中国也加大了同南亚和印度洋地区国家的合作。然而，印度一直怀有"成为印度洋主导力量的抱负"，很多人更是认为"印度洋必须是并且必须被看作'印度之洋'"。在这种理念影响下，印度对于中国在该地区开展的任何活动都强烈质疑，习惯性地怀疑和歪曲中国的战略意图，将中国当作"对手"和"敌人"。澳大利亚洛伊国际政策研究所2013年的一项印度民意调查显示，约有83%的印度人认为未来10年中国将对印度构成安全威胁。[3] 2018年7月皮尤调查中心公布的研究显示，44%的印度人认为中国是继ISIS和网络攻击之后

---

[1] 胡声平：《殖民帝国主义遗绪下的中印边界纠纷及其前景》，《全球政治评论》第60期（2017年，台湾）。

[2] L.H.M. Ling, Adriana Erthal Abdenur, etc., *India China: Rethinking Borders and Security*, University of Michigan Press, 2016, p.137.

[3] [澳]大卫·布鲁斯特：《印度之洋：印度谋求地区领导权的真相》，杜幼康、毛悦译，北京：社会科学文献出版社，2016年，第19、51、254页。

对印度的第三大威胁。① 鉴于中印关系长远发展的需要，以及印度在南亚的传统地位和影响，中国在加快推进同南亚和印度洋地区国家合作的过程中，要适度考虑印度的感受。一方面，要与包括印度在内的域内相关国家积极做好沟通协调工作，打消其对中国在该区域合理利益诉求的疑虑；另一方面，要充分认识印度对华的矛盾心理，在加强沟通的基础上多创造互动合作机会，增信释疑，避免印度对华产生战略误判而最终导致双方陷入"零和博弈"的困境。

中印关系具有战略意义和全球影响，中印关系的友好与否，不仅事关两国各自的发展和稳定，也将直接影响到地区乃至整个世界的和平与稳定。对中国来说，既要保持战略定力，坚持在和平共处五项原则基础上，致力于同印度构建繁荣和发展的战略伙伴关系；也要保持对印政策的弹力，对印度在西藏问题、边界问题、贸易问题等方面的政策反复保持警惕和防范，并做好应对预案。中印双方只有秉持积极、开放、包容的心态，正确分析和看待彼此意图，切实有效地落实好双方达成的重要共识，建立稳定的各层级交流机制，妥善处理分歧和摩擦，才能确保中印关系朝着和平、健康的方向前进。

---

① "ISIS, Cyber attacks, China major threat for India: Study," https://economictimes.indiatimes.com/news/defence/isis-cyber-attacks-china-major-threat-for-india-study/articleshow/59866551.cms.

The History, Reality, and Future of China's Diplomacy toward India

GUAN Peifeng

Abstract Since the establishment of normal diplomatic relation between China and India, the whole development of this relation can be divided into 5 stages in accordance with change of time and important events of "watershed" nature. In the past 70 years and based on general neighboring friendship, China's diplomacy toward the India has been transformed from pure rhetoric to actual activities, from passive response to initiative measures, and from a focus on politics to simultaneous efforts in multiple fields. Since the 18th national congress of the Chinese Communist Party, China's relations with the India has been led by the neighboring diplomacy's guiding principle of "amity, sincerity, mutual benefit, and inclusiveness", and pushed forward by the big power diplomacy's concepts of "coordination" and "cooperation". In this way, the India's strategic importance within China's neighboring diplomacy and overall diplomacy has gradually been uplifted, and the contents of this set of bilateral relations have been amplified continuously. Generally, a trend of steady improvement has been maintained on the China-India relations. On the other hand, China's diplomacy toward the India is still confronted with many challenges that are brought by a diversity of factors in history and reality. China must keep its calmness in its strategic planning and make its decision-making based on a precise "big picture", so as to handle all the problems and challenges occurring in the China-India relations. China shall take an effort to promote its strategic partnership with the India.

Key Words Division and Features; New Concept; New Position; New Content; Challenge and Countermeasure

Author Guan Peifeng, Professor and Ph.D. Tutor at China Institute of Boundary and Ocean Studies, Wuhan University.

中国对中亚区域外交的历史演进和未来发展

张 宁

【内容提要】 中国对中亚的外交政策基本上以十年为一个阶段：第一阶段的主要任务是建交和解决历史遗留问题（尤其是边界划分和边界稳定）；第二阶段是巩固和发展，双边和多边（尤其是上海合作组织）合作日益充实丰富；第三阶段围绕"一带一路"建设，将中亚五国全部升级为"战略合作伙伴"，各领域合作也相应再上新台阶。从中国与中亚国家近30年的外交历程看，双方合作的领域、层次、内容、规模日益丰富，互信和友谊日益加深。多年实践表明，尽管仍存在一些问题，但中国的对中亚政策总体实用有效，实现了中国外交的任务目标。根据中共十九大确定的中国外交的指导思想和总策略，未来中亚国家在中国外交中将继续占据重要地位，"一带一路"合作仍将是重中之重。

【关键词】 中国 中亚外交 一带一路

【作者简介】 张宁，中国社科院俄罗斯东欧中亚研究所研究员。

中国始终重视与中亚国家的关系，将其视作外交优先方向。中亚是维护中国西部安全与稳定的重要合作伙伴，是中国企业实现"走出去"战略，以便更好地利用国内和国际两种资源的重要合作对象，是中国学习和实践新型外交理念和模式的重要场所。根据党的十八大确定的中国外交的指导思想和总策略，如果说在此之前，中国在中亚的利益主要是西部安全和经济合作的话，则在此之后，中亚被纳入中国全球治理体系的组成部分，定位为落实"一带一路"建设的关键环节，成为中国外交理论与实践的先行先试者。

从中国与中亚国家近30年的外交历程看，双方合作的领域、层次、内容、规模日益丰富，互信和友谊日益加深。多年实践表明，尽管存在一些问题，但中国的对中亚政策总体实用有效，实现了中国外交的任务目标。

一、中亚区域外交的历史演进

苏联时期，中亚是五个加盟共和国，作为地方机构，没有外交权，无权直接与中国打交道，只能通过北京与莫斯科中央层面的联系。尽管是近在咫尺的邻居，但阿拉木图人若想到乌鲁木齐，并没有直接的通道，需要经莫斯科和北京中转才能到达。中国与中亚国家的外交始于1991年，即苏联解体后，中国承认中亚五国并与之建立正式外交关系。

尽管双方政治、安全、经济、人文等各领域的合作步伐并不完全同步，各有自己的特点和节奏，但从中国对中亚形势与作用的分析判断，以及合作内容侧重点上看，中亚国家独立后至今，中国对中亚政策以及与中亚的合作历程大体上以十年为一个阶段，至今可以分为三个阶段。从实践看，各阶段的合作层次越来越高，内容越来越丰富，可以说，双方关系愈发紧密。

（一）第一阶段是1991—2000年。这个时期的中国在经历1989年政治风波后，坚持探索符合国情的发展道路。1992年邓小平"南方谈话"后中国掀起改革开放高潮，当年10月召开的中共十四大确立了"建立社会主义市场经济体制"的发展方针，开始集中精力深化经济体制改革，搞经济建设。与此同时，这个时期的中亚基本属于建国阶段，正经历从独立初期的动荡走向稳定。

在中亚国家独立和苏联解体后最初时期，[①] 或因当初未料到苏联会解体，或因苏联解体速度太快而来不及反应，或因对当时的中亚知之甚少，当时中国

---

① 关于苏联解体的日期，绝大部分人认为是苏联总统戈尔巴乔夫发表电视讲话并宣布辞职的1991年12月25日，也有少部分人认为是苏联最高苏维埃宣布"苏联作为国际法主体停止存在"的1991年12月26日（即戈尔巴乔夫辞职的第二天）。但在此四个月前，即1991年"8·19事件"后第十天（8月29日），苏共中央召开会议，同意戈尔巴乔夫辞去苏共中央总书记职务，并解散苏共。自此，很多加盟共和国的共产党相继宣布解散或更名，各加盟共和国也陆续宣布独立，苏联此时已名存实亡。苏联解体后，各国也将加盟共和国宣布独立的日期作为节日"独立日"（相当于国庆节），其中吉尔吉斯斯坦为8月31日，乌兹别克斯坦为9月1日，塔吉克斯坦为9月9日，土库曼斯坦为10月27日，哈萨克斯坦为12月16日。由此，中亚国家认为是自己独立在先，苏联解体在后。

并未有清晰的中亚政策。除承认各国独立并快速与之建立大使级外交关系以外，中国的工作主要是组建驻中亚各国外交队伍、起草各类合作文件、调研各国国情等。

一般认为，中国形成系统的针对整个中亚地区的外交政策始于1994年。当年4月18—28日，中国总理李鹏对乌兹别克斯坦、土库曼斯坦、吉尔吉斯斯坦和哈萨克斯坦等中亚四国进行了正式访问，首次正式和明确地宣布中国的中亚政策，其中在塔什干阐述了中国与中亚国家关系四项基本原则：1. 坚持睦邻友好，和平相处；2. 开展互利合作，促进共同繁荣；3. 尊重各国人民的选择，不干涉别国内政；4. 尊重独立主权，促进地区稳定。接着又在阿拉木图就发展同中亚国家的经贸关系提出六点主张：1. 坚持平等互利原则，按经济规律办事；2. 合作形式要多样化；3. 从实际出发，充分利用当地资源；4. 改善交通运输条件，建设新的"丝绸之路"；5. 中国向中亚国家提供少量经济援助是一种友谊的表示；6. 发展多边合作，促进共同发展。① 上述"四项原则"和"六点主张"是中国与新独立的中亚国家的交往合作基础。

在这个时期，中国对中亚国家外交的主要内容表现在以下四个方面。

一是建交。苏联解体后，中国承认各加盟共和国独立，并分别于1992年1月2日与乌兹别克斯坦、1月3日与哈萨克斯坦、1月4日与塔吉克斯坦、1月5日与吉尔吉斯斯坦、1月6日与土库曼斯坦建立大使级外交关系。所有《建交联合公报》中均强调"在相互尊重主权和领土完整、互不侵犯、互不干涉内政、平等互利、和平共处的原则基础上，发展两国之间的友好合作关系"。此后，中国与中亚五国又陆续签署大量双边政府间合作文件，尽管内容较宽泛，侧重于原则与合作框架，缺乏实施细则，但毕竟奠定了双方合作的法律基础。

二是解决中苏历史遗留的边界划分问题。中哈1994年签署《中哈国界协定》，1998年签署《中哈国界补充协定》，2002年签署《关于中哈国界线的勘界议定书》及其附图（2003年7月29日生效）。中吉1996年签署《中吉国界协定》，1999年签署《中吉国界补充协定》，2004年签署《关于中吉国界线的勘界议定书》及其所附《中吉国界地图》。中塔1999年签署《中塔国界协定》，2002年签署《中塔补充协定》，2006年和2008年进行实地勘界工作（于2008年8月结束）。从开始谈判国界协定到实地勘定立桩工作结束，标志着中国与

---

① 《中亚关系四项基本政策和六点主张》，新华网，2003年2月19日，http://news.xinhuanet.com/ziliao/2003-02/19/content_735901.htm。

中亚邻国的边界问题最终得到全面、彻底、合理的解决,边界从此成为"永久和平、世代友好"的纽带和桥梁,为双方今后开展更深入合作打下坚实基础。

三是建立边境稳定与安全合作机制。在解决边界划分问题的同时,边境地区安全问题同样提上日程。1996年4月和1997年4月,中国与俄罗斯、哈萨克斯坦、吉尔吉斯斯坦、塔吉克斯坦四国一起,分别签署了《关于在边境地区加强军事领域信任的协定》和《关于在边境地区相互裁减军事力量的协定》。这两个协定标志着中国与中亚国家和俄罗斯的政治军事互信深入发展,也为中国大裁军和调整军事部署(向沿海倾斜)提供了良好条件,东部和南部防御力量加强,这种格局保持至今。

四是努力发展经贸关系。中国利用中亚国家物资短缺的时机,迅速打进中亚市场,对缓解当地经济困难和居民的生活压力起到了重要作用。一般认为,中国与中亚国家相互间较大规模的投资活动始于1997年。一些有实力的中国公司这一年走进中亚,如中石油以3.2亿美元成功竞购哈萨克斯坦阿克纠宾斯克油气股份公司60.3%的股份。与此同时,中亚国家对华投资虽然数额不大(哈、乌、土三国总计87万美元),但却是中亚国家自独立以来首次对华投资。不过,受各种因素的影响,在中亚国家独立后的头十年这一时期,中国对中亚国家的贸易和投资力度总体上不大,未能及时把握中亚国家的私有化进程,很多前景可观的投资项目被欧美和俄罗斯等国家抢占。

(二)第二阶段是2001—2010年。这个时期,中国正式提出实施"走出去战略",[①]2001年12月正式加入世界贸易组织,表明中国对外开放已进入一个新的历史阶段。中亚地区则经历"颜色革命"冲击,大国在中亚的竞争态势逐渐出现"俄走强、美转弱"态势。同时,国际原材料市场量价齐增,尤其是中亚地区富产的石油、天然气、棉花等,让中亚国家经济形势总体良好。

面对上述国内外环境新变化,这个阶段中国对中亚继续延续前期的政策精神,并结合新形势需求,增加了有关区域合作机制(尤其是上海合作组织)的新内容。时任国家主席江泽民在2001年6月15日上海合作组织成立大会上阐述中国对该组织的四项基本合作原则,即增强开拓意识,坚持务实态度,弘扬团结精神,贯彻开放原则。朱镕基总理在2001年9月14日阿拉木图举行的上海合作组织首次成员国政府总理会议上阐述中国关于区域合作的四点原则,即

---

① 《中华人民共和国国民经济和社会发展第十个五年计划纲要》,"第十七章 扩大对外开放,发展开放型经济",新华网,2001年10月18日,http://news.xinhuanet.com/zhengfu/2001-10/18/content_51471.htm。

坚持平等互利；遵循市场经济原则；循序渐进，注重实效；多边与双边相结合。江泽民主席和朱镕基总理提出的上述这八项原则（上海合作组织的基本合作原则和区域合作基本原则）后来被公认是中国中亚政策的组成部分之一，既指导上海合作组织，也适用其他所有中国参与的中亚地区的区域合作机制。

这个阶段，中国与中亚国家各领域合作全面开花，政治互信与经济合作逐渐形成良性互动，合作的水平和规模大幅提升，主要表现在以下几方面。

第一，经贸与投资合作呈现出井喷式发展，大项目增多，中国逐渐成为中亚国家最大或第二大投资国和贸易对象。双方商品进出口总额由2000年的18.1亿美元（向中亚出口7.6亿美元，从中亚进口10.5亿美元）增加到2010年的301亿美元（向中亚出口165亿美元，从中亚进口136亿美元）。2009年中亚遭遇国际金融危机波及后，中国为哈萨克斯坦提供100亿美元贷款（即"石油换贷款"），还在上海合作组织框架内设立100亿美元反危机稳定基金，帮助中亚国家度过经济难关。

第二，优化网络型基础设施体系。尤其是投资建设了中国—中亚天然气管道和中哈原油管道，不仅方便中国从陆路进口油气资源，还丰富了中亚国家的能源出口多元化，将中亚地区原先分割独立的油气管道连为统一整体，形成网格状，极大提高了各国自身的能源安全保障水平。以前，哈萨克斯坦西部的丰富油气资源只能销往欧洲市场，南部和东部消费的油气需从俄罗斯和乌兹别克斯坦进口，管道建成后，哈国自产油气足以满足本国消费需求，不再依赖进口。

第三，上海合作组织的影响越来越大。为继承边界合作过程中形成的友谊和"上海五国"机制，中、俄、哈、吉、塔五国一致同意吸收乌兹别克斯坦加入，于2001年6月15日在中国上海宣布成立永久性政府间国际组织——上海合作组织。随着各层级和各领域领导人会晤机制和各具体合作项目的推进落实，中国与中亚国家的国际合作多了一层机制保障。由于中国在该组织中可以发挥主导作用，该组织也成为中国实践自己的对外政策以及国际合作理念、主张、构想的最重要平台之一。

（三）第三阶段是2011年至今。这个时期，中国自2010年起成为世界第二大经济体，国家综合实力明显增强，提出"一带一路"倡议，旨在传承古丝绸之路精神，推动各国共同发展繁荣。中亚国家则遭遇经济下滑威胁：出口下降，汇率贬值，项目投资资金紧张。中亚成为中国向西发展陆路合作的首要合作对象。同期，境外极端分子从中东回流、网络传播暴恐和极端思想等现象屡禁不绝,让地区安全形势始终不容乐观。新疆维吾尔自治区2009年"7·5"事件后,中亚成为中国抵御境外极端思想和势力渗透的首要合作伙伴之一。

在前期合作成就基础上,中国与中亚国家在这个时期继续巩固和深化已有合作,同时开拓新合作领域。2013年9月4日习近平主席应邀在哈萨克斯坦纳扎尔巴耶夫大学演讲时,再次阐述中国的中亚政策,主要内容有:1. 中亚是对外政策的优先方向;2. 坚持世代友好;3. 坚持相互支持;4. 不谋求地区主导权和势力范围;5. 建设"丝绸之路经济带";6. 与欧亚经济共同体等其他区域合作机制共同致力于地区繁荣和发展。①

这个时期,中国与中亚合作继续巩固和加深,各领域对接合作日益密切,突出表现在以下几方面。

第一,明确中亚是中国外交的优先方向。双方建立"战略伙伴关系",后来又发展成为"全面战略伙伴关系"(不包括土库曼斯坦),双边政府间合作机制的层次和内容也随之丰富和提升。中哈形成"总理定期会晤+中哈合作委员会+12个分委会"为主导的官方合作平台。中乌于2011年建立副总理级的"政府间合作委员会+7个分委会"机制。中土2010年就成立副总理级的"政府间合作委员会",每两年举行一次会议,下设经贸、人文、安全、能源4个分委会。②中塔建立了"部长级的政府间经贸合作委员会+新疆—塔吉克斯坦经贸合作分委会"机制。中吉建立了"部长级的政府间经贸合作委员会+新疆—吉尔吉斯斯坦工作组"机制。

第二,积极落实"一带一路"与中亚国家的对接合作。中国利用自身市场和资金优势,自中亚国家进口和对中亚国家投资贷款规模显著增加,已成为中亚国家的第一或第二贸易伙伴和直接投资来源地。中国对中亚直接投资存量2005年为3.25亿美元,2010年为29.18亿美元,2012年为78.23亿美元,2017年为117.65亿美元。截至2018年底,中国在中亚五国共注册约3700家企业,主要涉及矿产勘探开发、石化、化工、加油站、交通、通信、农业、纺织、食品、建材、餐饮住宿等。中国投资或承揽的工程项目填补了中亚国家的产业空白,极大改善了中亚国家的基础设施状况,有力地支持了中亚国家的经济发展。人民币自2014年9月起在哈萨克斯坦、自2015年12月起在塔吉克斯坦挂

---

① 《习近平在纳扎尔巴耶夫大学的演讲(全文)》,新华网,2013年9月7日,http://news.xinhuanet.com/world/2013-09/08/c_117273079.htm。

② 张宁:《中国在中亚地区建设"一带一路"面临的风险浅析》,《西伯利亚研究》2018年第2期。

牌交易；哈萨克斯坦自2016年起将人民币列为储备货币；中哈产能合作基金规模已达20亿美元；中国银联卡可在哈、吉、塔、乌中亚四国（不包括土库曼斯坦）广泛使用。截至2017年底，中亚五国在华留学生约3万人，中国在中亚的留学生数量约3000人；中国在中亚共有13所孔子学院（哈5所、塔2所、吉4所、乌2所）。

表1　中国与中亚国家进出口总额统计（单位：亿美元）

指标＼年份	2016	2014	2010	2009	2008	2005	2001	2000
进出口总额	300.47	450.12	301.34	237.44	308.23	87.27	15.09	18.19
同哈萨克斯坦	130.98	224.52	204.49	141.29	175.52	68.06	12.88	15.57
同吉尔吉斯斯坦	56.77	52.98	42.00	53.30	93.33	9.72	1.19	1.78
同塔吉克斯坦	17.56	25.16	14.33	14.07	15.00	1.58	0.11	0.17
同土库曼斯坦	59.02	104.70	15.70	9.57	8.30	1.10	0.33	0.16
同乌兹别克斯坦	36.15	42.76	24.83	19.21	16.07	6.81	0.58	0.51
向中亚出口总值	179.69	240.53	165.30	168.25	225.96	52.29	4.92	7.67
同哈萨克斯坦	82.93	127.10	93.20	78.33	98.25	38.97	3.28	5.99
同吉尔吉斯斯坦	56.05	52.43	41.28	52.81	92.12	8.67	0.77	1.10
同塔吉克斯坦	17.25	24.68	13.77	12.22	14.80	1.44	0.05	0.07
同土库曼斯坦	3.38	9.54	5.25	9.19	8.02	0.91	0.31	0.12
同乌兹别克斯坦	20.08	26.78	11.81	15.70	12.78	2.30	0.51	0.39
从中亚进口总值	120.78	209.59	136.03	69.20	82.27	34.98	10.17	10.52
同哈萨克斯坦	48.05	97.42	111.28	62.96	77.28	29.09	9.61	9.58
同吉尔吉斯斯坦	0.71	0.55	0.72	0.49	1.21	1.05	0.42	0.67
同塔吉克斯坦	0.31	0.48	0.56	1.85	0.20	0.14	0.05	0.10
同土库曼斯坦	55.63	95.16	10.45	0.39	0.28	0.19	0.01	0.04
同乌兹别克斯坦	16.07	15.98	13.02	3.51	3.29	4.51	0.08	0.12

资料来源：中国国家统计局网站，年度数据，对外贸易，http://data.stats.gov.cn。

注：因进口和出口统计的四舍五入，进出口总值与进口总值加出口总值的和之间有些许差异。

表2 中国对中亚国家直接投资统计（单位：亿美元）

指标	年份	2009	2010	2011	2012	2013	2014	2015	2016	2017
当年存量	哈	15.16	15.90	28.58	62.51	69.56	75.41	50.95	54.32	75.61
	吉	2.84	3.94	5.25	6.62	8.86	9.84	10.71	12.38	12.99
	塔	1.63	1.92	2.16	4.76	5.99	7.29	9.09	11.67	16.16
	土	2.08	6.58	2.76	2.88	2.53	4.48	1.33	2.49	3.43
	乌	0.85	0.83	1.56	1.46	1.99	3.92	8.82	10.58	9.46
当年流量	哈	0.67	0.36	5.82	29.96	8.11	-0.40	-25.10	4.87	20.70
	吉	1.37	0.82	1.45	1.61	2.03	1.08	1.52	1.59	1.24
	塔	0.16	0.15	0.22	2.34	0.72	1.07	2.19	2.72	0.95
	土	1.19	4.50	-3.83	0.12	-0.32	1.95	-3.14	-0.24	0.47
	乌	0.05	-0.05	0.88	-0.27	0.44	1.81	1.28	1.79	-0.76

资料来源：商务部、国家统计局、国家外汇管理局：《2017年度中国对外直接投资统计公报》，"附表1 2009—2017分年度中国对外直接投资流量情况表（分国家地区）"，"附表2 2009—2017分年度中国对外直接投资存量情况表（分国家地区）"，第45—51页。http://www.fdi.gov.cn/1800000121_33_11652_0_7.html。

二、中国对中亚政策的创新

中亚是从苏联加盟共和国基础上独立而来的国家，因没有先例可循，其建国与发展过程主要依靠自身探索和国际社会帮助，寻找符合国情的发展道路。由此，中国与中亚国家的交往合作也是在逐渐摸索中前进。很多问题既需要丰富的实践经验，也离不开坚实的理论指导。从官方正式发布的政策阐述看，可以说中国的中亚政策一脉相承。各个表述之间的不变之处在于：双方处理国与国之间的关系不再以意识形态划线，不以社会制度的差异论亲疏，对一切国际问题都根据其本身的是非曲直决定自己的态度和对策，始终坚持世代友好和相互支持，始终追求平等互利和共同发展，希望借助历史积累的友好情意和合作经验，维护地区稳定和繁荣。这是合作的前提和基础。与此同时，中国的中亚政策也会针对不同时期的国际国内环境，工作侧重点和应对办法有所不同。总体上，在长期合作过程中，中国与中亚国家也在不断探索和实践着很多新的合作理念与模式，努力"将政治关系的优势，地缘比邻的优势，经济互补的优势，转化为务实合作的优势，持续增长的优势"，① 甚至对整个中国外交都具有指导和借鉴意义。

（一）"上海五国"模式和"上海精神"

该模式具有三大特点：一是坚持友好协商，既顾及历史，又尊重现实。所有问题通过谈判解决，不施加军事压力，不利用民粹炒作话题。二是国界划分谈判与边界安全谈判同时进行。解决边境安全问题的最有效方法是加强信任，而信任来自于透明和裁军。三是将局部的边界问题置于国家关系发展的大局中考量。边界问题不是国家间关系的全部，只是其中的一部分。需要从国家关系大局出发，避免边界划分问题影响国家间合作，同时防止边界问题泛政治化，成为国内政治斗争的工具。② 如果人为加剧边境紧张，无疑是捡了芝麻丢了西瓜。

上海合作组织是中国与中亚国家和俄罗斯共同发起创立的区域国际组织，是迄今为止世界上唯一一个用中国城市命名的国际组织，承载着实践中国外交理念的重任。它"首倡了以相互信任、裁军与合作安全为内涵的新型安全观，丰富了由中俄两国始创的以结伴而不结盟为核心的新型国家关系，提供了以大小国共同倡导、安全先行、互利协作为特征的新型区域合作模式"。③ 上海合作组织提出的"互信、互利、平等、协商，尊重多样文明，谋求共同发展"的"上海精神"不仅是五国处理相互关系的经验总结，也对推动建立公正合理的国际政治经济新秩序做出重要贡献。

习近平主席2018年6月在上海合作组织第十八次元首峰会上对"上海精神"做出进一步诠释，即"五观"：创新、协调、绿色、开放、共享的发展观；共同、综合、合作、可持续的安全观；开放、融通、互利、共赢的合作观；平等、互鉴、对话、包容的文明观；共商共建共享的全球治理观。④

---

① 《习近平在哈萨克斯坦纳扎尔巴耶夫大学发表重要演讲》，人民网，2013年9月8日，http://cpc.people.com.cn/n/2013/0908/c64094-22843681.html。

② 《未来上合组织成员国与观察员国和对话伙伴国的合作应加强"模式推销"，打造合作"双引擎"》，李进峰、吴宏伟、李伟主编：《上海合作组织发展报告（2015）》，北京：社会科学文献出版社，2015年，第91—92页，https://www.pishu.cn/psgd/299169.shtml。

③ 《江泽民在"上海合作组织"成立大会上讲话》，央视新闻，2001年6月15日，http://www.cctv.com/special/581/3/30174.html。

④ 《弘扬"上海精神" 构建命运共同体——在上海合作组织成员国元首理事会第十八次会议上的讲话》，中国政府网，2018年6月10日，http://www.gov.cn/gongbao/content/2018/content_5301804.htm。

（二）"丝绸之路经济带"及丝路精神

"一带一路"倡议，是中国"今后相当长时期对外开放和对外合作的总规划，也是人类命运共同体理念的重要实践平台"。① 2013年，在哈萨克斯坦纳扎尔巴耶夫大学演讲时，习近平主席指出："千百年来，在这条古老的丝绸之路上，各国人民共同谱写出千古传诵的友好篇章。两千多年的交往历史证明，只要坚持团结互信、平等互利、包容互鉴、合作共赢，不同种族、不同信仰、不同文化背景的国家完全可以共享和平，共同发展。这是古丝绸之路留给我们的宝贵启示。"② 起初，"一带一路"倡议的合作对象主要是丝绸之路沿线国（历史记忆）。随着合作深入发展，其合作对象已扩展为所有承认"丝路精神"的国家和地区（精神共享）。

"一带一路"倡议提出后，中国外交布局和战略规划也随之调整，对外合作的方式、内容、规模亦进入新阶段。国家发改委提出建设"六大经济走廊"规划，其中"中国—中亚—西亚经济走廊"就途经中亚。"经济走廊"概念起先是亚洲开发银行（ADB）为"中亚区域经济合作机制"（CAREC）而设置，目的是使地区内的大城市或经济中心集中"走廊"沿线资源，发挥规模效应，带动区域经济发展。在"一带一路"倡议提出初期，各方尚不明确该如何具体落实的时候，中国与哈萨克斯坦提出"丝绸之路经济带"与"光明之路"对接，并签署产能与投资合作政府间框架协议和对接合作规划，为各方推进落实"一带一路"倡议提供了很好样本。对接即寻找共性，包括发展战略、发展规划、机制与平台、具体项目四个层面的对接。③ 在遵循共商共建共享原则基础上，通常由政府主导，通过从各自发展战略和发展规划中找到彼此感兴趣的项目，列入政府间合作框架协议，再由企业竞标落实。其意义在于，与企业依靠自身能力单打独斗开拓市场相比，列入对接框架内的项目的层次（通常可以上升为国家级重点项目）、安全性（政府认可的项目通常保障性更高）、融资能力（金融机构愿意为项目提供融资）等指标均有提高，可以让中国企业在激烈的国际竞争环境中更具竞争力，同时也帮助合作对象国政府更顺利地完成自己规划的

---

① 杨洁篪：《以习近平外交思想为指导 深入推进新时代对外工作》，《求是》2018年第15期。
② 《习近平在哈萨克斯坦纳扎尔巴耶夫大学发表重要演讲》，人民网，2013年9月8日，http://cpc.people.com.cn/n/2013/0908/c64094-22843681.html。
③ 何立峰：《加强政策沟通 做好四个对接 共同开创"一带一路"建设新局面——在"一带一路"国际合作高峰论坛"政策沟通"平行主题会议上的发言》，《中国经贸导刊》2017年第15期。

发展任务。产能合作就是发展实业和基础设施。以此为切入点，可谓精准地抓住了中亚国家（甚至是大部分发展中国家）的产能合作需求。

（三）中欧班列

中欧班列是运行于欧亚大陆（中国—欧洲）的陆路集装箱国际联运列车，始于2011年3月19日首列试运行的"渝新欧班列"（始发重庆，经新疆阿拉山口出境，过哈萨克斯坦、俄罗斯、白俄罗斯、波兰，最后到达终点德国杜伊斯堡）2013年7月18日正式运行。2016年6月8日，中国铁路正式统一使用"中欧班列"（China Railway Express）品牌，现由中国铁路总公司组织运营。班列按照"五定"原则（定线路、定站点、定车次、定时间、定价格），本着"干支结合、枢纽集散"方式组织运行。截至2019年初，中欧班列运行线路已达65条，国内开行城市有56个，到达欧洲15个国家的49个城市，累计开行超过11000列，运送货物近百万个标准集装箱，运输服务网络基本覆盖欧洲全境。运输货物品类不断丰富，已由开行初期的手机、电脑等IT产品逐步扩大到衣服鞋帽、汽车及其配件、粮食、葡萄酒、咖啡豆、木材、冷藏货物等品类。[①]中欧班列的意义在于，它开辟了中国内陆地区面向亚欧国家的贸易新通道，让内陆地区由闭塞变为发展前沿，甚至成长为新的增长极，随着内陆铁路运输的综合物流成本总体上不断下降，物流已不再是影响内陆地区发展对外贸易的最主要障碍。[②]

（四）强调"不谋求地区主导权和势力范围"

中国成为世界第二大经济体后对外投资和对外援助的能力进一步增强，但这也引起一些国际和地区内大国的警惕，其甚至在一定程度上希望围堵中国，遏制中国的实力增长。美国将战略重心从欧洲转往亚太，通过在中国东部和西部不断制造麻烦，遏制中国崛起。俄罗斯视中亚为其传统盟友和"南大门"，随着俄实力恢复和增长，谋求主导后苏联空间，通过集体安全条约组织和欧亚经济联盟（前身是欧亚经济共同体）整合区域资源，力争将中亚国家捆绑在俄发展轨道上。当外界认为中美俄在中亚的地缘政治争夺可能加剧的时候，中国

---

① 《中欧班列成为推进"一带一路"建设旗舰项目》，《人民铁道报》2018年10月17日，A4版。
② 刘劲松：《中欧班列补贴背后的博弈》，《大陆桥视野》2015年第11期，转引自张宁：《"一带一路"框架下的中欧班列：问题与前景》，《俄罗斯学刊》2018年第2期。

特别强调"不谋求地区主导权和势力范围","愿同俄罗斯和中亚各国加强沟通和协调,共同为建设和谐地区做出不懈努力","欧亚经济共同体和上海合作组织成员国、观察员国地跨欧亚、南亚、西亚,通过加强上海合作组织同欧亚经济共同体合作,我们可以获得更大的发展空间"。① 这些表态是一种郑重承诺,即在中亚地区,中国与中亚国家和其他大国之间只有合作与正常的竞争,不存在"非此即彼,有你无我"的势力争夺。

三、中国对中亚外交的问题与展望

在中国与中亚国家近30年的交往过程中,很多话题是各方领导人每逢必谈,或者各部门长期需要应对的任务。其中,有些是长时间未能彻底解决,有些是双方重大合作内容,有些是成就和机遇,有些是问题和挑战,主要包括跨界水资源、地区安全、"一带一路"、大国博弈、国家形象等。

(一)跨界水资源

在边界划分和边界安全问题解决之后,关于跨界水资源的问题随即提上日程。中国与中亚国家的跨界河流分为两部分:一是与吉尔吉斯斯坦之间的跨界河流,即库玛拉克河和托什干河,均系阿克苏河支流。因中国处于下游,两国跨界河流开发利用主要是水电开发,尚不涉及水量划分。二是中哈跨界河流,分为额尔齐斯河、伊犁河、额敏河、巴尔鲁克山脉诸河四大部分,共计24条(包括干流和支流)。其中11条发源于哈萨克斯坦境内,流进中国,2条是中哈边界上的界河,另有11条发源于中国,流进哈萨克斯坦境内。通常所说的中哈跨界河流主要是指伊犁河和额尔齐斯河这两大河流。

跨界河流问题主要存在于中哈之间。该问题20多年来始终是两国领导人会晤时离不开的话题,也是哈国内炒作"中国威胁论"的主要借口之一。据哈萨克斯坦2014年发布的《水资源管理国家纲要》数据,哈全国年均可利用的水资源总量约1055亿立方米,人均6000立方米,其中地表水径流量1004亿立方米(其中本土产生557亿立方米,境外流入447亿立方米)。② 哈认为中国在

---

① 《习近平在哈萨克斯坦纳扎尔巴耶夫大学发表重要演讲》,人民网,2013年9月8日,http://cpc.people.com.cn/n/2013/0908/c64094-22843681.html。

② Указ Президента Республики Казахстан от 4 апреля 2014 года № 786 «Государственная программа управления водными ресурсами Казахстана».

伊犁河和额尔齐斯河上游修建水利工程（主要是20世纪90年代在北疆启动的"635调水工程"），减少流向下游的水量，并造成水质污染，既影响哈国民生产和生活，也给生态环境造成灾难性影响（地下水位下降、土壤盐碱化加重、湖泊干涸等）。

中国环保部上海合作组织研究中心基于文献和遥感数据，针对巴尔喀什湖1977年以来的湖泊面积动态变化及周边生态环境变化问题，分析认为气候变化是引起巴尔喀什湖水位变化的主要原因，而人类活动只是加剧了巴尔喀什湖水位的变化过程；哈方的人类活动（尤其是在巴尔喀什湖流域进行的大规模水利工程建设和农牧业灌溉）是加剧巴尔喀什湖及其三角洲生态环境恶化的主要因素；中国对伊犁河流域水资源开发利用对下游影响不大；部分新增耕地位于河滩地，相当于将天然林草地耗水改为农田耗水，对耗水净增量不大。①

哈萨克斯坦独立后不久，中哈两国就启动有关跨界河流的磋商活动，2003年建立"利用和保护跨界河流联合委员会"（至2018年底共举行16次会议），在跨界河流水文资料交换、自然灾害信息紧急通报、分水协议草案研究协商、水利工程联合建设、管理和运行等领域开展了大量卓有成效的合作。② 截至2018年底，两国已签署的政府间协议主要有《中哈关于共同利用和保护跨界河流的合作协定》（2001年）、《中哈关于相互交换主要跨界河流边境水文站水文水质资料的协议》（2006年）、《中哈关于开展跨界河流科研合作的协议》（2006年）、《中哈关于共同建设霍尔果斯河友谊联合引水枢纽工程的协定》（2010年）、《中哈跨界河流水量分配技术工作重点实施计划》（2010年）、《中哈跨界河流水质保护协定》（2011年）、《中哈关于共同管理和运行霍尔果斯河"友谊"联合引水枢纽工程的协定》及其实施细则（2013年）。③ 中国始终坚持国际水法规定的"合理原则"，主张应由两国自行协商解决跨界河流问题。哈方则希望联合下游的俄罗斯一起与中国谈判，还请世界银行等国际组织和西方机构做评估报告。

---

① 王玉娟、国冬梅：《中哈界河伊犁河流域生态环境演变及其驱动力》，《欧亚经济》2016年第4期。
② 《中哈利用和保护跨界河流联合委员会第十六次会议在阿斯塔纳举行》，水利部国际合作与科技司网站，2018年11月20日，http://www.jsgg.com.cn/Index/Display.asp?NewsID=23145。
③ 张宁：《哈萨克斯坦跨界水资源合作基本立场分析》，《欧亚经济》2015年第4期。

（二）打击"三股势力"

作为一个法律概念，"三股势力"最早由中国与中亚国家和俄罗斯在上海合作组织框架内提出和界定。但打击"三股势力"作为相关国家间的合作内容，则是自苏联解体后便已开始，至今各国已形成广泛共识，并在联合安保、联合演习、侦缉与抓捕引渡、人员培养、情报交流等诸多具体领域开展有效合作，使得地区安全形势总体可控。

中亚和阿富汗是暴恐和极端势力较活跃的地区。截至2018年底，中亚各国法院确认的禁止在本国境内活动的恐怖和极端组织名单中，哈萨克斯坦有23个，吉尔吉斯斯坦共确认20个，塔吉克斯坦法院共判处18个。乌兹别克斯坦和土库曼斯坦官方从未正式公布禁止在其境内活动的境外伊斯兰极端和恐怖组织名单，但据上海合作组织网站消息，截至2011年底，乌共认定26个宗教极端和恐怖组织。[①]

中亚地区的安全形势特点是：1. 规模和影响较大的恐怖和极端势力有伊扎布特、基地组织、乌伊运、萨拉菲等；2. 暴恐和极端分子的年龄主要集中在20—35岁，乌兹别克族居多，其中最活跃的是基地组织在阿富汗或中东培养训练出来的圣战分子；3. 从教派属性看，约一半为信奉瓦哈比的伊扎布特，其他还有萨拉菲、达瓦宣讲等；4. "三股势力"与跨国有组织犯罪集团或密切合作，或本身就是，使得反恐反极端、打击跨国有组织犯罪和维护网络安全等成为强力部门最主要的三大任务；5. 网络是中亚暴恐和极端组织最主要的传播、招募和指挥手段。

中国与中亚国家安全合作的主要任务是维护地区稳定：一是针对"三股势力"本身，要防止其勾连成片，将中东、巴基斯坦西部、阿富汗、中亚、新疆等五地连为一体，形成统一的活动区域。二是针对某些国家和反华势力，要防止其利用"三股势力"制造混乱，牵涉中国发展精力，并形成遏制中国的包围圈。为此，需要建立中国与中亚国家的交界地带（内层防线）以及中亚国家与阿富汗的交界地带（最外围防线）两道防护网，还要支持阿富汗重建并实现其国内和平与和解。

与此同时，中国与中亚国家安全合作当前面临的难点：一是关于塔利班的

---

① 张宁：《"一带一路"框架下中国与中亚国家反极端主义合作》，《国际安全研究》2018年第5期，第145页。

定位。推动阿富汗实现民族和解首先需要承认塔利班是政治势力（不是暴恐犯罪组织），这样才可能与阿富汗现政权开展政治对话。但俄罗斯和中亚国家均将塔利班列入恐怖组织名单，若想通过法律程序解决此问题，尚需要时间。二是部分东突分子化身为当地乌兹别克族，从而增加打击难度，又容易造成对乌兹别克族的误解。但与真正的乌兹别克族不同的是，这些东突分子的袭击目标主要是中国人。

（三）推进落实"一带一路"倡议

自2013年提出至今，"一带一路"倡议在中亚地区经历了由不熟悉到熟悉，从不知如何落实到已制定详细合作规划，从质疑和误解到真心欢迎的过程。尽管该倡议在中亚地区已取得不俗成绩，但在推进落实过程中也出现不少问题，主要体现在以下几方面。

第一，存在"中央层面热，地方层面冷"的状况，部分民众对具体项目的参与感和获得感不高，甚至存在误解。这其中的部分原因是"一带一路"框架内的部分项目属于国家级，缴纳的税款往往被中央或地方政府获得，项目建设期间的采购和工程等也被政府上层控制，而项目所在地的当地民众和政府的直接获益不多。

第二，先进产能淘汰落后产能，以及经济发展带动部分材料和商品价格上涨引发反弹。中国"走出去"项目凭借高性价比在东道国抢得一席之地的同时，也在淘汰当地落后产能，改变当地原有生产和供销格局以及资源和利益分配格局，带动当地商品和物资材料需求增加。这在一定程度上造成了所谓的"挤垮地方企业""失业""行贿腐败""环境污染""物价上涨和供应紧张"等后果，难免引起"受损方"报复，并被别有用心的势力利用，炒作和夸大"一带一路"倡议的负面影响。

落实推进"一带一路"倡议是中国对中亚外交的重任。尽管存在一些困难和问题，但大的既定方针已定，需要保持信心和耐力，将各项工作精细化，用实实在在的成果赢得各国及其民众的支持，如新签、修订或细化政府间合作协议，制定实施细则，使其具有可操作性；增加亚投行、丝路基金、产能基金等对中亚项目的支持力度；收购或参与一些中亚金融机构的经营；继续扩大人文交流；提高中小企业合作积极性，等等。

（四）大国博弈与竞争

中亚国家独立近30年来，已与一些大国建立各类合作机制，其中美国提出"新丝路"战略，与中亚建立了"C5+1"外长会谈机制，旨在以阿富汗为轴，加强中亚与南亚一体化。俄罗斯提出"大欧亚伙伴关系"倡议，与中亚国家在集体安全条约组织和欧亚经济联盟等区域机制中密切合作，旨在维护中亚与独联体成员的传统关系。欧盟发布"中亚区域战略"，致力于发展伙伴关系，强化中亚经里海和高加索通往欧洲的合作之路。土耳其借助其"突厥语国家"和"伊斯兰国家"双重身份，希望在中亚等地区发挥影响力。印度也提出"西进"主张，希望打造通往俄罗斯和欧洲的重要走廊，同时挤压巴基斯坦的战略空间。伊朗努力发展同中亚（尤其是塔吉克斯坦和土库曼斯坦）和高加索（尤其是阿塞拜疆）国家关系，打破美国的制裁和封锁，避免陷入腹背受敌的险境。

从地缘战略看，中亚周边大国的中亚政策均从各自战略利益出发，希望将中亚国家纳入自身合作圈，但未将中亚国家置于整个欧亚中部地区这个"大盘子"来考虑，很多区域合作项目没把中国考虑进来。大国在中亚地区的竞争将引发诸多后果。首先，让中亚国家的大型招标项目竞争激烈，甚至阻挠中国投资，如有助于打破交通瓶颈的中吉乌铁路、中国企业进入哈萨克斯坦农业种植市场、开发吉尔吉斯斯坦纳伦河水力资源、承建比什凯克"智慧城市"等诸多大项目，都因部分大国背后干扰而失败或进展缓慢。其次，还可能加剧市场割裂，在一定程度上破坏中亚国家与周边地区的网络型基础设施和大市场建设，让中亚地区内部一体化难度加大。最后，中亚国家可能为获得更大利益，在大国间游走渔利，或者加重中国企业间的恶性竞争。

对于中亚地区的大国博弈，中国始终保持清醒认识，将地缘政治竞争与正常的商业经济竞争分开，同时采取开放态度，欢迎各方共同建设繁荣稳定的中亚，造福地区民众。措施之一，是"对接"，发挥网络型基础设施体系和广阔市场的效率优势，将一些大国的发展战略与"一带一路"倡议对接，努力让各国的合作项目与中国的项目连接成为网络或体系，提高基础设施联通（减少断头路），形成上下游产业链条或配套体系等，如丝绸之路经济带与欧亚经济联盟对接、上海合作组织与欧亚经济联盟对接、将中国电网与中亚电网和美国支持的中亚—南亚电网（即CASA-1000项目）连接等。措施之二，是与中亚国家一起支持阿富汗重建和民族和解，推动阿富汗稳定。措施之三，是同意上海合作组织扩员，吸收印度和巴基斯坦为正式成员。尽管各界对扩员后果评价不一，但毕竟中国与其北部、西部和南部邻国通过上海合作组织结合在一起。将中国与中亚国家的合作纳入更大范围的地区合作，可进一步优化区域内各类资源并分散风险，为整个地区管控分歧和扩大合作增加了一项机制保障，总体上弊大于利。

（五）"中国威胁论"仍有一定市场

受苏联时期关于中国的歪曲教育、媒体的片面报道、个别竞争对手的恶意宣传等影响，"中国威胁论"的影响在中亚可谓根深蒂固，尤其是在苏联时代成长的人群中。比较有代表性的观点有：1. 认为中国对中亚有野心，要收回中亚国土；2. 认为"一带一路"是地缘政治战略，目的是将中亚纳入中国的势力范围；3. 认为中国只对中亚的自然资源感兴趣，想将中亚变成永久的原材料附庸国；4. 认为中国想向中亚派出更多劳动力，抢占中亚民众的就业；5. 认为中国在转移过剩产能，加重中亚地区环境污染；6. 认为中国资金和技术力量太强大，中亚国家的企业和商品无法同中国竞争，向中国开放市场就等于自杀；7. 认为中国对中亚的贷款多于直接投资，不是想真心实意地帮助中亚国家发展，而是制造"债务陷阱"，加重中亚国家财政负担；8. 认为中国的投资、工程承包等合作项目运作和招投标过程不透明，与相关主管官员之间存在严重的腐败关系，破坏政治生态和风气。

尽管随着交往加深，中亚民众对中国的了解日益增多，对中国的好感度逐年增加，中国在中亚的形象也大幅提升，但仍有一些别有用心的势力炒作"中国威胁论"，破坏中国形象，挑拨中国与中亚国家友好关系，增加推进"一带一路"倡议的难度。例如，2018年3月在吉尔吉斯斯坦从事金矿开采的中国企业遭当地居民打砸破坏，起因就是居民听信谣言，认为该项目会污染当地水源和土壤。哈萨克斯坦始终对中国公民实行严格的签证制度，原因也是担心"中国威胁"。

"中国威胁论"的存在，既有历史、国际、政治和社会因素，也与多年来中国与中亚国家偏重经济和安全合作，人文合作略有滞后有关。中国对中亚民众的吸引主要依靠经济利益，尚缺乏文化心理影响力。经验表明，文化只有能够让人受益才能被接受，才有可持续性。人文合作绝不是简单的相关对口部门、行业、社会组织等往来交流（这些仍属"形式"的范畴），而是需要提高文化企业及其产品的竞争力，提供能够让人产生精神愉悦的作品和产品或者可以获得经济利益的项目，使得民众能够自发地接受和使用。换句话说，过去常见的以政府投入为主的人文合作（如由政府提供资金拍电影、邀请记者媒体访华、举办展览会、文艺演出等）需要逐步转变为市场化运作。这也是未来中国与中亚国家合作的重点方向之一。

（六）未来展望

从中国与中亚国家近30年的外交历程看，双方合作的领域、层次、内容、规模日益丰富，互信和友谊日益加深。多年实践表明，尽管存在一些问题，但中国的对中亚政策总体实用有效，实现了中国外交的任务目标。根据党的十八大报告中确定的中国外交的指导思想和总策略，以及2013年的周边外交工作会议精神，中亚国家在中国外交格局中的地位相当重要。如果说在此之前，中国在中亚的战略利益主要是西部安全和经济合作的话，则在此之后，中亚被纳入中国全球治理体系的组成部分，定位为落实"一带一路"建设的关键环节，成为中国外交理论与实践的先行先试者。在此对外政策理念、模式和布局大框架内，未来中国对中亚政策的基本原则和主要内容将集中在以下四个方面。

第一，将西部内陆开发与中亚合作相结合，探索内陆地区发展的新路径。中国的发展不能始终依靠沿海，必须开发内陆资源，借助欧亚大陆的路上合作，统筹国内国外两种资源，让内陆成为带动中国发展的新引擎，让新疆成为西部合作的"核心区"。中欧班列已在物流方面做出新尝试，努力将内陆地区的物流成本降至与沿海差不多的水平。如果产能合作跟得上，产业发展可带动区域经济繁荣。如果新疆能够完善自身及其与外部的基础设施体系，可成为连接俄罗斯、中亚、阿富汗和南亚国家的枢纽，成为欧亚大陆腹地的交通、能源管网（油气管道和电网）、物流、贸易、金融和文化中心，如将中巴经济走廊同中国—中亚经济走廊的相互衔接，将通往南亚的中巴铁路（计划中）同中吉乌铁路（计划中）、阿拉山口—阿拉木图铁路等在新疆相连等。[①] 俄罗斯和中亚国家经新疆与南亚国家发展经贸往来，中国内陆的商品经过中亚销往西亚和高加索地区等，都将变得便利和便宜。

第二，将中亚纳入欧亚大陆总体合作战略中予以综合规划。随着上海合作组织吸收印度和巴基斯坦加入，中亚和南亚地区合作出现新的联动机遇，可依托上海合作组织、亚投行、丝路基金以及中国与共建"一带一路"国家的合作机制，发挥网络型基础设施体系和广阔市场优势，将之前分割独立的对俄政

---

① 张宁：《中哈经济对接合作的成果与前景》，《俄罗斯学刊》2017年第2期。

策、中亚政策和南亚政策，协调整合为统一的欧亚地区合作战略，相互考虑并相互照应，打造一个"欧亚大陆中部合作区"（即从北部的俄罗斯，经蒙古、中亚和中国西北，到南亚和西亚，从北冰洋到印度洋），从而借助整体能力的增强，带动局部地区提升抗风险能力。

第三，推进落实"一带一路"建设，打造周边命运共同体。在前期已经取得的成绩基础上，努力细化前期已经签署的政府间合作协议，落实已经确定或签署的合作项目，本着"稳中求进"和"精细化"原则，绘制精谨细腻的"工笔画"，争取形成更多民众直观感受得到的可视性成果。与此同时，由于与中亚国家合作的中国企业主要集中在西部，因此还需要在国内扩大西部地区的改革开放力度，提出更有针对性的面向中亚和西亚市场的政策措施，使西部在更大范围和更高层次上成为开放前沿。换句话说，既鼓励本土企业"走出去"，又努力吸引外国企业来中国，实行双向开放，让庞大的中国投资和本土市场成为中国对中亚政策的抓手和工具。

第四，维护西部稳定。一方面，要与中亚国家之间在维护边境安全、打击反恐反极端和跨国有组织犯罪、净化网络空间、推动司法协助、巩固国防和军工等诸多领域深化合作。另一方面，还要与中亚国家一道，共同致力于阿富汗重建。在"坚持阿人治阿、推进政治和解、加快经济重建、探索发展道路、加强外部支持"五项原则基础上，发展阿境内经济民生，防止外部恐怖和极端势力向中亚渗透和蔓延，尤其是避免中亚成为伊斯兰国等中东极端组织向东发展的跳板。

The Historical Evolution and Future Development of China's Diplomacy with the Region of Central Asia

ZHANG Ning

Abstract The development of China's Central Asia policy can be divided into several ten-year stages. During the first stage, the main task of this diplomacy was to establish formal diplomatic relations and resolve problems left by the history (particularly those related to demarcation of border and frontier stability). During the second stage, bilateral and multilateral cooperation (especially the exchanges promoted by the Shanghai Cooperation Organization) became more and more substantialized and enriched. The third stage began with the "Belt and Road Initiative". During this stage, the five countries of Central Asia were all uplifted as China's "strategic partnerships". And cooperation in different fields has been upgraded to higher levels. A review over the whole development of China's relations with these Central Asian countries reveals that China's bilateral cooperation with them have been continuously pushed forward, with the scope of cooperation expanded, the levels uplifted, the contents enriched, and the scale enlarged. The mutual trusts and friendships have been strengthened day by day. The diplomatic practice of the past years indicates that, despite of some problems, China's Central Asia policy is generally pragmatic, effective, and successful in achieving China's diplomatic objectives and fulfilling its planned missions. The guiding idea and grand strategy defined by the 19th national congress of CCP reveals that Central Asian countries will continue to occupy an important position in China's diplomacy in the future. Also, the cooperation on "BRI" will maintain its position as the top priority.

Key Words China; China's Diplomacy with Central Asia; BRI

Author Zhang Ning, Professor at Institute of Russian, Eastern European and Central Asian Studies, CASS.

中国周边外交七十年专栏

中国西亚区域外交：历程、成就与未来抉择

郭 锐

【内容提要】近七十年中国的西亚外交以改革开放为界点来审视，此前以"政治外交"为主线，此后逐渐转向"全方位外交"，中国与西亚国家的依存关系不断增强。由此，西亚外交成为中国周边外交乃至总体外交中新的增长点和亮点。党的十八大以来，中国的西亚外交以构建中阿命运共同体为引领，推进"一带一路"建设为依托，双方关系发展跨进新阶段。未来，应继续巩固深化中阿传统友谊基础，落实"共商、共建、共享"原则，构建合作共赢为核心的新型国际关系，积极务实地推动地区和平进程，努力构建中国与西亚国家智库间长效交流和合作机制。

【关键词】中国 西亚区域外交 历程 成就 未来抉择

【作者简介】郭锐，吉林大学行政学院国际政治系系主任，教授、博士生导师，中国亚洲太平洋学会东北亚研究会副秘书长，吉林省图们江国际合作学会副会长。

新中国成立以来，西亚外交在中国周边外交乃至总体外交中呈稳步上升态势。尽管中国的西亚外交在特殊历史时期一度遭受挫折，但改革开放后再次起航、不断取得新的成就。如今，中国的西亚外交在习近平新时代中国特色社会主义思想的指引和中国特色大国外交的推动下迎来新的契机。面向新时代，中国与西亚国家必将开创"全面合作、共同发展"的新局面，使双方关系发展成为国家间合作的光辉典范。

一、中国对西亚外交的发展历程与成就

新中国成立后，与西亚外交的发展历程可以归结为六个阶段，这期间，既有"波谷"，又有"波峰"。从1955年中国与阿富汗建交实现对西亚关系"零的突破"，到1992年中国与以色列建交实现与西亚国家的全面建交，中国对西亚外交不断实现跨越。这为新世纪彼此关系的发展、拓展和升级，奠定了坚实的历史基础与政治保障。

（一）历程回顾

邦交关系的孤立期（1949—1955年）。新中国成立初期，国际处境孤立、国家境遇严峻。以毛泽东为首的党中央领导集体，为保护人民政权、维护国家安全、打破美帝国主义封锁，选择站在以苏联为首的社会主义阵营一边。为此，中国实行"一边倒"外交政策，成功化"危局"为"安局"，维护了人民政权安全和国家主权及尊严。对受控于西方阵营的西亚国家，新中国将其领导层一度视为"反动的统治集团""封建统治者"等。1950年8月，阿拉伯国家联盟（LAS）专门通过决议，宣布不承认新中国，反对联合国接纳新中国。[①] 朝鲜战争爆发后，部分西亚国家不分青红皂白，甘愿给美帝国主义当枪使，公开指责中国为"侵略者"，有甚者还派兵参加了以美国为首的"联合国军"。可以说，新中国成立之初，与西亚国家关系并不融洽。这其中，以美帝国主义为首的西方国家难辞其咎，严重阻碍了中国与西亚国家及其人民渴望交往、和平共处的心愿。不过，"受阿富汗与苏联友好的影响，中国与阿富汗于1955年1月正式建立外交关系，成为该阶段中国与中东外交取得的主要成就"。[②]

邦交关系的创立期（1956—1959年）。新中国成立初期，虽然与西亚国家存有隔阂，但彼此相同的遭遇、相似的命运，很快使双方在反对殖民统治、争取民族解放的道路上走到一起。新中国成立后，为打破美帝国主义为首的西方阵营的孤立封锁，积极开展外交活动，而作为第三世界的西亚国家自然成为新中国努力争取的重点。同时，一些新兴的西亚民族主义国家在摆脱西方殖民统治、争取政治经济独立的斗争中，也需要中国支持。这促使中国与西亚国家在

[①] 李红杰：《国家利益与中国的中东政策》，北京：中央编译出版社，2009年，第56页。
[②] 刘中民：《中国中东外交三十年（上）》，《宁夏社会科学》2008年第5期，第9页。

1955年万隆会议上成功摒弃前嫌、开始携手共进,迎来彼此建交的首次高潮期。据统计,中国在1956年9月到1959年2月,与埃及、叙利亚、也门、伊拉克、摩洛哥、阿尔及利亚、苏丹七个广义的西亚国家正式建交。至此,西亚国家逐步改变了对新中国的看法,这为中国与西亚国家关系发展奠定了基础、打开了大门,也为实现彼此关系正常化迈出"关键的第一步"。

邦交关系的低潮期(1960—1969年)。伴随中苏同盟关系破裂,中国对外政策由"一边倒"转为"两个拳头打人""两面开弓"。既反对美国为首的西方阵营,又反对苏联的扩张政策。但不论从战略还是战术的角度看,这都使中国外交陷入被动境地。虽然周恩来总理在1963年12月至1964年2月率中国代表团对亚、非、欧的14个国家进行了访问,① 部分调整了与上述国家关系,使彼此关系逐步复归正轨,但受当时"极左"思想的影响,中国外交背上了沉重包袱且日益脱离实际。一方面,中国和亲美的西亚国家未能迈出"勇敢的一步";另一方面,此前与中国相对友好的部分西亚国家全面倒向苏联,中国在西亚的影响力急剧下降。此时的中国"既没有客观清醒地界定自己的国家利益主体,又在对外政策制定和实施上盲目超出自己的实力,导致这一时段中国在中东外交的被动局面"。② 这使中国不得不思考和审慎调整其外交政策,也为中国与西亚国家迎来建交的第二次高潮奠定了基础。

邦交关系的转型期(1970—1978年)。为扭转被动局面,缓解苏联对中国的压力,中国逐渐把"两个拳头打人"的外交政策调整为"联美抗苏"。1969年中共九大召开后不久,毛泽东指示陈毅、叶剑英、徐向前、聂荣臻四位元帅研究当时国际形势及中国对策,形成《对目前局势的看法》的报告。该报告指出,"反华大战不致轻易发生,中苏矛盾大于中美矛盾,美苏矛盾大于中美矛盾。"③ 对此,陈毅向周恩来总理建议中央尽快同美国接触,举行中美部长级或更高级的会谈。于是,就有了1971年美国国务卿基辛格秘密访华,中美关系逐步走向缓和。伴随中美关系的缓和以及中国外交政策的调整,中国与西亚国家关系发展迎来第二次高潮期。据统计,仅在1971年,中国就与科威特、土

---

① 1963年12月至1964年2月,周恩来总理和陈毅副总理访问了阿拉伯联合共和国(埃及与叙利亚联合体)、阿尔及利亚、摩洛哥、突尼斯、加纳、马里、几内亚、苏丹、埃塞俄比亚、索马里等11个亚非国家,接着访问了缅甸和巴基斯坦,最后同宋庆龄副主席一起访问了锡兰(斯里兰卡)。其中,埃及、叙利亚、阿尔及利亚、摩洛哥、突尼斯、苏丹是中东阿拉伯国家。

② 李红杰:《国家利益与中国的中东政策》,第56页。

③ 熊向晖:《打开中美关系的前奏——1969年四位老帅对国际形势研究和建议的前前后后》,《瞭望》1992年第35期,第26页。

耳其、伊朗、黎巴嫩、塞浦路斯五个西亚国家建立了外交关系。同年10月，中国在第26届联合国大会上恢复了合法席位，西亚国家有所助力，这推动了中国与西亚国家关系发展迈向新阶段。1977年和1978年，中国分别与约旦、阿曼建立外交关系，进一步推动了中国与西亚国家全面建交进程。可以说，20世纪70年代，中国开展西亚外交的一个考虑是，在西亚这一重要方向上，为遏制苏联霸权主义过快发展创造有利条件。

邦交关系的发展期（1979—1992年）。这一时期，中国旗帜鲜明地提出和平与发展的时代主题观，逐渐破除了意识形态划线、美苏阵营分立的传统思维，确立了国家利益为核心的外交准则。这极大地拓展了中国的外交空间，增强了中国外交的灵活性和主动性。20世纪80年代至90年代初，中国先后与阿联酋、卡塔尔、巴勒斯坦、巴林、沙特阿拉伯等西亚国家建交。至此，中国与所有的中东阿拉伯国家建立了正式外交关系。1989年底，时任国家主席杨尚昆访问埃及，受到埃方热情接待。此次访问为打破西方国家对华制裁，恢复中国的国际影响力起了重要作用。[①] 此外，伴随1978年埃及与以色列关系逐渐进入和平状态，阿拉伯国家与以色列之间"主和"舆论开始占据主流地位，这为中国与以色列进行"阳光下交往"奠定了基础、扫除了顾虑。1992年1月24日，中以终于实现正式建交的夙愿，中国也走过了与西亚国家全面建交的历程，既为这一时期中国与西亚国家关系大发展画上了圆满的句号，也为下一阶段双方关系渐入成熟期打下了基础。

邦交关系的成熟期（1992年至今）。伴随双边关系的加强和深入发展，西亚国家对中国和平发展的重要意义日益凸显。不论是从地缘战略博弈、地缘政治地位来看，还是从保障边疆安全、确保能源安全来说，西亚对维护中国和平发展局面抑或和平崛起都是不可或缺的战略依托带。[②] 这意味着中国只有从战略高度来看待和谋划对西亚外交，积极发展与西亚国家友好互惠关系，才能进一步提高中国的战略空间，切实保障和增进中国在该地区的国家权益。其实，这也符合西亚国家的核心利益。由此，推动中国与西亚国家关系发展加快步入成熟期。2000年和2004年，中国分别创立"中非合作论坛"和"中阿合作论坛"，作为推动中国与非洲国家和中东阿拉伯国家关系发展的机制化平台。1992年以来，中国与西亚国家关系呈全面活跃的局面，这表明彼此关系发展

---

① 李红杰：《国家利益与中国的中东政策》，第76页。
② 中国社会科学院西亚非洲研究所：《中国的中东非洲研究（1949—2010）》，北京：社会科学文献出版社，2011年，第6页。

已进入成熟期。虽然西亚属多事之地且战乱频仍，但中国始终在大是大非面前秉持公正、积极促谈、维护和平。此举赢得西亚国家的广泛赞誉，体现了中国负责任大国的立场做派，也带给西亚国家更多的期待。

（二）主要成就

梳理新中国成立后与西亚国家的主要外交活动，其鲜明地聚焦在政治外交、经济外交、能源外交、军事外交、人文外交五大领域，由此支撑起中国的西亚外交，也有效保障、推动和增进了中国与西亚国家关系发展。

在政治外交领域，新中国成立后，从1955年与阿富汗建交从而实现了与西亚国家关系发展"零的突破"，到1992年与以色列建交由此实现与西亚国家全面建交的局面，中国与西亚国家关系不断实现跨越。这为新时期彼此关系的进一步拓展和升级，奠定了坚实的政治基础。改革开放后，中国逐渐摆脱了意识形态对外交活动的束缚，国家重心转移到经济建设领域。在此背景下，中国对西亚外交由"以'政治外交'为主转向政治、经济、安全、文化等领域的全方位外交"。[①] 不过，政治外交的加强和深入发展以及双方高层的频繁互访，依然是推动中国与西亚国家关系发展和各领域合作的基石与保障。特别是20世纪70年代以来，西亚热点事件频发、局势动荡，中国面对第四次、第五次中东战争、苏联入侵阿富汗、两伊战争、海湾战争、"9·11事件"、阿富汗战争、伊拉克战争、叙利亚危机、也门危机等严峻事态，其始终按照事件本身的是非曲直，奉行有理有利有节的处理原则，并基于国家利益、国际责任的要求，务实、公正、灵活地开展外交斡旋活动。由此，赢得西亚国家的普遍赞誉，树立起"负责任大国"的良好形象。这为中国的对外开放和经济建设，起到了一定的"保驾护航"作用。

在经济外交领域，改革开放后，中国与西亚国家经贸合作不断发展，其中"中国对阿拉伯国家的经济外交更多受商业利益的推动"。[②] 1991年，中阿贸易额为24.2亿美元，仅两年后双边贸易额就首次突破了40亿美元。21世纪以来，中阿贸易额屡创纪录，2011年双边贸易额接近2000亿美元，同比增长35%，创历史新高。2012年，中阿贸易额达2224亿美元，同比增长14%，再创历史

---

① 刘中民：《中国中东外交三十年（上）》，第8页。
② 孙德刚、叶海亚·祖必：《中国对阿拉伯国家的经济外交》，《国外社会科学》2016年第3期，第156页。

新高。① 中阿经贸额的迅速攀升，只是中国与西亚国家经贸关系日趋强化的一个缩影。当前，中国与西亚国家互为重要贸易伙伴，双边经贸利益融合愈加深入，彼此经贸合作呈现只有"波峰"没有"波谷"的良好态势，这得益于双方经贸合作具有极强的互补性和互利性。通常，中国从西亚进口原油、成品油、液化天然气等原料品，中国出口到该地区的商品以机电、纺织、轻工等为主，彼此产品的互补性很大，经贸互利性极强。对中国来说，西亚是不可忽视的商品和劳务市场；对西亚来说，中国的改革开放成就令其垂慕，与其加强经贸合作是不二选择。② 这为中国加强与西亚国家以互利合作共赢为原则的经济外交活动，营造了良好环境，创造了有利条件，廓清了思维理路。

在能源外交领域，伴随社会主义现代化事业热火朝天地进行，中国对能源的需求迅速上升，1993年从石油净出口国变为石油净进口国。③ 其中，中国自西亚进口石油的数量上升态势最明显，"从1990年的115.36万吨增至2002年的3539.12万吨，12年间扩大了近30倍"。④ 众所周知，西亚油气资源丰富，素有"世界油宝库"之誉，是中国能源供应地的主要来源。截至2012年底，中国石油进口量的一半以上来自西亚，该地区局势稳定与否成为中国高度关注的重大问题。改革开放后尤其是跨入21世纪以来，中国与西亚国家高层互访不断且持续增强，双方以石油为主轴的能源外交取得不俗绩效是一大亮点。例如，2006年沙特国王阿卜杜拉登基后把中国确定为首访国家，同年时任国家主席胡锦涛回访该国，两国元首的互访活动为增进双方能源领域合作、打开能源外交新局面奠定了重要基础。⑤ 事实表明，中国与西亚产油国间能源合作已进入新时期，而能源外交则是中国对西亚外交中不可或缺的部分并具有特殊地位。

在军事外交领域，新中国成立后，为支持亚非拉国家争取民族独立、建立国际统一战线，多次无私地给予上述国家以政治声援、物资支持和军事帮助，促进了亚非拉国家民族独立进程，也为中国赢得一批好兄弟、好朋友，成功突破了美帝国主义为首的西方阵营的孤立封锁。西亚国家作为"两个中间地带"的组成部分，自然成为新中国外交争取和援助的对象，这在军事外交领域有着鲜明的体现。新中国成立初期对西亚国家所展开的军事外交活动，极大地促进

---

① 易初：《中阿经贸合作依然持续发展》，《人民日报》2013年5月14日，第23版。
② 朱志群：《中国对中东的能源外交与策略》，《国际观察》2008年第4期，第65页。
③ 潘光：《改革开放30年来的中国能源外交》，《国际问题研究》2008年第6期，第29页。
④ 刘中民：《中国中东外交三十年（下）》，《宁夏社会科学》2009年第1期，第77页。
⑤ 刘玲芳：《中国与沙特阿拉伯石油经济贸易的挑战与展望》，《产业与科技论坛》2015年第22期，第11页。

了双边关系发展。例如,"经中国牵线,埃及与捷克于1955年9月签订了第一个军火贸易协定,从而使埃及首次获得苏联的武器装备。这对埃及冲破美英武器禁运、加强国防力量、抵御外来侵略起了重要作用,同时也加深了中埃友谊,促进了中埃建交。"① 此后,伴随世界形势的剧变和时代主题的转换,中国对西亚国家的军事外交活动由无偿援助逐渐转向以军品贸易和军事合作项目为主。除传统军事合作领域外,20世纪90年代起,中国开始以参加西亚的维和行动、派遣海军编队参加亚丁湾护航行动等形式,进一步拓宽了中国与西亚国家的军事外交领域,由此形成全方位、多层次、宽领域的军事外交新格局。

在人文外交领域,中国与西亚国家人文外交启动较早,包括文化、人员和思想的交流,大致经历了三个高潮期。② 持续深入和加强的人文外交活动在中国与西亚国家关系发展中具有重要地位,起到了"增信释疑"的效果,也夯实了双边关系发展的民意基础。21世纪以来,中国日益从战略高度来看待与西亚国家的人文交往,尤其是阿拉伯国家有推动不同文明对话、重塑被西方妖魔化国际形象的迫切需要。③ 为此,中国在西亚国家举办了"中阿丝绸之路文化之旅""海湾中国文化周""中国文化周暨新疆文化节""中国文化周暨海上丝绸之路泉州文化节"等大型文化类活动,而西亚国家在中国举办了"伊朗文化周""叙利亚文化周""科威特文化周"等综合文化活动。2006年在中国成功举行的"阿拉伯艺术节",把中阿文化交流推向新高度。当前中国对西亚国家人文外交,既面临难得的机遇,也面临新的挑战。对华负面认知和疑虑、国情差异巨大明显、信息媒介传播变革等因素,成为新时期推动中国与西亚国家人文外交的待解课题。

(三)总体评价

全面认识中国的西亚外交,可以从改革开放前、改革开放后、迈入新世纪三个阶段做出分期性评价,各个时期中国对西亚外交的重点、难点、亮点多有不同。这既反映了双方关系发展及成就取得的来之不易,也表明和平共处、互利合作、共同发展是处理中国与西亚国家关系、应对西亚复杂局势、发挥中国

---

① 赵国忠:《中国与中东的军事外交》,《阿拉伯世界研究》2010年第2期,第3页。
② 马丽蓉认为,20世纪50—60年代是新中国与中东国家进行文化交流的第一次高潮,70—80年代是双方展开文化交流的第二次高潮,改革开放后是双方文化交流步入飞速发展的第三次高潮。参见马丽蓉:《新中国与中东的文化交流》,《西亚非洲》2010年第4期,第17页。
③ 刘中民:《中国中东外交三十年(上)》,第12页。

"负责任大国"作用的根本准则。

改革开放前,中国的西亚外交以"政治外交"为主。这一时期中国与西亚国家关系发展深深烙上了那个时代的印记,由此形成了该时期所特有的世界格局观、国际斗争观、意识形态观和领袖人格观。双方关系的发展以"政治外交"为主,即以突破关系瓶颈、实现正式建交为中心工作。虽然在推进彼此建交的过程中难免会囿于时局,但双方最终由陌生走向熟悉、由敌视迈向共存。改革开放前近30年中国与西亚国家的邦交历程,生动地诠释了这一点。

改革开放后,向全方位外交迈进。此时,中国外交风格更趋务实,再次肯定了和平共处原则的地位,这为推动和实现中国与西亚国家全面建交奠定了重要基础。以和平共处原则为依归,中国与以色列在1992年1月底正式建交,由此完成了彼此渴望实现邦交正常化的夙愿。同时,伴随党的中心工作转移,中国的西亚外交逐步由"政治外交"为主转向全方位外交。这极大地丰富了中国与西亚国家关系发展的内涵内容,进一步提升了双方关系发展的重量质量。如果说和平共处原则是推动和实现中国与西亚国家全面建交历程的政治基石,那么,坚持互利共赢方针则是新时期中国与西亚国家关系全面加强和发展的基本保障。

迈入21世纪,西亚外交地位不断提升。中国全面加强了与西亚国家的政治、经济、安全、文化等领域联系,彼此依存程度加强加深,形成"你中有我,我中有你"的新型格局。例如,从经贸关系看,2009年"中国已成为GCC(即海湾合作委员会,笔者注)第三大货物贸易伙伴,是GCC第一大货物进口来源国和第三大货物出口目的国"。[①] 2004年中国与阿拉伯国家联盟共同宣布成立"中阿合作论坛",同时启动建立自由贸易区(FTA)谈判进程。可以说,伴随中国综合国力增强及其在西亚地区的关系成长、利益深化和责任担当,西亚外交在中国周边外交乃至总体外交中的权重不断提升。中国从2002年开始向西亚派遣特使,这可以视为中国对西亚外交的一次变革。总而言之,不论是中阿合作论坛的建立和发展,还是中国与西亚国家FTA谈判以及其他领域关系及合作的加强,无不推动也预示着中国与西亚国家关系在更加全面、紧密、深入、高质的发展带动下迈入了新时代。

---

① 据统计,2000—2011年,中国与GCC双边货物贸易额由101.1亿美元上涨至1337.2亿美元,年均增长31.9%,参见张利娟:《中国与中东贸易新发展》,《中国经贸》2012年第10期,第88页。

二、新时代中国的西亚区域外交

迈入新时代，中国与西亚国家关系发展跨进新阶段，各领域合作持续加强，堪为"南南合作"的典范。党的十八大以来，中国一系列的积极担当举动，使双方关系强化深化的同时，也推动西亚和平进程跨入新阶段，共同发展迎来新局面。

（一）确立新理念

一是包容互鉴的文明观。习近平总书记指出："只要秉持包容精神，就不存在什么'文明冲突'，就可以实现文明和谐。"[①] 2014年6月5日，习近平在中阿合作论坛第六届部长级会议开幕式上指出："中阿双方坚持以开放包容心态看待对方，用对话交流代替冲突对抗，创造了不同社会制度、不同信仰、不同文化传统的国家和谐相处的典范。"[②] 可以说，习近平关于文明交流互鉴的重要论述，正是推进新时代中国特色人文外交的根本指南。坚持包容互鉴的文明观，就是让文明交流互鉴成为增进世界各国及其人民友谊的桥梁、促进人类社会发展的动力、维护世界和平与地区稳定的纽带。这势必对中国的西亚外交这一新时代中国特色人文外交的重要方向，形成多方面的深刻影响并产生积极的引领作用。

二是相互尊重的道路观。习近平总书记指出："一个国家发展道路合不合适，只有这个国家的人民才最有发言权。"[③] 由于一个民族、一个国家有其独特的文化传统、历史承继和现实国情，因此不应要求每个民族、每个国家都采用同一种发展模式、走同一条发展道路。尊重各自的道路选择，既是中国和平发展外交一贯的原则主张，也是新时代中国特色大国外交的重要基石。习近平表示："我们愿意同阿拉伯朋友分享治国理政经验，从各自古老文明和发展实践中汲取智慧。"[④] 毫无疑问，该主张适用于所有的西亚国家和世界各国。相互尊重道路选择，不仅意味着不干涉他国内政，更意味着分享和汲取彼此的治国理政经验，使双方实现"取长补短"，进而可持续地提升本国和平发展的能力。

---

① 习近平:《习近平谈治国理政》，北京：外文出版社，2014年，第259—260页。
② 同上，第315页。
③ 同上，第315页。
④ 同上，第315页。

在这一理念的指导推动下，中国在西亚的好兄弟、好朋友、好伙伴，不仅会越来越多、越来越近，还会越来越巩固、越来越繁荣。由此，为新时代国与国相交、推动构建新型国际关系树立典范。

三是实事求是的是非观。自古以来，西亚就是域内外大国博弈的重要战场，而对该地区的激烈争夺则不可避免地扯出许多是是非非。如今西亚国家"剪不断、理还乱"的旧恨新仇，其实与冷战时期美苏对该地区的长期争夺不无关系。尤其是美国在阿以冲突中长期过度偏袒以色列，致使阿方常常蒙受"不白之冤"难以得到公正对待，因而使阿以冲突的彻底解决变得遥遥无期。对此，中国的立场和态度向来是坚定和一贯的，即中国坚定支持中东和平进程，支持建立以1967年边界为基础、以东耶路撒冷为首都、享有完全主权的独立的巴勒斯坦国。① 可以看出，中国在大是大非面前，一贯秉持公正、伸张正义，始终坚持实事求是的态度对待和处理该地区矛盾与冲突。新时代中国的西亚外交会继续彰显实事求是的是非观，中方会继续努力推动中东和平进程，并与西亚国家一道探索实现该地区持久和平与发展繁荣的新路。

四是对话和平的安全观。2010年"阿拉伯之春"运动的爆发，再次开启西亚所谓"民主进程"的同时，也使该地区局势陷入紧张动荡之中。例如，叙利亚危机的解决久拖不决，致使该地区极端主义思潮泛起，恐怖主义势力趁乱扩张并向域外国家扩散。可以说，未来一段时间，传统热点问题依然是影响西亚安全局势和地缘政治关系走势的主要诱因。显然，新时代中国的西亚外交无法规避该地区传统热点问题尤其是敏感复杂的地区安全问题的冲击影响，而这恰恰应成为新时期中国对西亚外交有所作为的重点方面。中国要更加积极主动地参与西亚事务，促进该地区热点问题的和平解决，并尽己所能地帮助西亚国家实现平稳转型。② 2014年6月5日，习近平主席在中阿合作论坛第六届部长级会议开幕式上指出："中国尊重叙利亚人民合理诉求，支持尽快落实日内瓦公报，开启包容性政治过渡，实现叙利亚问题政治解决。"③ 这再次表达了中方立场，传递了中方声音，提供了"中国方案"，成为中国与西亚国家携手推动该地区热点问题和平解决的根本遵循，体现了以对话促和平为核心的安全观在该地区的巨大感召力和影响力。

---

① 习近平：《习近平谈治国理政》，第316页。
② 李伟建：《当前中东安全局势及对中国中东外交的影响》，《国际展望》2014年第3期，第22页。
③ 习近平：《习近平谈治国理政》，第316页。

五是合作共赢的发展观。2013年3月23日，习近平在莫斯科国际关系学院演讲时指出，"世界长期发展不可能建立在一批国家越来越富裕而另一批国家却长期贫穷落后的基础之上。只有各国共同发展了，世界才能更好发展。那种以邻为壑、转嫁危机、损人利己的做法既不道德，也难以持久。"[①] 这既是对人类社会发展规律的深刻揭示，也是新时代中国特色大国外交方针原则的集中体现。针对目前中国与西亚国家均处于各自发展的关键阶段，都肩负着实现民族振兴、国家富强的历史使命的现实，习近平开诚布公地表示，"中国愿意把自身发展同阿拉伯国家发展对接起来，为阿拉伯国家扩大就业、推动经济发展提供支持。"[②] 近年来中国与西亚国家关系大发展、大繁荣的事实，使双方有充分理由相信，坚持合作共赢方针、走共同发展道路，中国与西亚国家一定会开创崭新的局面。

（二）探索新思路

在政治领域，突出更强的针对性、立场性。迈入新时代，中国与西亚国家的交往和合作，在广度和深度上都实现了历史性跨越，形成"全面合作、共同发展"的战略合作关系新格局。[③] 同时，伴随"一带一路"倡议由愿景迈向实践，西亚这一"三洲五海之地"的战略地位更加凸显，这迫切要求中国在该地区"有所作为"。有鉴于此，中国在2016年1月13日对外发表首份《中国对阿拉伯国家政策文件》（简称《对阿政策文件》）。随后，习近平主席在当月19日至23日，应邀对沙特、埃及、伊朗三国进行国事访问。不论是在《对阿政策文件》中，抑或是习近平访问上述三国发表的演讲中，均强调了中国在处理该地区热点问题上政策的针对性和立场的坚定性。可以说，新时代中国的西亚外交从理念到主张、从政策到行动，都充分结合了西亚局势敏感复杂多变、中方真心体谅理解重视西亚国家核心利益关切的合理因素，展现出新时代中国对西亚外交致力于"创造性介入"、发挥积极建设性作用的新思路。

在经济领域，推动务实合作升级换代。2014年6月5日，习近平在中阿合作论坛第六届部长级会议开幕式上提出，要解决"优化贸易结构"问题，推动

---

① 习近平：《习近平谈治国理政》，第273页。
② 同上，第315页。
③ 《"新时期发展中阿关系的行动指南"——解读中国首份对阿拉伯国家政策文件》，中国政府网，2016年1月14日，http://www.gov.cn/xinwen/2016-01/14/content_5032961.htm，访问时间：2019年3月1日。

中阿务实合作升级换代，使中阿贸易额在未来10年从2013年的2400亿美元增至6000亿美元。① 为此，中国政府鼓励中资企业从西亚国家进口更多的非石油类产品，使其在该地区的投资逐步从能源、石化领域向农业、制造业、服务业等其他领域拓展。支撑这一"优化贸易结构"战略构想的方案是，构建以能源合作为主轴，以基础设施建设和贸易投资便利化为两翼，以核能、航天卫星、新能源三大高新领域为突破口的"1+2+3"合作新格局。② 对中国和西亚国家来说，这是双方携手共同面对全球新一轮产业调整，抢占未来产业高地，实现产业升级换代的关键性举措。在上述尖端技术领域，双方加强全方位合作，实现共同发展，顺应了和平、发展、合作、共赢的新时代潮流。在经济领域，通过开展全方位、宽领域、多层次的合作，中国与西亚国家经济关系发展必将再创辉煌。

在社会发展领域，彰显项目合作的精准帮扶性。习近平在2014年6月提出："今后3年，我们将为阿拉伯国家再培训6000名各类人才，同阿方分享发展、减贫等方面经验，交流中方的先进适用技术。未来10年，我们将组织10000名中阿艺术家互访交流，推动并支持200家中阿文化机构开展对口合作，邀请并支持500名阿拉伯文化艺术人才来华研修。"③ 另外，《对阿政策文件》中也有详细的阐释和具体的说明。中国强调对西亚国家相关项目合作的精准帮扶性，充分体现了新时代中国特色大国外交的"中国气派"和"中国风格"，向世界表明了中国"负责任大国"的气度与胸怀，并以实际行动赢得中国版"搭便车论""搭快车论"的普遍赞誉。迈入新时代，如何实现中国与西亚国家的共同发展、共同繁荣，携手推动构建合作共赢的新型国际关系，已经是新时代中国对西亚外交的一项使命。显然，这少不了中国与西亚国家在社会发展领域内密切合作及创新性举措的积极促动和功能外溢。

在人文领域，推动落实"宗教交流"倡议。面向新时代，全方位推进中国的西亚外交，离不开人文外交的助力和推动。俗话说，关系亲不亲，关键在民心。全方位推进中国与西亚国家人文外交，必须充分考虑该地区独特的风土人情，要使中国对西亚人文外交真正做到"入乡随俗"。如果说新时代中国对西

---

① 习近平：《习近平谈治国理政》，第317页。
② 《习近平：共同开创中阿关系发展美好未来 推动中阿民族复兴形成更多交汇》，人民网，2016年1月22日，http://cpc.people.com.cn/n1/2016/0122/c64094-28075084.html，访问时间：2019年3月1日。
③ 习近平：《习近平谈治国理政》，第318页。

亚人文外交有何"亮点",那么,就在于中国首次明确提出"'宗教交流'的倡议,即搭建双边多边宗教交流平台,倡导宗教和谐和宽容,积极探索去极端化领域合作,共同遏制极端主义的滋生和蔓延"。[1] 众所周知,西亚局势长期动荡不安的根由之一是该地区的宗教、教派之间缺乏宽容理解和沟通交流平台,致使该地区矛盾越积越深、得不到及时化解,反倒使"伊斯兰国"等极端恐怖势力一时间活动猖獗。中方在《对阿政策文件》中提出"宗教交流"的倡议,可谓是切中时弊、对症下药。这对伊斯兰教的国际形象改善,维护和增进中国与西亚国家的主权和地区安全,都具有现实意义和深远影响。以"宗教交流"为主轴,同时深入开展旅游、科教、地方合作等一系列的友好交往,势必增强中国对西亚外交的亲和力、感召力和影响力,有助于巩固和提升中国与西亚国家关系的发展水平。

在安全领域,全面拓展和细化安全合作。推动中东和平进程,实现西亚持久稳定与发展繁荣,中国给出了全面拓展和细化安全领域合作的新方案。具体来说,在安全理念上,中国首次提出"倡导在中东实践共同、综合、合作、可持续的安全观,支持阿拉伯和地区国家建设包容、共享的地区集体合作安全机制,实现中东长治久安与繁荣发展"。[2] 在安全实践上,中国针对具体问题和迫切领域,提出为数不少的新倡议、新举措和新方案,并得到西亚国家普遍赞誉。例如,在反恐合作领域,中国通过建立长效化的安全合作机制、加强情报信息交流、进行专业人员培训等活动,对阿拉伯国家针对性提升和加强反恐能力提供一定的帮助;在非传统安全领域,近年来中国与部分西亚国家在网络安全领域开展了卓有成效的合作;同时,近10年中国连续派遣31批护航编队参与亚丁湾护航行动,累计护航商船数量近7000艘。[3] 可以看出,中国在促进西亚安全、推动中东和平进程上,不仅积极贡献"中国智慧",还为全面拓展和细化安全领域合作努力提出"中国方案"。这在根本上有助于维护和增进西亚安全局势稳定,为域内外国家共同推动构建该地区新型安全秩序创造了条件。中方发挥的积极建设性作用,也得到域内国家和国际社会的普遍赞誉。

---

[1] 刘中民:《定位中阿战略合作关系的内涵——解读〈中国对阿拉伯国家政策文件〉》,《世界知识》2016年第4期,第59页。
[2] 《中国对阿拉伯国家政策文件》,《人民日报》2016年1月14日,第13版。
[3] 刘晓博:《我是首批"护航人":写在亚丁湾护航十周年的日子》,《舰船知识》2019年第2期,第42页。

（三）实施新战略

一是务实打造中阿命运共同体。这既是推动构建"人类命运共同体"实践的关键一环，也是新时代中国对西亚外交的出发点和落脚点之一。该战略构想的提出，是对中阿双方利益融合已达到前所未有的高度，形成"你中有我，我中有你"依存关系的升华。"过去10年间，中阿贸易额增长9倍。目前，中国已是阿拉伯国家第二大贸易伙伴。阿拉伯国家是中国第一大原油供应方和第七大贸易伙伴，也是中国重要的工程承包和海外投资市场。"① 可以说，面向新时代打造中阿命运共同体，是双方关系发展的历史必然，具有深厚的利益基础和深远的战略影响。当前，中阿双方都肩负着民族复兴、国家富强的历史使命，需要彼此借力、携手前进，共同编织一张紧密、牢靠的互利共赢关系网。打造中阿命运共同体，正是实现这一远景夙愿的重要战略抓手。虽然实现这一宏伟蓝图仍需时日，也不可避免地会产生一些摩擦、经历一些曲折，"但只要路走对了，就不怕遥远"。② 毫无疑问，面向新时代，打造中阿命运共同体，是沟通"中国梦"与"阿拉伯梦"的正确道路选择。

二是合作共建"一带一路"。推动和落实"一带一路"建设，是新时代中国与西亚国家共同打造全方位、宽领域、多层次互利共赢新型合作关系的主轴。"一带一路"倡议提出之后，立即在西亚引起强烈反响和广泛共鸣，中国与西亚国家是共建"一带一路"的天然合作伙伴的认识也被更多的域内国家所接受。在历史上，中国与西亚国家通过古丝绸之路，共同谱写了相知相交的辉煌历史。如今，"一带一路"倡议在西亚再次迸发活力，把亚洲大陆的两端重新连接起来，也推动中国与西亚国家关系发展快步迈向全方位合作的新阶段。目前来看，中国与西亚国家共建"一带一路"，主要是通过高效高质的基础设施互联互通，加强国家间发展战略对接能力，促进彼此文化文明的相互融通，把互利合作的蛋糕不断做大，共同打造助力民族复兴、国家富强的坚实平台。以共建"一带一路"为契机，秉持传统友好，坚持互利共赢，为发展增动力、为合作添活力，深化全面合作、实现共同发展，这成为新时代中国对西亚外交的题中之意。当然，"'一带一路'建设越早取得实实在在的成果，就越能调动各方面积极性，发挥引领和示范效应。"③ 在这方面，中国与西亚国家应提高协

---

① 郭言：《绘就中阿命运共同体蓝图》，《经济日报》2016年1月23日，第1版。
② 习近平：《共同开创中阿关系的美好未来》，《人民日报》2016年1月22日，第3版。
③ 习近平：《习近平谈治国理政》，第317页。

商水平、加快推进效率,以成熟心态、成型规划、成事作为,争取成功结果。

三是构建和强化"1+2+3"合作格局。"1+2+3"合作格局是中国与西亚国家共建"一带一路"、面向未来实现共同发展与繁荣的重大战略布局。其中,"1"是指以能源合作为主轴,"2"是指以基础设施建设、贸易和投资便利化为两翼,"3"是指以核能、航天卫星、新能源三大高新领域为突破口。① 迈入新时代,"油气+"合作新模式的创立及成功探索,标志着中国与西亚国家合作档次的再次提升,双方由此迎来了更加广阔的合作空间和发展未来。以往,中国与西亚国家经济领域合作,主要集中在能源、贸易、工程承包等传统方面,高新技术等方面的合作相对缺乏建树。这种不完善、不优化、不尽美的贸易关系结构,伴随中国与西亚国家关系的发展不断迈向新高度、走向新阶段,其内在的制约性、影响的消极性也日益凸显出来。立足于新的历史起点,"我们双方要运用新思路、推出新举措、创建新机制,努力破解务实合作遇到的各种难题,以改革创新精神打破现实瓶颈、释放合作潜能。"② 如果说共建"一带一路"在宏观层面上具有顶层设计的规划意义,那么,构建和强化"1+2+3"合作格局则是中国与西亚国家在具体层面上展开互利务实合作、实现共赢共同发展的战略支撑。

四是坚持互利共赢开放战略。当前,反全球化呼声高涨、逆全球化行为增多,加之"黑天鹅"事件迭出、民粹主义急速抬头、全球性公共问题一再凸显,人类文明发展似乎走到了一个"瓶颈期"。如何引领人类社会走出发展困境,尽快恢复全球化信心,打造合作共赢新型关系,成为新世纪全人类亟待解决的时代性课题。面对此种局面,中国勇敢地担负起历史重任,以自身发展努力驱动世界发展、带动全球经济繁荣,为世界经济社会发展走出困顿局面,贡献着"中国智慧",提出了"中国方案"。这就是坚持互利共赢开放战略,加强加深命运共同体、利益共同体、责任共同体的新时代意识,由此,把全球化浪潮引向更高、更好、更完善的新境界。诚如习近平所言,"中国开放的大门不会关闭,只会越开越大。"③ 这既是新时代中国特色大国外交的基调所在,也是新时代中国对西亚外交的根本姿态和立场常态。中国愿意把自身发展同西亚国家乃

---

① 《习近平:共同开创中阿关系发展美好未来 推动中阿民族复兴形成更多交汇》,人民网,http://cpc.people.com.cn/n1/2016/0122/c64094-28075084.html,访问时间:2019年3月1日。
② 习近平:《习近平谈治国理政》,第319页。
③ 张敏彦:《习近平的改革之"力"》,新华网,2018年12月12日,http://www.xinhuanet.com/politics/xxjxs/2018-12/12/c_1123839510.htm,访问时间:2019年1月18日。

至世界各国发展战略对接起来，也欢迎其他国家搭上中国经济社会快速发展的"便车""快车"。这充分体现了中国道路、中国制度、中国理论和中国文化的独特魅力与世界意义，也为新时代中国的西亚外交指明了新方向，提出了新要求，开辟了新路径。

三、中国对西亚区域外交的未来抉择

党的十八大以来，中国的西亚外交在务实打造中阿命运共同体的引领下，以共建"一带一路"为抓手，大力倡导和坚持共商、共建、共享的原则，充分显现了中国特色大国外交的活力、魅力，以及中国倡议推动国家发展战略对接所蕴含的时代价值，由此赢得西亚国家的广泛认同和普遍赞誉。中国的西亚外交在中国特色大国外交的引领下跨入新阶段的同时，也面临新的战略抉择。未来中国在推进和拓展西亚外交时，应抓住抓好五大着力点。

（一）进一步巩固和深化中阿传统友谊基础

王毅外长指出："60年不平凡的发展历程表明，中阿友谊源于双方真诚友好、重情守义的文化传统，源于我们共同遵循的独立自主、相互尊重的基本原则，源于我们发展经济、改善民生的共同使命。"[1] 这既是对60年来中阿关系不断取得"极不平凡成绩"的深刻总结，也是新时期进一步巩固、深化和拓展双边关系发展的重要遵循。由此，构建中阿命运共同体，不断深化"全面合作、共同发展"的中阿战略合作关系，在新时期中国的西亚外交中就具有了独特的统领意义。可以说，进一步巩固和深化中阿传统友谊基础，既是新时期共同开创中阿战略合作关系新局面的动力与保障，也是面向未来推动构建中国与西亚国家新型关系模式的重要基石。

（二）落实"共商、共建、共享"原则

习近平主席指出："中阿共建'一带一路'，应坚持共商、共建、共享原则。"[2] 共商，即集思广益，凝聚共识，兼顾彼此的利益与关切；共建，即各尽所能，长效恒久，充分发挥出、发挥好双方的优势和潜能；共享，即经验尤

---

[1] 王毅：《携手共创中阿关系更加美好的未来》，《人民日报》2016年1月14日，第13版。
[2] 习近平：《习近平谈治国理政》，第316页。

其是成果共享，做到公正合理，努力打造中阿利益共同体和命运共同体。可以说，践行"共商、共建、共享"原则，不仅体现在中阿关系方面上，也适用于中国与其他西亚国家的关系发展。这就要求在推进包括"一带一路"建设在内的中国与西亚国家之间诸多发展战略对接议题的过程中，把握好每一个环节，处理好每一处分寸，充分体现和落实"共商、共建、共享"的原则要求，积极展现新型国际关系的时代特质、价值内涵和不竭活力。这既是落实合作共赢精神的基本要求，也是让"中国威胁论""中国独秀论"等干扰杂音"绝迹"的关键举措。如此一来，使中国与西亚国家长效化地联动起来，并在深层意志上拧成一股绳，携手开创合作共赢、共同发展的新路子、新未来。

（三）构建以合作共赢为核心的新型国际关系

自"一带一路"倡议问世以来，虽然我们迎来了前所未有的重大机遇，但同时也面临着空前的挑战。诸如美国等一些国家，对"一带一路"倡议心存焦虑、存心阻挠，时不时地发出诋毁或质疑的声音。在共建"一带一路"倡议的过程中，部分西亚国家及其民众也对推动该倡议的现实利好之处和共同发展前景了解及理解不足，甚至是心有一定的疑虑。一些西亚国家及其民众担心中国倡议和推动的"一带一路"建设只是在掠夺他们的能源资源，或是对其进行经济控制以主宰他们的经济命脉。这些状况大大增加了推进"一带一路"建设的现实难度，也给新时期构建中国与西亚国家新型关系蒙上了一层阴影，在根本上反映的却是"冷战思维"作祟及其余毒的巨大危害性。应当看到的是，一些国家虽然身处于21世纪，但意识却始终停留在过去，走不出冷战思维、零和博弈的窠臼，不甘心其霸权身份、强权行径退出历史舞台。中国与西亚国家相似的历史遭遇、共同的利益追求、长期的友谊关系，为双方携手摆脱冷战思维的束缚，协力走出合作共赢、共同繁荣的新路，彰显新型国际关系的时代价值和不竭动力，无疑有着极大的推动作用、极强的示范意义和极佳的传播效果，堪为中国与世界各国共同推动构建新型国际关系的关键一环和亮点所在。

（四）以积极的建设性姿态推动地区和平进程

习近平主席指出，"推动中东和平需要群策群力"，"谋和平、求稳定、促发展是地区国家共同愿望，通过政治途径化解争端，是符合各方根本利益的战略选择"。① 这一政策主张在妥善解决伊朗核危机上得到成功实践,有力地促进了西亚地区和平进程,也让世界各国深刻感受到"中国智慧"和"中国方案"在处理地区敏感问题上的独到价值与独有魅力。这说明以政治途径化解纷争、以外交手段弥合分歧,不仅是妥善处理地区热点事件的有效方式,还可以有力地推动地区和平进程、加强地区和平机制建设。可以说,中国在参与包括伊朗核问题在内的西亚地区热点事件处理过程中的公正立场、积极姿态和建设性作用,不仅充分展示了中国"负责任大国"的良好形象,也有力地回击了"中国威胁论"等负面论调。这表明中国所一直坚持的以政治途径化解地区争端的政策主张不仅正确还十分有效,是各方协力推动西亚地区和平进程的关键举措,因此赢得域内外相关国家的一致认可和信赖,也为中国与西亚国家协力推动该地区和平进程指明了方向、提出了要求。

(五)构建中国与西亚国家智库间长效交流和合作机制

伴随近年来中国与西亚国家关系大发展、"一带一路"建设成果丰硕的良好势头,双方智库间长效交流和合作机制建设成为一项热点议题。毋庸置疑,"深化沿线国家智库的交流合作,充分发挥智库的专业研究能力及民间外交的影响力,对促进各国政策沟通、民心相通具有重要意义"。② 在西亚地区,智库机构被誉为一个国家"睁眼看世界"的引路人,其对精英阶层和普通民众的常态认知、国家立场和相关决策的制定形成,都有着深刻的影响作用。鉴于智库机构的独特地位和广泛影响力,深入研究、积极推动、建立健全中国与西亚国家智库间长效交流和合作机制,其现实意义和长远影响不可忽视,堪为当务之急。新时期中国与西亚国家关系发展面临进一步巩固和升级的问题,加之部分西亚国家及其民众对中国崛起、"一带一路"倡议等"中国因素"尚有一定的误读和曲解,因此,有必要通过双方智库间机制化、长效化的交流和合作,更好地达成彼此之间增信释疑、凝聚共识、沟通协调、功能外溢的战略作用。这有助于双方共同应对西亚地区敏感复杂的多变局势,并从千头万绪中理出思路、找准对策、精当作为。现阶段,中国与西亚国家智库间交流和合作仍有很大的提升空间,尽快建立健全长效化的交流合作机制势在必行。

---

① 杜尚泽:《中国以建设性姿态参与地区事务》,《人民日报》2016年1月17日,第3版。
② 刘倩:《"一带一路"的智库合作:现状与评论》,《长春师范大学学报》2017年第5期,第190页。

China's Diplomacy with the Region of West Asia: Process, Achievements, and Options for Future

GUO Rui

Abstract The beginning of China's reform and opening-up may be regarded as a "watershed" point that can divide the process of China's diplomacy with the West Asia in the past 70 years. Before this "watershed" point, the mainstream of this diplomacy had been the "diplomacy for politics", whereas ever since this point, it has developed into "all-directional diplomacy", which has continuously strengthened the interdependency between China and the West Asia. In this sense, this diplomacy has become a new point of growth and excellence in both China's neighboring diplomacy and its overall diplomacy. Since the 18th national congress of CCP, it has been uplifted to a new stage, led by the effort to build a community with a shared future for China and Arab countries and based on joint construction for the "Belt and Road Initiative". In future, the traditional foundation of the China-Arab friendship should be consolidated and deepened, while the principle of "Consultation Contribution and Shared Benefits" should be put into effect, so as to develop a new-type of international relations that is focused on "win-win" cooperation and to promote the regional peace process actively and pragmatically. Also, an effort should be taken to establish a long-term mechanism for exchanges and cooperation between think tanks of both sides.

Key Words China; China's Diplomacy with West Asia; Process; Achievements; Decision-making in the Future

Author Guo Rui, Professor, Director and Ph.D. Tutor at School of Public Administration, Jilin University, Vice secretary at Institute of Northeast Asian Studies, Chinese Association of Asia-Pacific Studies, Vice President at Institute of Jilin Province Tumen River International Cooperation.

中国对南太平洋区域外交70年述论

费 晟

【内容提要】尽管对南太外交是中国周边外交中较薄弱的环节,但自1972年实现外交突破以来,南太在中国外交考量中的地位不断提升。尤其是十八大以来,中国对南太外交的深度与广度都突飞猛进,实现了较高的制度化建设水平。中国对南太外交的历史性变化是国际及地区局势演变、南太主要国家外交战略调整、特别是中国全面崛起并积极参与地区事务等合力作用的结果。中国对南太地区的外交,以发展双边及多边经贸合作为基础,以提升对澳新战略合作伙伴关系为重点,以强化对岛国的全面交流合作为新亮点,实现了保持地区局势长期稳定及营建外交前沿新支点的目标,也将成为施展并检验未来中国外交成效的新舞台。

【关键词】中国 南太平洋 70年 南太外交

【作者简介】费晟,中山大学历史学系副教授、博士生导师,中山大学大洋洲研究中心研究员。

在传统的国际地缘政治格局中,南太平洋地区是相对次要的部分,在中国的外交大战略中也很少作为一个特定的单元予以考量。本文所说的南太平洋地区(以下简称"南太")主要是指澳大利亚、新西兰及其周边的岛屿国家,大体与世界政治地理概念中的大洋洲相符。①

尽管南太地区传统上不是中国周边外交的重心,但近年来其战略地位以及受关注度迅速提升。这种变化发生的根本原因在于最近20年中国综合实力的快速壮大,国际影响力稳步提升。进入新时期,中国政府明确提出了海洋强国战略,包括南太通道建设及合作开发在内的蓝色海洋战略目标日渐清晰,维护海权的意识与能力空前加强。与此同时,建设"面向21世纪海上丝绸之路"倡议中的"南线建设"加速落地。这都使得中国政府对南太地区的关注空前增多,南太地区已经成为中国大周边外交的新亮点。②

一、中国对南太平洋区域外交的历史沿革

新中国与南太平洋地区各国的外交经历了从无到有、从被动到主动、从局部推进到全面合作的过程。在2012年之前,这种变化很大程度上取决于国际格局及南太国家内政与外交局势的变化。在2012年之后,中国的外交活动越来越具有主动性,"主动作为"的态势日益明显。

回顾新中国成立以来对南太外交及与相关国家关系的发展历程,大致可以归结为以下四个阶段:一是1949—1971年的孤立期,二是1972—1976年的突破期,三是1977—1996年的成熟期,四是1997—2012年的转型期。

---

① 国内学界对于大洋洲或南太平洋地区相关概念的最新讨论,可参见汪诗明:《如何界定南太平洋岛屿国家》,《太平洋学报》2014年11月第11期。在国际学界,除了南太平洋(The South Pacific)外,"澳大拉西亚"(Australasia)也是一个常见的地缘政治概念,"大洋洲"则通常指除澳大利亚与新西兰之外的其余太平洋岛国或地区,与我国的界定并不一致。此外,南太平洋地区也不一定局限于赤道以南,特别是对包括关岛与塞班岛等军事战略要冲在内的密克罗尼西亚诸岛而言。权威且全面的讨论可参见Paul D'Arcy, "Oceania and Australasia," in Jerry H. Bentley, eds., The Oxford Handbook of World History, New York: Oxford University Press, 2011, p.545.

② 就中国对南太外交史的研究来说,中澳外交无疑居于中心地位,开拓性的成果,参见侯敏跃:《中澳关系史》,北京:外语教学与研究出版社,1999年;汪诗明:《20世纪澳大利亚外交史》,北京:北京大学出版社,2003年;汪诗明:《论中澳关系正常化》,《世界历史》2003年第2期,第70—80页。在最近十年中,以鲜明的国际政治学科理论与分析框架做出的研究逐渐增多,可参见:常晨光、喻常森主编:《中澳关系大趋势:利益共同体的构建与展望:纪念中澳建交40周年》,广州:中山大学出版社,2012年;常晨光、喻常森主编:《中澳关系的历史经验与发展现状》,广州:中山大学出版社,2013年;Yu Changsen, "The dilemma of interdependence: current features and trends in Sino-Australian relations," Australian Journal of International Affairs, Vol.66, No.5, (November,2012), pp.579-591;徐秀军:《地区主义与地区秩序——以南太平洋为例》,北京:社会科学文献出版社,2013年;聊城大学学者以"列国志"丛书为代表,完成了对南太诸岛国国情与外交的考察,填补了相关领域的空白。

（一）1949—1971年：邦交孤立期

从1949年新中国成立至1972年与澳大利亚及新西兰建交，我国对大洋洲邦交一直处于孤立状态。这主要是冷战时期意识形态冲突以及美国在亚太地区推行遏制战略的结果。

1949年后关于承认新中国的问题，澳大利亚需要同时考虑英国与美国的因素。英国做出承认新中国政府的决策后，澳大利亚作为英联邦成员国之一也要考虑这一问题。但与英国不同，美国就承认新中国态度消极。鉴于第二次世界大战中澳大利亚与美国已经在国家安全事务上形成同盟关系，同时，执政党工党面临大选，要防止反对党对其"染红"的指控，澳政府最终向美国立场靠拢，暂缓与中国建交。新西兰的立场与澳大利亚的有所不同，承认新中国并非不可接受，但是决策者担心这会损害与美国的同盟关系，因此也放弃建交努力。①

1950年朝鲜战争爆发，意识形态偏见逐渐扭曲了澳大利亚对新中国的认知与外交政策，我国予以了激烈回击。1951年9月，美国与澳大利亚、新西兰签订《澳新美安全条约》，三国正式结成同盟，中国与南太地区发展外交关系的大门被封堵。至1972年中澳建交前，《人民日报》通常使用"仆从""侵略者""同谋犯""帮凶"等激烈措辞形容澳政府。②

对此，中国对澳、新外交主要采取了政党外交的形式，对象主要是澳大利亚共产党与新西兰共产党，特别是频繁邀请澳共、澳共（马列）及新共访华。③ 1963年，在中苏分裂的大环境下，新西兰共产党公开表态支持中共的立场，也是西方国家共产党中唯一做出这一选择的。④

值得注意的是，中共对澳大利亚工党大体保持了实事求是的态度，积累了许多善意。工党在1957年由副党魁率领代表团访华。周恩来总理在听取代表团政见时表示，没有限制的贸易和文化交流是中澳双方都需要维持并加强的，

---

① Anne-Marie Brady, "New Zealand-China Relations: Common Points and Differences," *New Zealand Journal of Asian Studies*, 10, 2 (December 2008), p.5.
② 张祖兴、喻伟：《建交前中国队澳大利亚的认知》，第10页。
③ 新华社：《澳众院通过反共法案，企图解散澳共镇压人民运动》，《人民日报》1950年5月26日，第4版。
④ 在1960年后，新西兰共产党的核心成员规模仅有50人左右，新西兰政府认为其不构成政治和社会威胁，因此不干涉其与中共来往。Anne-Marie Brady, "New Zealand-China Relations: Common Points and Differences," p.7.

对工党承认新中国并支持恢复其联合国合法席位表示认可,但绝不接受联合国出现"两个中国"的局面。① 这一鲜明表态对工党后续制定对华战略起到了积极的指南作用。

此外,尽管官方政治关系紧张,但民间交流并未中断,中澳双方经贸关系没有完全停止,新中国一直大量购买澳大利亚小麦。新西兰则在1956年成为第一个停止对中国经济禁运的西方国家。1958年,新西兰工业与商业部代表团秘密访问中国,推动双方贸易,中国也予以支持。②

总体而言,1972年前,中国对南太外交有如下几个特点:第一,总体关系紧张,意识形态考量主导双方的官方政策。第二,政党外交为主要交往内容。无论各自官方立场如何,中国对澳大利亚及新西兰共产党的交流是持续而稳定的,但是具体内容是"请进来"而不是"走出去",战术需求多,战略考量少。第三,中国对该地区保持了基本的民间交流,尤其是经贸交流没有中断,这使得双方保持了一定的沟通渠道,为日后关系的突破与恢复创造了基础。

(二)1972—1976年:邦交突破期

这一时期,中国对南太外交出现了突破与发展,最重要的事件就是1972年与澳大利亚及新西兰实现关系正常化,随后,又与南太地区主要的新独立国家建立了外交关系。这种变化的主要原因在于中美关系变化以及澳大利亚内政外交政策的调整。

面对越战泥沼,1969年7月,理查德·尼克松总统在访问关岛时提出了尼克松主义,客观上给盟国开展独立外交提供了空间。但澳大利亚对美国立场的变化缺乏敏感度。1970年3月,澳大利亚新外长威廉姆·麦克马洪在议会发表讲话时依然反华。同年10月,麦克马洪依然拒绝中国重返联合国,并表态支持台湾。

对此,中国政府并非听之任之。恰逢中国购买澳大利亚小麦的协议已经期满,中方没有表现出希望续签协议的迹象,同时开始积极转向从新建交的加拿大进口小麦。这在澳大利亚引起了极大震动。1971年2月,尼克松在国会发表讲话,坦陈了与北京对话的意图,令澳大利亚政府倍感尴尬。5月27日至7月

---

① 王泰平主编:《新中国外交50年》(下册),北京:北京出版社,2000年,第1524—1525页。

② Anne-Marie Brady, "New Zealand-China Relations: Common Points and Differences," p.7.

2日，中澳两国在巴黎首次举行正式对话。但是，澳大利亚坚持"两个中国"政策以及与台湾保持"外交"关系，此次会谈没有取得任何成果。1971年10月25日，联合国大会恢复新中国合法席位，并驱逐蒋介石政权代表，1972年尼克松访华后发表了《上海联合公报》，在没有解决外交承认的情况下实现了中美关系正常化。澳大利亚试图复制这种模式，但中国政府立场非常鲜明，要求中澳关系正常化必须确立"一个中国"的原则。对此麦克马洪政府无法抛弃自由党传统的意识形态偏见，又不能无视地区国际关系的变局，进退失据。

1971年6月27日到7月14日，澳大利亚反对党领袖惠特拉姆获中方邀请率代表团访华，麦克马洪当局对此气急败坏。孰知7月15日尼克松宣布，基辛格正在访问中国，而他本人也将于次年访华。由于对尼克松的讲话毫无思想准备，麦克马洪的政治判断力饱受质疑，最终在1972年的大选中遭受惨败。澳大利亚工党新政府重视对华关系。1972年12月6日，澳大利亚驻法国大使代表工党新政府同中国驻法大使黄镇开始了首轮建交谈判。12月19日，惠特拉姆就任总理，新政府最先颁布的政策之一就是决定与中华人民共和国建立外交关系。12月21日，双方签署建交公报，中澳双方关系正式恢复正常化。[①] 随着中美关系的改善与中澳关系的正常化，1972年12月22日新西兰也正式宣布与中国建立外交关系。

在中国实现与澳、新关系正常化后，由于奉行独立自主与和平外交的原则，强调第三世界认同，中国也迅速赢得了新独立岛国中体量较大者的认可。1970年10月10日独立的斐济共和国在1975年11月5日成为第一个与中国建交的小岛国，同年11月6日，南太第一个实现独立的岛国萨摩亚也紧随斐济与中国建交。1975年9月16日，南太最大的岛国巴布亚新几内亚独立，次年10月12日，也与中国建立外交关系。这三个国家的面积与人口，在整个南太岛国群体中占有绝对的权重，标志着中国外交在南太岛国影响力的绝对提升。

在中国实行改革开放前，中国在南太地区外交局面的突破与发展，首先是1970年前后大国关系调整连锁性反应的结果。中美关系的改善是一种不可忽视的重要助力。其次，中澳关系的改善与澳大利亚逐步采取独立外交有重要关系，尤其是与1949年至1972年长期在野的反对党工党的积极努力有关。工党正视发展中澳关系的意义，这不仅符合现实需要，也改变了澳大利亚政治意识形态上"恐红"，文化意识形态上"恐黄"的传统。最后，中澳、中新以及中

---

① 汪诗明：《论澳中关系正常化》，《世界历史》2003年第2期，第78页。

国与重要小岛国的建交也是中国综合国力提升以及国际威望提高的自然结果。

（三）1977—1996年：邦交成熟期

十年动乱后，中国外交事业获得新生，与南太地区的外交突飞猛进。总体来说，中国积极发展与南太平洋国家在政治、经济、文化、科技等各个领域的交流；在维护世界和平的问题上，加强政治磋商，还特别在经济贸易和科学技术方面加强合作。从20世纪80年代开始，中国对澳、新两国外交关系还增加了一层特殊的含义：成为不同社会制度和不同经济发展水平国家发展双边关系的典范。到1989年，"加强同西欧各国和加拿大、澳大利亚、新西兰的友好合作"已经成为中国外交工作的"一项长期方针"。①

就具体表现看，在这一时期双方高层访问实现了从无到有且积极走出去的明显变化。从1977年开始，以中国全国人大常委会副委员长乌兰夫访问澳大利亚及新西兰为开端，中国国家领导人开始经常性地访问澳大利亚与新西兰。1985年4月，胡耀邦总书记访问澳大利亚及新西兰，发表《关于中澳经济合作的新闻公报》，这也是中国共产党最高领导人首次访问南太。此后，江泽民、胡锦涛、温家宝等党和国家领导人还利用各种国际会场，尤其是联合国会议、APEC领导人峰会及东亚峰会等活动，与澳大利亚及新西兰领导人进行交流沟通。

1977年以来，中国对南太平洋国家经济技术与贸易往来的重大进展包括：1978年，澳给予中国普惠制待遇。新西兰则成为第一个让中国享受发展中国家特惠关税待遇的国家。1981年，中澳两国签订《经济合作协定书》和《促进发展技术合作计划协定》，还签署了《中澳文化合作协定》。1987年，新西兰副总理帕尔默访华，并签署《中国与新西兰政府科学技术合作协定》。1988年，中澳双方签署投资保护协定和避免双重征税协定。②

这个时期，澳大利亚与新西兰都明显展现出了独立外交的姿态，以推动亚太区域一体化为己任，包括发起成立亚太经合组织（APEC）。同年，新西兰

---

① 崔越、牛仲金：《试论中国的对澳大利亚政策——基于"中等强国"行为逻辑的认知》，《和平与发展》2017年第2期，第76页。另可参见汪诗明：《全面深化的澳中关系——20世纪80、90年代澳中关系评述》，《阜阳师范学院学报》2004年第1期，第27页。

② 上述中澳、中新双边交往中的大事编年均可参见中华人民共和国外交部：《中国同澳大利亚的关系》，https://www.fmprc.gov.cn/web/gjhdq_676201/gj_676203/dyz_681240/1206_681242/sbgx_681246/；《中国同新西兰的关系》，https://www.fmprc.gov.cn/web/gjhdq_676201/gj_676203/dyz_681240/1206_681940/sbgx_681944/t7878.shtml，访问时间：2019年1月29日。

工党政府提也出要与中国发展"特别关系"。随后几年中，中国官方及学界均赞扬了新西兰在反核、推动区域一体化、维持地区稳定以及积极援助第三世界的政策。①

1985年4月，澳总理霍克在众议院讲话中强调，澳大利亚与中国正在发展"特殊的关系"。与此同时，由于在反核问题上与美国及欧洲部分国家的严重分歧，新西兰实际上退出了《澳美新同盟条约》，使得它在对华外交上更具有独立姿态。中国1989年发生政治风波之后，新西兰1990年上半年首先与中国恢复了正常外交关系，1991年2月，澳大利亚也宣布取消1989年7月以来的对华贸易限制措施。

1991年冷战结束，同年12月上台的澳大利亚新总理基廷逐步提出了"脱欧入亚"的理念与政策，希望澳大利亚与亚太国家从一般的国家关系发展为互惠互利以及在地区性事务中密切合作的伙伴关系。② 具体表现上看，中国与澳大利亚首先进一步扩大了经贸合作。③ 其次，中国和澳大利亚合作加入多边合作组织并发挥重要作用。1994年的《澳大利亚国防白皮书》明确判断中国会在15年后成为亚洲第一和世界第二大的经济体，成为全球权力结构和亚太战略格局重塑的最关键因素。澳大利亚坚持多边外交，无意提升美澳同盟，反而劝说美国与日本对华接触，接纳中国进入多边合作组织，反对将最惠国待遇与所谓中国人权问题挂钩。中国政府对此表示高度肯定，并且抓住这一契机，拓展了在南太地区及国际组织中的活动。

在这一时期，中国继续与大洋洲新独立的小岛国建立外交关系，包括1980年的基里巴斯、1982年的瓦努阿图、1989年的密克罗尼西亚联邦以及1990年的马绍尔群岛。太平洋岛国普遍属于最不发达国家的行列，基础设施弱，交通不便，而中国坚持在各建交国建立使馆以示尊重与重视。

总体来说，在中国对南太外交创建后的25年里，中国坚持改革开放政策，坚持以经济合作为切入点，以增强综合国力为目标，与南太地区主要国家初步找到了利益互补之处以及国际战略共识，支持并参与澳、新等国推动亚太地区一体化的努力。中国对南太地区的外交日趋成熟，以推动经贸和科技合作为重

---

① Anne-Marie Brady, "New Zealand-China Relations: Common Points and Differences," p.7.
② 参见张秋生：《20世纪末澳大利亚"脱欧入亚"提法的辨析》，《学海》2008年第5期，第166—169页。
③ 侯敏跃：《澳美同盟对中澳关系的影响：从基廷到吉拉德》，喻常森等编：《中澳关系的历史经验与发展现状》，广州：中山大学出版社，2013年，第149页。

点，以积极参与多边国际组织活动为手段，实现了政治和经济利益最大化。南太成为中国"密切合作"的对象。

（四）1997—2012年：转型期

在这一时期，南太平洋国家对外战略出现分化，中国外交形势也相应改变。主要是澳大利亚调整了外交战略，激进的"脱欧入亚"被放弃，转而形成了一种在国际政治和安全事务上不断重新靠拢美国，同时在经济贸易领域扩大并深化依赖中国的双轨制战略。中国外交开始不定期地面对"中国威胁论"带来的政治摩擦，但也继续扩大经贸及人文交流。与中澳关系不同，中新关系在这一时期继续保持平稳友好的关系，甚至持续升温。在这一时期最意外的变化在于，南太岛国前所未有的成为中国外交斗争的战场。

政治外交：1996年3月，以霍华德为首的澳大利亚自由党和国家党联盟党开始了11年的长期执政，期间在对华经济政策上延续并推进了工党政府的战略，即拓展合作、互惠互利，但是他反对"脱欧入亚"的政策，认为这忽视和损害了澳大利亚与西方世界的传统关系。他对前政府推动的多边主义政策也多有反对，提出了双边为主、多边为辅的指针。霍华德重申与美国的安全同盟是澳大利亚最重要的双边关系。在"9·11事件"之前，霍华德政府亲美姿态与日俱增，如在2000年7月签署条约支持美国在东亚地区开启并部署导弹防御计划，我驻澳大使周文重公开声明表示反对。2001年中美撞机事件后，澳大利亚公然为美国站台。7月底，又通过外长发起美、日、澳、韩开展四国安全对话的倡议。[①] 但在"9·11事件"后，中美关系改善，澳大利亚对中国外交与美国开始保持一定距离。

2007年12月，会说中文的陆克文率工党重新执政，中国政府及国际舆论认为中澳关系有可能全面回升，尤其是政治上可能重新出现亲华姿态。[②] 但事实上工党政府与霍华德政府并没有表现出明显政策差异。陆克文在2008年4月提出要做中国的"诤友"，主张双方进行开诚布公的政治对话，但中国政府并未积极回应。因为在西方占据国际政治话语优势的情况下，"诤友"很大程度上具有"西方优越论"的窠臼，而且"诤友"的前提是心心相印，中澳关系在当时根本达不到这一点。

---

① 侯敏跃：《澳美同盟对中澳关系的影响：从基廷到吉拉德》，第152—164页。
② 《陆克文：我要做中国的诤友》，人民网，2008年4月14日，http://finance.people.com.cn/GB/72020/74689/120414/7119011.html，访问时间：2019年1月30日。

2009年，中澳关系出现了建交以来的第一次急速下滑，几乎跌进谷底。首先是中国新年后，澳大利亚国防部公布新版《国防白皮书》，首次明确将中国当成是澳大利亚的潜在威胁，引发中国政府的不满与批评。① 7月，又爆发了"力拓案"。② 澳大利亚政府与民间舆论普遍认为，此案是中国政府对中国铝业公司稍前并购力拓股份遭拒所实施的打击报复。"力拓案"爆发后，"疆独"分子热比娅窜访澳大利亚，受到澳大利亚媒体的热捧。7月31日，中国外交部召见澳大利亚驻华大使，就热比娅窜访澳大利亚表示严正关注和坚决反对，要求不准许热比娅在澳大利亚境内进行分裂中国的活动。中澳两国主流媒体在当年围绕上述事件展开了一场舆论大战。③ 2010年6月，吉拉德总理取代陆克文继任总理，并没有改变在国家安全问题上对中国的敏感度。

尽管霍华德至吉拉德政府时期中澳外交出现上述波折，但双方仍然保持了密切的高层互访。中方比较重要的访问包括：1999年，江泽民主席正式访问澳大利亚，分别与澳总督迪恩、总理霍华德等澳领导人会见、会谈。双方同意建立中澳两国领导人以及两国外长之间一年一次的定期会晤机制。2003年10月，国家主席胡锦涛对澳进行国事访问，就深化中澳全面合作关系与澳领导人达成共识。从1997年开始，澳大利亚总理霍华德先后6次应邀访问中国。2008年，陆克文总理首次正式访华并出席博鳌亚洲论坛年会谈。8月，澳总理陆克文、总督杰弗里先后来华出席北京奥运会开、闭幕式。2011年4月，澳总理吉拉德访华，国家主席胡锦涛、国务院总理温家宝分别会见会谈。④

相比于澳大利亚，新西兰政府在这一时期坚持了对华友好的姿态，尤其是在中美关系与中澳关系出现波折时，不仅不选边站，甚至与中国一样对美国入侵伊拉克等行动表示公开批评。2004年，新西兰外交与贸易部甚至更新了作为新西兰外交最重要基石国家与地区名单，中国首次出现在相关名单里，中方

---

① 可参见胡欣：《澳大利亚的战略利益观与"中国威胁论"——解读澳大利亚2009年度国防白皮书》，《外交评论》2009年第5期。
② 2010年3月上海市第一中级人民法院在判决中指出，因为"力拓案"四名案犯的犯罪行为，使中国企业在铁矿石谈判中处于不利地位。仅2009年就有逾20家中国钢铁企业为铁矿石进口多支付了10.2亿元人民币。
③ 喻常森、常晨光：《中澳关系面面观：写在中澳建交40周年之际》，喻常森、常晨光编：《中澳关系大趋势：利益共同体的构建与展望：纪念中澳建交40周年》，第42页。
④ 上述事件均可参见中华人民共和国外交部：《中国同澳大利亚的关系》，https://www.fmprc.gov.cn/web/gjhdq_676201/gj_676203/dyz_681240/1206_681940/sbgx_681944/t7878.shtml，访问时间：2019年1月29日。

对此表示了高度赞赏。①

这一时期，中国在南太岛国的外交一度面临重大挑战，主要在于台湾民进党当局"烽火外交"的实施。"烽火外交"是台湾当局于2002年7月18日首次提出的。主张在国际社会集中火力，全力出击，争取"外交"的突破，让中国大陆忙于应付，无暇他顾。②2002年7月21日，中国政府宣布与瑙鲁建立外交关系，后者对台断交。陈水扁当局于2003年11月策动基里巴斯与中国断交。2004年12月，台湾当局甚至试图破坏瓦努阿图与中国大陆的正常关系。2005年5月14日，因为债务困境与金元贿赂，瑙鲁再次倒向台湾当局，5月31日，中国政府宣布与瑙鲁断交。除了"邦交"争夺，陈水扁还4次访问台湾"邦交国"，招摇过市，中国政府对此予以坚决抨击。2008年，马英九上台后采取了理智的"活路外交"战略，大陆随之也外交休兵。

尽管台湾当局在南太地区有6个所谓"邦交国"，但都是南太地区人口、面积及经济体量最小的国家。即便在"烽火外交"的干扰下，中国政府在南太的主要邦交岛国也未出现动摇，这进一步说明中国在区域内的国家声望及外交成熟性。

经济、科技与人文外交：与政治外交领域的波折演进不同，中国对南太的经济与文化外交始终活跃而紧密，成果不断扩大。最重要的事件包括：1999年7月，中澳正式结束有关中国加入世贸组织的双边市场准入谈判。2000年5月，两国正式签署关于中国加入世界贸易组织的双边协议。2002年12月，中新两国签署《中新关于教育与培训合作的谅解备忘录》。2003年10月，胡锦涛主席访新期间，双方签署相互承认高等学历和学位证书的协议。2005年5月，中澳启动首轮自贸协定谈判。2008年4月，中新两国续签《关于在高等教育领域内相互承认学历和学位的协议》，并将之升级为两国政府协议。2010年6月中国国家副主席习近平访澳。7月，新西兰总理约翰·基访华，双方签署联合声明，宣布成立"中国与新西兰战略研究联盟"。10月，中新签署《关于中国与新西兰合作研究基金的联合声明》。2011年4月，澳吉拉德总理访华，并签署中澳《教育交流备忘录》和《相互承认高等教育文凭和学位证书协议》等文件。

这一时期，中新两国经贸合作制度建设的成果格外突出，新西兰成为第一

---

① "MFAT Statement of Intent 2004/05," Wellington, 2004.
② 杨卓娟:《"烽火外交"与"活路外交"比较分析》,《重庆社会主义学院学报》2012年第5期，第36页。

个与中国达成双边自由贸易协定的发达国家。2004年4月,新西兰政府正式承认中国完全市场经济地位。5月,中新双方在奥克兰正式签署《中国—新西兰贸易与经济合作框架》,双方决定开展双边自由贸易协定可行性研究。11月,胡锦涛主席与新西兰总理克拉克就结束中新自由贸易协定(FTA)可行性研究达成一致。12月,两国自由贸易协定谈判正式启动。2008年4月,两国签署自由贸易协定,10月,协定正式实施。[①]

这一时期,中国对南太岛国经济交流开启了制度化建设。2005年10月中国倡议建立中国—太平洋岛国经济发展合作论坛(简称"中太论坛"),赢得太平洋岛国广泛响应。2006年4月,中太论坛首届部长级会议在斐济召开。会上,中国同8个建交岛国共同签署了《中国—太平洋岛国经济发展合作行动纲领》。[②]

总之,在中国对南太外交的转型时期,尽管因为澳大利亚采取了政治与经济领域的双轨依赖战略以及台湾当局的"烽火外交",出现了前所未有的干扰和波折,但是双方深化交流与合作的总体态势并未曾改变,中国在南太地区事务中的影响力持续增强,尤其是对新西兰外交表现出了平稳性和持续性。

二、新时代中国南太区域外交的创新

党的十八大以来,在以习近平同志为核心的新一届党中央领导下,中国对南太外交出现了新局面与新气象。最明显的变化在于,随着中国综合国力不断增强以及对外战略顶层设计的清晰化,中国对南太外交日益具有主动性,且战略考量明显增多。从实际操作看,中国的南太外交能够综合国内需要与国际环境变化,不断增加新内容,尤其是对岛国外交空前活跃。

2015年3月,国家发改委、外交部、商务部联合发布的《推动共建丝绸之路经济带和21世纪海上丝绸之路的愿景与行动》提出,"21世纪海上丝绸之路"

---

① 上述事件记录均转引自中华人民共和国外交部:《中国同澳大利亚的关系》,https://www.fmprc.gov.cn/web/gjhdq_676201/gj_676203/dyz_681240/1206_681242/sbgx_681246/;《中国同新西兰的关系》,https://www.fmprc.gov.cn/web/gjhdq_676201/gj_676203/dyz_681240/1206_681940/sbgx_681944/t7878.shtml,访问时间:2019年1月29日。

② 《中国与建交的太平洋岛国的关系》,人民网,2014年11月22日,http://world.people.com.cn/n/2014/1122/c157278-26074017.html,访问时间:2019年3月1日。

包括从中国沿海港口过南海到南太平洋。① 由此，中国与南太地区进入战略伙伴关系发展的新时代。党的十八大报告将海洋战略前所未有地上升到中国外交大战略的高度。而南太国家都是海洋国家，毫无疑问成为检验"蓝色海洋"战略能否真正实现的试验田。

新时期中国外交领域对南太的关注与投入不断增加。一方面积极补充积累南太国家基本知识，在实践中探索新思路与新内容；另一方面开始寻求确立相对专门的外交对策，实现两种区别：一个是将对南太外交与对美外交相互区别，另一个是将对澳大利亚外交与对新西兰及南太岛国外交相互区别。

（一）扩大共识的对澳态度

南太内部各国发展极不平衡，在外交领域表现为，大部分国家在国际政治舞台上非常低调，但自诩为中等强国的澳大利亚则异常活跃。对此中国政府也予以了有针对性的了解体谅态度。中方认识到，从意识形态和地缘关系历史的演变来看，澳大利亚对美国和中国两面下注注定了其外交政策纠结反复的特点，与我发生矛盾具有必然性。此外，澳大利亚的综合国力较强，对其南太邻国具有压倒性优势，因此中国能够理解澳大利亚对国际事务保持相对高调活跃的参与，同时在南太地区事务中传统上具有相对主导性与敏感性。中国并未将澳大利亚社会不定期爆发的对华负面言行判定为战略对抗，而是对中国快速崛起不够适应的表现。中方能够看到澳大利亚国内政治意见的多元化，反华舆论的沉渣泛起与其近年来政党政治内耗有关。

中国的善意与坦诚是一以贯之的：2014年，国家主席习近平出席二十国集团领导人布里斯班峰会，并对澳大利亚进行国事访问。在这次访问中，习近平主席专程访问了相对偏远的塔斯马尼亚州，从细节上表达了对澳大利亚人民的尊重和亲近，赢得澳媒体的一致好评。2017年3月，国务院总理李克强对澳进行正式访问。②

---

① 《推动共建丝绸之路经济带和21世纪海上丝绸之路的愿景与行动》，中华人民共和国商务部网站，http://www.mofcom.gov.cn/article/resume/n/201504/20150400929655.shtml，访问时间：2019年1月30日。

② 《李克强同澳大利亚总理莫里森举行第六轮中澳总理年度会晤》，中国外交部网站，2018年11月14日，http://embassy-saudi.fmprc.gov.cn/web/ziliao_674904/zt_674979/dnzt_674981/lzlzt/lkqcxshhzldrxlhy_695103/zxxx_695105/t1613141.shtml，访问时间：2019年1月30日。

（二）大是大非绝不妥协的原则

谋求扩大共识，绝不是无原则的容忍。尽管我国政府对其民间舆论的歪风能够淡定对待，并不一概做出强烈政治回应，但也绝不容忍澳大利亚放任反华舆论兴风作浪。首先，对于沉渣泛起的民粹主义与种族主义予以坚决反击，维护海外华侨权益。其次，对于明显跟风美国的挑衅言行，尤其是在涉及南海问题等并不属于南太地区内部事务的议题上，中国政府坚决反对澳大利亚火上浇油的言行。最后，对于澳大利亚政府放纵媒体炒作"中国威胁论"予以坚决抨击。自2017年起，澳大利亚媒体大肆炒作"中国收买澳大利亚政客""操控华侨"及"渗透澳洲学术界"等议题，引发两国媒体舆论战。2018年，澳大利亚政府出台反外国干涉系列立法也被广泛认为是剑指中国。对此，中方以暂缓双方高层交流的态度予以回应，同时开展公共外交，阐明中澳合作的友好历史与现实成果，引发澳大利亚有识之士的舆论反弹。最终以澳大利亚总理特恩布尔做出主动示好的公开演讲，宣告双方关系回暖。

（三）强化政治与安全问题高层沟通制度

从2013年开始，中国与澳大利亚定期举办"中澳外交与战略对话"。2013年，国务院总理李克强在北京与到访的澳大利亚总理吉拉德举行会谈，正式启动中澳总理年度会晤。中澳关系2013年被提升为"战略伙伴关系"，2014年升级为"全面战略伙伴关系"。这些新举措是中方提升双方沟通水平、确保充分交流、全力寻找共识、避免决策误判的重要努力。[1]

在新时期，中澳军事交流制度建设也提升至一个新的高度，澳大利亚甚至成为中美军事交流的一个媒介。2012年10月，中国、澳大利亚、新西兰三国军队在澳共同举行人道主义救援减灾联合演练。次年，扩大为中、澳、新、美四国联合参与四边人道主义救援减灾联合室内推演。从2015年8月开始，中方派员赴澳参加"科瓦里–2015"中澳美三边陆军联训和"熊猫袋鼠–2015"中澳双边联训，此后行程每年按照惯例演习。

---

[1] 《外交部：中国与澳大利亚之间的沟通交流始终畅通》，中国新闻网，2018年8月1日，http://www.chinanews.com/gn/2018/08-01/8586492.shtml，访问时间：2019年1月30日。

（四）推动对澳新高水平经济合作

中国政府非常敏锐地察觉到南太地区的两个发达国家澳大利亚与新西兰在支持国际自由贸易体制与坚持市场开放方面与美国存在深刻分歧，因此，中国政府以坚持自由贸易原则为抓手，推进与澳新的全面经贸合作。对澳方面，最明显的创新是双方建立了自贸协定（FTA）。2014年11月，国家主席习近平访问澳大利亚，与澳总理阿博特共同宣布实质性结束中澳自贸协定谈判。2015年6月，双方在堪培拉代表两国政府正式签署中澳自贸协定。12月，中澳自贸协定正式生效。

新时期中国与新西兰的经贸合作制度建设和实际成果都创新高，突破不断。2015年，新西兰成为亚投行（AIIB）首个发达国家创始会员国，并率先注资，还成为第一个与中国达成影视剧合作制作与播放协议的国家。2016年，中新联合宣布启动自贸协定升级谈判。

（五）推动多边合作，提升互信的新战略

南太地区不同国家经济发展水平差异极大，除澳新之外，小岛国都是发展中国家甚至是最不发达国家，因此中国政府充分认识到小岛国普遍追求经济发展、加速现代化建设的需要，推动多边合作，提升互信。对新西兰方面，2013年，中国首次采用与三方合作的形式，与新西兰、库克群岛共同开展基础设施建设，受到普遍好评，为中国对外投资与援助创造了行之有效的新模式。2014年，中国将中新关系提升为全面战略伙伴关系，发表建交以来首份双边关系联合声明。① 2015年，新西兰总理特使来华出席中国人民抗日战争暨世界反法西斯战争胜利70周年纪念活动，再次说明新西兰对中国在地区安全问题上历史贡献的高度认可。

对南太岛国方面，中国坚持独立自主、相互尊重和不干涉内政的外交原则，不仅维持了既有的邦交，还通过依托战略支点国家如斐济、萨摩亚及瓦努阿图等国，打造南太"朋友圈"。自1985年胡耀邦总书记访问澳大利亚、新西兰、萨摩亚、斐济、巴布亚新几内亚等南太5国后，中国开始将后3个国家以及瓦努阿图作为南太岛国外交的重心。1990年，中国成为太平洋岛国论坛的

---

① 《中国和新西兰关于建立全面战略伙伴关系的联合声明》，中新网，2014年11月20日，http://www.chinanews.com/gn/2014/11-20/6799231.shtml，访问时间：2019年1月29日。

对话伙伴,在新时期,这种关系进一步得到全面升华。2014年11月,习近平主席在访问澳大利亚和新西兰之后,对斐济进行了国事访问,还灵活利用访问斐济的机会在楠迪同8个太平洋岛国领导人举行集体会晤并发表主旨讲话。[1]与会领导人一致同意建立相互尊重、共同发展的战略伙伴关系。2018年,利用APEC首脑峰会在巴布亚新几内亚举行的契机,习近平主席再次与建交太平洋岛国领导人举行集体会晤并发表演讲,双方建立相互尊重、共同发展的全面战略伙伴关系。很显然,中国对南太岛国外交不仅强调政治与经济利益,更强调了发展中国家身份与历史认同,推动"政策沟通"与"民心相通"。

(六)打造"一带一路"南太岛国战略支点

对南太岛国而言,"一带一路"倡议下的经济合作,成为双方全面战略伙伴关系建设的核心内容。首先是务实合作迈上新台阶。在基础设施建设方面,相比太平洋岛国,中国拥有资金和技术优势,而太平洋岛国拥有市场和需求,双方合作互补性强。其次,是协商对话展现新前景。中国—太平洋岛国经济发展合作论坛的作用不断提升,成为中国与太平洋岛国领导人协商对话的主要平台。2013年11月和2019年10月,中国广州与萨摩亚阿皮亚先后举办第二届、第三届论坛,巩固和提高了既有战略合作态势。此外,中国与南太岛国还在应对气候变化问题方面致力于消除分歧和开拓合作。[2]

总体来说,党的十八大以来,尤其是2014年11月习近平主席出访南太地区国家以来,中国对南太外交推进了有针对性的政策与实践。中国在南太地区投入了前所未有的资源,实现了远超过经济领域的多样化收益。尤其是在对南太岛国外交方面取得了新进展,完全实现了"优势互补,互利共赢",为中国全面拓展发展中国家外交积累了丰富有益的经验。

三、中国对南太区域外交的问题与展望

在中国对南太国家40多年的交往过程中,问题与挑战从来不曾消失。由

---

[1] 《习近平同太平洋岛国领导人举行集体会晤并发表主旨讲话》,人民网,2014年11月23日,http://politics.people.com.cn/n/2014/1123/c1024-26075169.html,访问时间:2019年1月29日。

[2] 徐秀军:《中国与太平洋岛国合作迎来新机遇》,《社科院专刊》2018年第451期。http://cass.cssn.cn/xueshuchengguo/guojiyanjiuxuebu/201809/t20180907_4556321.html,访问时间:2019年1月29日。

于南太地区在中国外交中长期处于相对边缘的位置，中国政府及学界对该地区基本国情，尤其是历史文化与政治传统了解不深。此外，由于长期以来视其为美国亚太战略的一个附庸式存在，中国政府对其外交可能的独立自主性认识不足，有时出现简单化或低估化的反应，这都是未来外交中需要周详处置的。21世纪以来，许多问题已经成为结构性问题，不定期地爆发，干扰中国对南太外交实践。还有一些问题则是在深化双方交往过程中积累并显现的，中国还亟待积累应对经验。

（一）中国对南太区域外交面临的挑战

1. 澳大利亚对中国崛起的掣肘

需要明确的是，澳大利亚乃至新西兰对中国崛起的紧张，"中国威胁论"的抬头，很大程度上属于周边国家对中国快速成长和"有所作为"的外交姿态不适应的结果，不能简单视其为追随美国对华战略的产物。澳大利亚对中国乃至亚洲战略决策的基本因素在于对自身力量的脆弱感。因此，作为第二次世界大战以后给澳大利亚带来最大安全感的稳定制度安排，澳方不可能轻易放弃。同时，中澳关系在各自整体外交考量中的权重从来都是不对称的。

具体表现是21世纪以来，无法否认和阻挡中国的全面崛起，但又始终无法泰然处之。澳大利亚一直期待中国会被纳入其所习惯和接受的既有国际与地区秩序安排中。当中国明显展示出独立自主的外交战略能动时，澳大利亚就陷入不心甘情愿，又无可奈何的状态，明知反华言行注定徒劳，却又按捺不住聒噪。此外，澳大利亚长期以来充当美国在南太秩序的维护者，这使得中国对澳大利亚外交政策受美国掌控的质疑具有历史合理性，双方达成战略互信难度极大。

就对澳外交而言，问题不仅在于涉澳事务重要性的变化，更在于接受中澳两国对深化政治经济关系有不同认知的现实。对中国而言，澳大利亚是中国最主要的原材料进口来源之一，中国积极推动与澳大利亚的各项经贸合作。然而，澳大利亚方面对两国关系的深化，有着较为复杂的心态。虽然企业界基本欢迎中国扩大对澳投资的立场，但仍有很大比例的政治人物与意见领袖持有不同的看法，从而导致中澳之间的种种纠纷。不仅如此，过去10年，澳大利亚朝野两党以及执政党内部纷争不休，经常通过炒作中国"干涉问题"来博眼球、求选票。而经济危机后澳大利亚基层社会种族歧视文化氛围以及民粹主义保守势力沉渣泛起，也会损害中国对澳外交的积极成效。

澳大利亚倒向美国未必是后者逼迫诱导的结果，恰恰可能是因为澳大利亚担心美国削弱对南太投入乃至弱化美澳同盟，自己会被迫重新选择安全依附对象。所以在可预见的未来，澳大利亚对中国的崛起可能始终无法持全面接受态度。

2."一带一路"建设可能的风险与争议

澳大利亚与新西兰均表示过对"一带一路"倡议的认可与接受，但由于已经存在自由贸易协定（FTA）这样的高水平合作框架，它们实际上对"一带一路"倡议没有特别积极的响应。海上丝绸之路的"南线建设"，很大程度上还是针对南太岛国展开的，而当地的问题包括：政局不稳定、治安环境恶劣、土地所有权纠纷复杂、民粹思潮对外来资本的抵制、政治腐败以及法律制度不完善等。此外，这些地区通常也是部族关系复杂且生态环境脆弱的地区，这都需要中国在推进项目合作时管控综合风险。

2009年开始爆发的巴布亚新几内亚瑞木（Ramu）镍矿问题就是一例。这个项目是由中国冶金科工股份有限公司下属公司、澳大利亚太平洋高地公司和巴布亚新几内亚政府共同建立的合资企业。这个项目从一开始就受到当地民众的反对，当地的土地所有者反对中国企业及其员工来建设镍矿，还质疑前总理索马雷给予中国冶金科工公司的优惠投资条件缺乏透明度以及该公司的环境和人权记录。2009年5月，中国工人和当地工人在矿山建筑工地上发生冲突，引发了巴布亚新几内亚全国范围内的反华骚乱和洗劫华人商铺。2014年8月，当地居民再次武装袭击了矿山工地，致使5名中国工人受伤，造成重大经济损失。

巴新马当省的太平洋海洋工业园区计划也遭遇类似问题。这个工业园区有望成为南太地区规模最大的金枪鱼捕捞和加工中心，但是当地居民认为它会对环境和传统生活造成消极影响，因此强烈反对。该工业园区计划被搁置数年后，由于国家财政赤字日趋严重，政府又重新关注这个项目。反对者则认为该项目将会破坏马当潟湖和具有高生物多样性的海域，并会打乱当地村庄自给自足的生活方式。2015年6月，马当市反华游行中发生的暴力冲突，造成人员伤亡，大批亚洲商店遭受洗劫。①

"一带一路"倡议在南太岛国的推进，还要面临建设质量监控、投资项目

---

① 翟崑、周强、胡然主编：《一带一路案例实践与风险防范：政治安全篇》，北京：海洋出版社，2017年，第237—239页。

是否造福于基层民众、所建项目是否不造成当地环境破坏以及建筑项目本身是否适应当地湿热的热带海岛环境等一系列的问题。一旦问题被国际媒体渲染放大，甚至可能对其他发展中国家的类似项目造成困扰。

3. 澳新对中国在岛国影响力扩大的抵制

作为地区大国的澳大利亚长期在南太平洋地区事务中居于领导地位。虽然澳大利亚无法阻挡中国的崛起，但是在南太岛国问题上对中国施加干扰，增加中国活动的成本，并非其能力所不及。澳大利亚在南太平洋的利益较为明确，主要是防范外来势力渗透，维护地区的安全稳定及经济利益。澳大利亚并不认为中国在南太平洋岛国持续推进"一带一路"是一种必然的威胁，但是澳大利亚的担忧仍然有增无减。①

澳大利亚外交贸易部秘书长孙芳安对"一带一路"倡议提出后中国在南太平洋岛国的活跃，也表示了安全方面的担忧。在她看来，中国不断加强的援助活动，是中国在该地区提升影响力的一个方式，而通过这种方式，中国正在无形中改变南太平洋地区的传统力量对比。2018年，新西兰国防部长罗恩·马克发布一份战略性国防政策声明，罕见地点名批评中国的南海政策，与新西兰政府一直避免批评中国的姿态大相径庭。② 2018年9月，澳大利亚与新西兰及太平洋各岛国签订新安全合作协议，正式将新西兰也纳入强化对岛国事务的管控计划中。③

4. 台湾当局可能的挑衅

鉴于"烽火外交"的历史，尽管台湾当局在争取"国际邦交"的问题上能力和意愿都大大下降，但是仍然不能排除其采取小动作的可能，尤其是在民进党当局执政不利的情况下，可能孤注一掷，通过主动挑衅，分散中国方面的注意力，同时竭尽全力损害中国国际声望，煽动反华国际舆论。2018年9月4日，太平洋岛国论坛在台湾所谓"邦交国"瑙鲁举行，会议召开前夕，瑙方要求按惯例与会的中方人员持普通护照入境，不接受外交护照。在大多数成员国和中方提出交涉，并表示将抵制会议的情况下，瑙鲁政府不得不同意中方代表团持外交护照与会。会议期间，瑙方再次不顾国际会议惯例，阻挠中方代表讲话，

---

① 邢瑞利：《"一带一路"倡议在南太平洋地区的进展、挑战及应对》，《边界与海洋研究》2018年第3期，第103页。

② 《中国被人安"新罪"：没有不折不扣接受国际秩序传统领导者的价值观》，http://baijiahao.baidu.com/s?id=1605295724621747831&wfr=spider&for=pc，访问时间：2019年3月1日。

③ 《澳新与太平洋岛国拟签新协议加强区域安全对抗中国介入》，《澳大利亚人》（中文版）2018年7月6日，https://cn.theaustralian.com.au/2018/07/06/8362/，访问时间：2018年11月5日。

对此，中方当即提出严正交涉，并提前离开会场以示抗议。出席会议的许多国家代表团也离开会场，对瑙方表示强烈不满。①在澳大利亚总理没有出席会议并努力改善对话关系的情况下，台湾方面的干扰显然是中国政府遭遇外交羞辱的主要原因。此事发生后，国际媒体对中国政府与台湾当局在南太岛国重启外交斗争表现了相当的关注和紧张。②

（二）对中国南太区域外交的展望

40余年来，中国对南太外交经历了从缺乏足够关注到逐步靠近中国外交核心舞台的过程。中国对南太外交的总体战略是在试错过程中不断走向成熟的。对南太外交的基础，首先在于继续保证综合国力持续提升，能够有更多资源投向太平洋深处。其次，中国对南太外交应该秉持周边外交基本政策和原则，积极落实中共十九大以来一系列中央决策会议确定的对外政策理念和布局，在外交实践中注意充分了解对方国情，充实巩固提高既有成就，理性看待可能的矛盾。应从下列几个重点方面入手。

1. 避免与澳、新战略对抗

强调中方在维护既有国际自由贸易秩序上与其立场一致，不因部分合作案例的失败而动摇对全局的信心。同时，中方要加大外交宣传，尤其是丰富公共外交内容，增强沟通与解释说明，增强双方的共识。澳大利亚及新西兰需要认识到，南太乃至亚太地区所谓的既有秩序是特定时代的产物，它不仅是第二次世界大战的遗产，也浸染了冷战对抗所规训的意识形态仇视与对立。在恪守开放合作与和平发展的基本原则下，中国地区影响力的提升是中国综合国力发展的自然结果。

2. 提高自身能力与制度建设

首先，中国政界与学界要强化对南太国家尤其是各个岛国历史、文化、社会、经济、政治和外交等领域的具体研究，对不同国家形成不同的具体方案。同时推出最合理的项目，重视民生需要，加强环保意识。其次，中国自身要强化投资与援助的透明度，同时要加大宣传，强调对南太岛国的援助符合当地长远需求，而且更多是响应当地政府与社会需要的结果，并非中国试图有意操

---

① 《瑙鲁多方干扰中方代表团与会　外交部回应》，观察者网，https://www.guancha.cn/politics/2018_09_05_470917.shtml，访问时间：2019年3月1日。
② 《瑙鲁办峰会刁难中国　中国特使披露与瑙鲁交锋实录》，网易新闻，http://news.163.com/18/0908/07/DR5R3II90001875O.html，访问时间：2019年1月30日。

纵。最后，发展吸纳澳大利亚与新西兰在内的多边投资与合作，化解其焦虑，深入分析其援助与投资经验，减少我方不必要的成本和消耗。

3. 加大风险管控

首先是对澳、新政局变化及其对美立场的变化有持续稳定的跟踪研究，防止意外发生，以免外交活动陷入被动。但是，中国要始终清醒认识到，中澳关系波折对中国整体外交的负面影响不大。中国应该保持既有的战略，不轻易为消除政治杂音而全面回调双边整体关系，避免牺牲经济利益投入零碎杂乱的政治唇舌之争。其次依托战略支点国家，化解岛国群体的杂音。鉴于支点国家关系的巩固，我方可淡化该地区邦交承认问题，对顽固国家不做过分乐观的期待和争取，除非有重大现实意义，不主动接触。

4. 采取多元化而有的放矢的外交

尤其是对于澳大利亚与新西兰及太平洋岛国的战略采取不同的政策。对南太外交要拓展到政治、经济与军事领域之外。尤其是强化人文交流，对澳、新主要是教育、科技和文化合作交流，对南太岛国则要更多采用全方位的民事援助与交流。

A Review on China's Diplomacy with the Region of South Pacific in the Past 70 Years

FEI Sheng

Abstract Although diplomacy with the South Pacific is a relatively weak link in China's neighboring diplomacy, the status of this region has been continuously uplifted in China's considerations of overall diplomacy work ever since the groundbreaking establishment of China's diplomatic relations in this region in 1972. Particularly, tremendous progress has been made in both the depth and the scope of China's diplomacy with this region, and a high level of institutionalization has been achieved in this field, ever since the 18th national congress of CCP. The historical change of this diplomacy is an outcome resulting from the convergence of a series of factors, including: the evolution of international and regional situations, the foreign policy adjustments of major South Pacific countries, and the more active involvements of China since its all-round rise. Based on bilateral and multilateral economic and trade cooperation, China's diplomacy with South Pacific countries is focused on uplifting its strategic cooperative partnerships with Australia and New Zealand, and highlighted by a strengthening of its all-directional cooperation and exchanges with island countries of this region. In this way, China is achieving its objective of maintaining long-term stability on the situations of this region and establishing new pivoting points in the fronts of China's diplomacy. This region will become a new arena to test the effectiveness of China's diplomacy in future.

Key Words China; South Pacific; 70 Years; China's Diplomacy with South Pacific Countries

Author Fei Sheng, Associate Professor and Ph.D. Tutor at Department of History, Sun Yat-Sen University, Researcher at Center for Oceania Studies, Sun Yat-Sen University.

中国周边外交综论

关于中国周边问题的思考[*]

中国社会科学院学部委员 山东大学特聘教授　张蕴岭

一

中国与众多国家毗邻而居，且在地缘上形成一个陆海相接的大区。从中国的角度看，与相邻国家构成一种"周邻"地缘态势，因此，就有了"周边国家"和"周边地区"这样的概念与定位。显然，周邻与周边是基于中国的视角与认知，对于中国的邻国来说，他们并不一定对此认可与接受。指出这一点很重要，因为中国人在考虑这个问题的时候需要有这个意识，以免引起误解，甚至是争议。

对中国来说，把"周边"作为认知、利益、政策与战略定位的基点具有重要意义。其原因：一则，中国与周邻地缘连接，共同形成一个共处的地缘区域，山水相连，具有共生性；二则，周边对中国具有特殊的重要性，中国应该、也可以在这个地区发挥非同一般的作用，推动有利的关系与秩序的建设。为此，中国把周边作为自己对外关系的首要并不过分。

历史上，中国与周邻曾经建立起了以"华夷秩序"（朝贡体系）为特征的周边关系与秩序。"华夷秩序"是以中国为中心的周邻相处之道，由于中国当时是最强大的国家，影响力最大，可以为周邻提供巨大的经济利益、文化借鉴以及安全保护。有些国家成为中国的属国，有些则没有，但从中国的角度，则认为"君临天下"，负有维护秩序的责任，并为此采取相应的措施；基本之策是以和为贵，必要时，也不排斥使用武力。

近代，中国衰落，西方势力扩张，"华夷秩序"解体，中国自身被入侵与

---

[*] 特稿。

陷入内乱的状态。周邻大多成为列强的殖民地，只有日本通过明治维新，成为强国，与列强争霸，大力扩张，通过军事占领、驱赶其他列强，构建所谓"大东亚共同圈"。在此情况下，中国的地缘周边被肢解，关系与秩序结构被改变，由此，中国也就失去了"周边意识"。

新中国成立，标志着中国大陆的内乱终止，开启民族复兴的进程。但是，由于中国自身仍没有完成统一，新中国的对外关系需要逐步重建合法性。中苏结盟，中国被卷入冷战漩涡，让中国与许多周邻国家陷入对抗，后来发生的中苏对抗又让中国与一些周邻国家的关系恶化。直到中国实施改革开放政策，以及后来的冷战结束，中国才完成近代历史上曾经被搞得支离破碎的周邻关系正常化。

中国的快速发展大大改变了其与周邻国家的关系结构与利益基础。中国逐步成为几乎所有周邻国家的最大或者重要贸易市场，对周边地区的投资和其他方面的投入也大幅度增加，由此，中国在周边地区的综合实力中心地位逐步提升，在此基础上，中国的"周边区域观"开始回归。这种回归至少代表两个突出的含义：其一，把中国与周邻关系作为特殊关系对待，把周边地区作为一个地缘整体区域看待；其二，把周边关系与周边地区放在对外关系的首要地位，给予更大的关注与进行更大的投入。到中共十七大，把周边是首要写入党的文件。2013年，中共中央召开首次周边工作座谈会，提出新的周边认知，即构建周边命运共同体，让命运共同体意识在周边国家落地生根。

二

由于地缘与利益的关系，中国历来重视对周边问题的研究。新中国成立后，较早的中国国际问题研究重点是研究周边国家的问题，出了不少成果。后来，特别是改革开放后，有关周边问题的研究领域拓宽，既有国别，也有区域问题，且把周边问题放在更大的视野进行观察与研究。

石源华教授提出创建中国的"周边学"，这是一个有意义的探索。应该说，周边学是一个新课题。如果是周边问题研究，那倒是比较清楚，就是研究周边国家与周边地区的各个领域的问题。按领域说，包括政治，经济、社会、文化；按国别说，则是涉及各国的诸方面的问题；按区域说，包括各国家和地区综合问题。若是周边学，则就复杂得多，也难得多，因为"学"需要提炼出其中的道理，即理论（theory）。按我的理解，构建中国周边学，至少要考虑以下几个方面：其一，周边学中的周边含义。在我看来，周边学的周边至少包括三个要素：一是我与周边，即从中国与周邻国家的关系，中国在周边区域中的利益、作用，也即基于自身对周边的认知、定位、规划与行为，提出基于中国视角的周边政策与理论；二是周边与我，即周邻国家与中国的关系，周邻国家如何看待、定位与处理与中国的关系，即基于他者的视角，提出与中国关系的政策与理论；三是他者与周边，即周边中的外部因素，包括延伸周邻地区，其他国家与周边国家的关系，其他国家，特别是大国与中国的关系及其对中国与周边国家关系与区域关系的影响。

因此，所谓周边学，可以有两种构建方法：一是以我为主的方法，基于中国的思想、利益、战略的定位，提出一套系统的理论。以这个方法所构建的周边学可能相似于古代的以中国为中心的"天下说"。有人认为，鉴于中国未来的强大，构建以"中华思想"为中心的地区关系与秩序是可能的。二是复合理论方法，基于综合因素的考虑，提出新形势下的"周边学"理论。这个方法就是我提出的"三要素"分析，综合"我、你、他"复合要素，即中国、周边国家与其他国家，构建多层结构的周边理论。

其实，作为"周边学"，不仅是我—你—他的关系问题，还要考虑地缘链接中的地域性、山水、海洋、资源等，考虑文化、宗教、民族因素等，还要考虑全球化、智能信息时代的发展与影响等，特别是要考虑大变局下的大势走向。从这个意义上说，对于周边问题的深入研究是构建周边学的前提与基础。

三

如今，中国与周边国家的关系建立在三层框架基础上：一是双边关系，即中国与周邻的关系。就政治关系而言，构建正常化的双边关系进程基本完成，只有与不丹因特殊原因没有建立正式外交关系。当代中国与周邻双边关系的一个基本特征是关系的平等性，没有像历史上的那种"华夷定位"，也没有像美国的那种同盟关系。迄今，中国与所有邻国都建立了定位不同的伙伴关系。伙伴关系是一种创新，"结伴而不结盟"是其基本特征，是新时代中国与周邻关系的一个基本地位。不过，中国与周邻的双边关系并非总是"阳光灿烂"，与一些国家还存在不同程度的遗留问题与现实矛盾，包括领土、海域争端，不时对双边关系造成影响。经济关系是发展最快的，也是最有影响的方面。中国与绝大多数国家成了紧密的经济伙伴，从贸易到投资，关系还在深化。从未来发展看,若中国由出口导向到进口引领,成为周边国家最大的出口市场,经济关系还会变得更加紧密。二是次区域关系。周邻以次区域为基础,建立了由中国参与的和没有中国参与的区域组织。由此,中国需要与这些组织发展关系,像东南亚地区国家成立了东盟,建设了东盟共同体,中国与东盟建立了"10+1"合作关系;南亚国家建立了南盟,中国作为观察员参与其中;中国、俄罗斯与中亚国家共建上海合作组织,并且实现了扩大;东北亚由于朝鲜半岛问题的阻隔,尚没有统合的区域组织,仅建立了中日韩合作机制。在次区域领域,还有"10+3"机制、东亚峰会机制、大湄公河合作机制、澜湄合作机制、图们江合作机制等。显然,这与以往中国与周边邻国的关系结构大不一样,次区机制已经成为周边关系中的重要组成部分。三是外部因素,其中,就国家而言,参与最直接,影响力最大的是美国。美国与中国一些周边邻国建立了军事同盟关系、准同盟关系、特殊伙伴国等,在日本、韩国有驻军,在离中国不远的关岛部署了强大的军事力量,就其介入程度而言,成为中国"特殊的近邻"。此外,基于地缘链接的考虑,还有延伸的次区域,构成中国视角的"大周边"定位等。显然,中国与邻国的关系已经变成一种"复杂的复合关系"了。

新一代中国领导人在提出构建人类命运共同体的同时,也提出了构建周边命运共同体。迄今,有关命运共同体的研究成果不少,但是,对命运共同体提出清晰定位、结构与实施的具体方案仍然少见。党的十九大文件的英文版把命运共同体译为"community for a shared future",这显然是体现内涵的准确意译,共同体的目的是"共享未来"。"共享未来"显然是一种理想、一种愿景,并非一个机制,而让理想或愿景成为现实,需要做出巨大的努力。就周边命运共同体的构建而言,我们可以把命运共同体作为周边复杂的复合关系的载体,以此为指导设计周边命运共同体的方案。

就总体而言,命运共同体首先需要有好的双边关系,这是基础。什么是好的双边关系呢?最基本的是不发生对抗和冲突,协商解决争端,确立共同遵守的法规,共建和解、和平、合作的长久机制。中国作为地区最大、最强的国家需要做出表率,以好的行为取得周邻的信任与信赖。在这方面,需要做的工作还很多。多个民调显示,周邻对中国的不信任度还是很高的。再则,命运共同体需要有共享的利益,这一方面可以通过中国自身发展为邻国带来利益,另一方面也要靠构建与周邻共同发展、共同受益的牢固基础。中国人口多,规模大,加上其他方面的原因,邻国担心被中国垄断或者掌控的认知并不罕见。还有,命运共同体需要有合作安全、共同安全的保证,这一方面需要建立政治信任关系，另一方面需要有效的机制与必守的规约。国家安全是立国利民的前提，至少需要解决两个方面的不安全：一是相互间的不安全，二是第三方因素的不安全。中国作为一个综合力量上升的大国，往往被视作为挑战者，或者"修正主义者"，即挑战与修正现行的规范、机制、秩序，从而引发对抗与冲突。很多舆论导向对中国并不利。

中国一再宣称始终不渝地走和平发展的道路，不走传统大国扩张、争霸、称霸的老路，做新型大国。但他国更重视的是中国的行为，而且对中国的检验也需要时间。其实，新中国成立以来，先后提出了一系列如何与邻国相处的好理念、好原则、好倡议，如，和平共处五项原则，安邻、睦邻、富邻与"亲诚惠容"理念等。然而，出于复杂的原因，新中国与周边国家的关系并不顺畅，所有的战事都是在周边发生的，大多是与邻国打的，这对中国的形象产生了不好的印记，也会增加周邻国家对强大中国的担心。从这个意义上说，中国推动周边命运共同体的建设，特别是与周邻国家同心协力一起构建是一个长的进程。

从大的视野分析，我们处在一个"百年大变局"的时期。如果这个百年从进入新千年开始算起，那目前才是百年变局的开始期。在百年大变局中，中国自身的变化以及由此所产生的影响是最重要的变量之一。实现民族复兴的中国必定要在推动世界和地区新发展、新关系、新秩序上发挥重要作用，从这个角度说，周边是中国发挥作用的"样板田"，既向地区展示中国，也向世界展示地区。

改革开放40年中国周边外交的理念与实践

李 文　刘铭赜

【内容提要】 周边地区作为中国实现民族复兴的重要战略依托，决定了周边外交在中国外交布局中占有极为重要的地位。十一届三中全会以来，随着对周边关系重要性的认识不断深化，我国的周边外交理念日趋发展与成熟，引导中国周边外交在实践上不断取得新进展。在中国特色社会主义进入新时代后，习近平总书记提出"一带一路"倡议，为中国与周边国家构建具有共商共建共赢特点的新合作框架。随着"一带一路"建设的落地生根，一个共同发展、共同繁荣的周边命运共同体正在由理想变成现实。

【关键词】 改革开放　周边外交　一带一路　周边命运共同体

【作者简介】 李文，中国社会科学院美国研究所研究员；刘铭赜，吉林师范大学马克思主义学院讲师。

同世界其他大国相比，中国的周边地缘环境最为复杂。首先，我国是世界上拥有邻国最多的国家，周边国家多达29个，其中直接接壤邻国就有14个。其次，我国是历史悠久的文明古国，周边不少国家与我交往很深，接触很广，历史上的一些恩怨现在仍有影响。再次，我国周边的多样性突出，各国社会制度不同，发展水平各异，各种文化、民族和宗教聚集在我国周围。最后，我国周边也是世界各主要大国利益交汇之地，冷战时期曾形成不少"热点"，有些至今尚未彻底解决。这些因素决定了中国周边外交面临的任务具有复杂性与艰巨性，也凸显了中国周边外交理念与实践本身具有特殊重要的意义与价值。

一、改革开放以来中国周边外交理念的变革与发展

改革开放以来,以邓小平同志为核心的党的第二代中央领导集体,以江泽民同志为核心的党的第三代中央领导集体,以胡锦涛同志为总书记的党中央,都高度重视周边外交,提出了一系列重要战略思想和方针政策,开创和发展了对我国总体有利的周边环境。党的十八大以来,以习近平总书记为核心的党中央在保持外交大政方针延续性和稳定性的基础上,积极运筹外交全局,突出周边在我国发展大局和外交全局中的重要作用,提出周边外交新思路,开创周边外交新局面。

(一)邓小平理论为新时期周边外交提供科学指南

在中国共产党十一届三中全会和十二大、十三大、特别是十四大的基础上,中央建议十五大在党章中把邓小平理论确立为党的指导思想,明确规定:中国共产党以马克思列宁主义、毛泽东思想、邓小平理论作为自己的行动指南。

党的十一届三中全会开启中国改革开放,果断地纠正了"以阶级斗争为纲",全党的工作重心开始转移到经济建设。为给经济发展赢得一个和平稳定的国际环境,改革开放的总设计师邓小平科学判断世界发展大趋势,提出一系列具有拨乱反正重大历史转折意义的观点和主张,将中国外交的指导理念由斗争哲学转变为合作哲学,为新时期中国周边外交提供了科学指南。

在改革开放之初,邓小平同志科学地观察国际形势的变化,认为当今时代的主题是"和平与发展",而不再继续是"战争与革命"。邓小平同志认识到,现在的世界是开放的世界,中国的发展离不开世界,"中国要实现自己的发展目标,必不可少的条件是安定的国内环境与和平的国际环境。"[1] 因此,中国处理与世界各国的关系应该立足于和平合作,而不是对立对抗,主张重新确定国际战略,调整对日、对美、对苏关系,发展同周边国家和第三世界国家的友好关系,为新时期党和国家工作中心转移到经济建设创造良好的外部条件。

1978年,74岁的邓小平相继访问了缅甸、尼泊尔、朝鲜、日本、泰国、马来西亚、新加坡7个周边国家。出访的重要目的之一就是向周边国家阐明中

---

[1] 邓小平:《邓小平文选》(第三卷),北京:人民出版社,1993年,第360页。

国外交理念将由革命思维转变为合作思维,消除"文化大革命"的负面影响,缓和与一些国家的紧张关系,以获得周边国家对中国以往不恰当做法的谅解,以及对今后改变战略的理解与支持。

解放思想、实事求是,是邓小平建设有中国特色社会主义理论的精髓。打破保守僵化的极左思维,在国际社会不再以意识形态划线,而是从是否符合国家利益的角度发展与世界各国的关系,是改革开放的重要组成部分,更是中国外交理念一大历史性变革。在邓小平同志的领导下,改革开放后的中国放弃了按照意识形态和社会制度划分敌我的错误做法,开始以是否有利于中国经济发展,是否有利于增进中国国家利益为标准发展与世界各国的友好关系。

淡化意识形态因素的一个突出表现是放弃结盟外交,主张在平等的基础上与所有国家交往,不再强调谁是敌人谁是朋友。1984年5月,邓小平在概括新时期中国外交的指导原则时指出:"中国的对外政策是独立自主的",即不结盟、不孤立、不对抗,不针对第三国,全方位进行外交活动,其核心是不结盟。1988年9月21日,邓小平在会见来访的斯里兰卡总统普雷马达萨时说,中国坚定不移的对外政策是反对霸权主义,维护世界和平。既要建立国际经济新秩序,又要建立国际政治新秩序。发展中国家需要的好的国际环境是没有战争的、和平共处的国际环境。12月2日,邓小平在会见日本贸促会访华团时又指出,目前是建立国际政治新秩序的时期。国际政治领域由对抗转为对话,由紧张转向缓和,出现了许多新的情况,因此,应该提出一个建立国际政治新秩序的理论。[①] 这个新秩序,包含了结束结盟对抗,在坚持和平共处五项原则与独立自主的基础上,同包括周边国家在内的所有国家交朋友的内容。邓小平明确指出:"中国不参加任何集团,同谁都来往,同谁都交朋友,谁搞霸权主义就反对谁;将国家主权、安全放在第一位,主权问题不是一个可以讨论的问题,我们不能成为任何外国的附庸,不会吞下损害中国利益的苦果。"[②]

1989年10月,邓小平在会见美国前总统尼克松时说:"考虑国与国之间的关系主要应该从国家自身的战略利益出发。着眼于自身长远的战略利益,同时也尊重对方的利益,而不去计较历史的恩怨,不去计较社会制度和意识形态的差别。"[③] 这是中国官方首次明确表态中国外交不再以意识形态划线。江泽民在

---

① 《1988年9月21日邓小平提议建立国际政治新秩序》,人民网,2003年8月1日,http://www.people.com.cn/GB/historic/0921/3106.html。
② 邓小平:《邓小平文选》(第三卷),第128页。
③ 同上,第320页。

党的十四大报告中指出:"中国愿意在和平共处五项原则的基础上,同所有国家发展友好合作关系。社会制度和意识形态的差别,不应成为发展国家关系的障碍。"这是党中央第一次在全国代表大会报告中表明对不以意识形态作为外交考量的立场。① 实际上,从1978年开始,邓小平就透过意识形态与社会制度的差异,开始把周边在经济发展方面取得成就的资本主义国家作为中国发展的参照系和学习的对象,并认识到世界上许多国家特别是我们周边的一些国家和地区都在加快发展。如果我国经济发展慢了,社会主义制度的巩固和国家的长治久安都会遇到极大困难。邓小平明确指出:"抓住时机,发展自己,关键是发展经济。现在,周边一些国家和地区经济发展比我们快,如果我们不发展或发展得太慢,老百姓一比较就有问题了。"②

1978年9月,邓小平会见了日本新闻界的一批客人。谈话中,他对到20世纪末中国的四个现代化做出了新的解释。他说,就是到这个世纪末,我们实现了四个现代化,我们也还是不富,我们的水平比你们差得远。这段话明白地表现出当时的邓小平已经清醒地看到了中国与日本等发达国家的差距,并表现出邓小平更倾向于将以日本为代表的周边国家作为中国实现现代化的参照系。

1978年10月,邓小平对日本进行了为期8天的访问,除了交换中日和平友好条约批准书以外,另一个重要目的就是加深对日本现代化的感受,见识日本的先进经验和技术,深入思考中国的现代化进程。在日本众参两院议长举行的欢迎宴会前,邓小平说:日本早有"蓬莱国"之称,听说有长生不老药,但是我想把日本发展科学技术的先进经验作为礼物带回去。访问期间,邓小平以极大的兴趣参观工厂企业,考察日本经济。在神奈川县日产汽车制造厂,邓小平了解到,这里的劳动生产率比当时的中国长春第一汽车制造厂高几十倍。他感慨地说:"我懂得什么是现代化了。"③ 在一次记者招待会上,邓小平更为明确地表示:"中国必须承认自己落后,不是美人就不要硬说自己是美人。在科学技术和经营方面,我们需要很好地向发达国家、特别是日本学习。"④

新加坡是另一个给邓小平同志留下深刻印象的国家。美国哈佛大学教授傅高义(Ezra Feivel Vogel)所著《邓小平时代》记录了邓小平1978年11月出访新加坡的经历。根据该书记载,邓小平对新加坡的变化印象深刻,"新加坡使

---

① 江泽民:《江泽民文选》(第一卷),北京:人民出版社,2006年,第244页。
② 邓小平:《邓小平文选》(第三卷),第375页。
③ 电视文献纪录片《邓小平》,中共中央文献研究室、中央电视台联合摄制。
④ 转引自冯昭奎:《对话:北京和东京》,北京:新华出版社,1999年,第90页。

他更加坚信中国需要进行根本性的变革"。① 在回国后的一次有关利用外资的讲话中，邓小平谈到了新加坡的做法："我到新加坡去，了解他们利用外资的一些情况。外国人在新加坡设厂，新加坡得到几个好处，一个是外资企业利润的百分之三十五要用来交税，这一部分国家得了；一个是劳务收入，工人得了；还有一个是带动了它的服务行业，这都是收入。"②

改革开放初期，中国与周边一些国家存在领土主权和海洋权益争端，如中日钓鱼岛与东海划界问题，中国与越南、菲律宾、马来西亚等国在南海地区的争端等。为避免这些争端不对我国发展与周边国家的关系构成严重影响，邓小平创造性地提出了"主权在我，搁置争议，共同开发"的解决思路。这一思路的提出和实施对缓解中国与周边相关国家的关系，消除与周边国家发展的障碍产生了重要而又积极的影响。同时，这一理念的提出，也为世界其他国家和地区存在的领土主权纠纷问题提供了新的解决思路。

邓小平的周边外交理念对我国在改革开放初期的周边外交起到重要指导作用。江泽民在十四大报告中总结邓小平时代的外交工作时指出："在复杂多变的国际形势下，我国对外工作取得了重大成就。我们同周边国家的睦邻友好关系处于建国以来的最好时期，同广大发展中国家的团结合作进一步巩固和加强，同世界各国包括西方发达国家的关系在和平共处五项原则基础上得到了改善和发展。"③

（二）对周边关系重要性的认识不断深化

以邓小平同志为核心的党的第二代中央领导集体为新时期中国外交尤其是周边外交奠定的总基调为出发点，中国历届党和国家领导人对周边关系重要性的认识不断获得深化与提高。

在十五大报告中，江泽民总书记明确指出："我们进行社会主义现代化建设，需要一个长期的和平国际环境特别是良好的周边环境。"④ 从党的十三届四中全会至十六大，以江泽民同志为核心的党的第三代领导集体身体力行，与时俱进，创造性地继承和发展了邓小平同志与改革开放进程相一致的外交战略思

---

① 傅高义：《邓小平时代》，北京：生活·读书·新知三联书店，2013年，第287页。
② 邓小平：《邓小平文选》（第二卷），北京：人民出版社，1983年，第199页。
③ 邓小平：《江泽民文选》（第一卷），第241页。
④ 江泽民：《高举邓小平理论伟大旗帜，把建设有中国特色社会主义事业全面推向二十一世纪》，《人民日报》1997年9月22日。

想，将推进睦邻友好、开创周边和平环境作为外交工作的首要任务之一。在总结我国对外工作经验的基础上，江泽民同志在2001年10月提出"三个着眼于"战略思想：要着眼于世界战略格局运筹大国关系，着眼于地缘战略态势积极经略周边，着眼于扩展战略空间大力开展多边外交。[①] 这为我国在21世纪实施正确的外交和国际战略，促使国际环境继续朝着有利于我国的方向发展提供了有力的指导。从1989年到2002年13年间，在以江泽民同志为核心的党中央第三代领导集体的外交理念指引下，中国外交取得显著成就，中国的国际地位空前提高，中国的国际形象为世人瞩目和赞赏，基本上形成了以大国外交为关键、以周边外交为依托、以发展中国家外交为基础、以多边外交为舞台的跨世纪全方位外交新格局。党的十六大报告指出："二十一世纪头二十年，对我国来说，是一个必须紧紧抓住并且可以大有作为的重要战略机遇期。"在党的十六大以后的十年，在以胡锦涛同志为总书记的党中央领导下，中国周边外交的地位明显上升。2003年8月25日，胡锦涛同志在驻外使节小型座谈会上发表重要讲话，第一次明确提出"正确处理大国是关键、周边是首要、发展中国家是基础的关系"。[②] 此后，发达国家、周边国家、发展中国家、多边一直是党的代表大会报告中的基本排序，周边外交上升到首要位置一直没有发生变化。

作为中国共产党总书记，胡锦涛同志是第一位对周边外交的重要性进行系统阐述的党和国家领导人。胡锦涛同志指出："周边国家同我国邻近，交往密切。我们争取有利国际环境，首先要从周边做起。从一定意义上讲，我国大量机遇在周边，大量挑战也在周边；富有希望的是周边，容易出问题的还是周边。周边工作做好了，有利于改善和发展同各大国的关系，也有利于我国加强和巩固同发展中国家的团结合作。我国同周边国家关系越发展，合作越强，周边越稳定，我国安全和根本利益就越有保障。"[③] 在胡锦涛同志周边外交理念的指导下，中国政府着力夯实周边战略依托。坚持"与邻为善、以邻为伴"方针，同周边国家高层交往频繁，政治互信不断加深，务实合作日益扩大，人文交流十分活跃。从2002年到2012年，我国在周边的影响力稳步增强，越来越多的周边国家把自身的发展同中国联系在一起，周边大国间的对话与协调进一步加强，周边日益成为我国实现全面建设小康社会战略目标的牢固地缘依托，为我国把握战略机遇期快速发展自己创造了有利条件。

---

① 江泽民：《江泽民文选》（第三卷），北京：人民出版社，2006年，第352—356页。
② 胡锦涛：《胡锦涛文选》（第二卷），北京：人民出版社，2016年，第95页。
③ 同上，第96页。

党的十八大以来，党中央积极运筹外交全局，突出周边在我国发展大局和外交全局中的重要作用，开展了一系列重大外交活动。特别应该指出的是，2013年10月24日至25日，在习近平总书记的主持下，中共中央召开周边外交工作座谈会。这是新中国成立以来中共中央首次专门召开的周边外交工作座谈会，表明以习近平同志为核心的党中央对周边外交的重视上升到一个新的高度。在座谈会上，习近平总书记指出周边对我国具有极为重要的战略意义，将周边外交的重要性上升到关系到能否实现"两个一百年"奋斗目标、实现中华民族伟大复兴的高度加以认识，提出思考周边问题、开展周边外交要有立体、多元、跨越时空的视角。审视我国的周边形势，我国同周边国家的经贸联系更加紧密、互动空前密切，客观上要求我们的周边外交战略和工作必须与时俱进、更加主动。习近平总书记还提出要更加奋发有为地推进周边外交，为我国发展争取良好的周边环境，使我国发展更多惠及周边国家，实现共同发展。[①]

（三）周边外交理念的丰富与发展

从着眼于和平稳定到立足于合作共赢，是改革开放40多年来中国周边外交理念发生的最为显著的改变。

江泽民同志在1993年1月13日中央军委扩大会议上指出："对周边国家，我们要按照稳定周边的方针，多做工作，消除疑虑，促进睦邻友好；妥善处理涉外事务，力争以和平协商方式逐步解决某些争端；对一时难以解决的问题，要在稳定现状的前提下，积极创造条件逐步加以解决，不能急于求成。"[②] 1997年召开的党的十五大报告指出："要坚持睦邻友好。这是我国的一贯主张，决不会改变。对我国同邻国之间存在的争议问题，应该着眼于维护和平与稳定的大局，通过友好协商和谈判解决。一时解决不了的，可以暂时搁置，求同存异。"[③] 2002年召开的党的十六大报告指出："我们将继续加强睦邻友好，坚持与邻为善、以邻为伴，加强区域合作，把同周边国家的交流和合作推向新水平。"[④] 2007年召开的党的十七大报告指出："我们将继续贯彻与邻为善、以邻为伴的周边外交方针，加强同周边国家的睦邻友好和务实合作，积极开展

---

① 《习近平在周边外交工作座谈会上发表重要讲话》，《人民日报》2013年10月25日。
② 江泽民：《江泽民文选》（第一卷），第289页。
③ 同上，第40页。
④ 江泽民：《江泽民文选》（第三卷），第567页。

区域合作，共同营造和平稳定、平等互信、合作共赢的地区环境。"① 2012年召开的党的十八大报告指出："我们将坚持与邻为善、以邻为伴，巩固睦邻友好，深化互利合作，努力使自身发展更好惠及周边国家。"② 2017年召开的党的十九大报告："按照亲诚惠容理念和与邻为善、以邻为伴周边外交方针深化同周边国家关系。"③

上述报告清晰地表现出中国周边外交理念随着与周边国家关系不断改善而不断发展的基本脉络。从1992年到2002年，我国周边外交的主要任务是消除疑虑、稳定周边，用和平协商的方式解决争端，维护和平稳定大局。随着中国与周边关系的改善以及不稳定、不确定因素的减少，在2002年到2012年，坚持与邻为善、以邻为伴，加强区域合作，共同营造和平稳定、平等互信、合作共赢的地区环境，构成中国周边外交理念的主要内容。随着中国综合国力的增强和国际地位的提升，中国特色社会主义进入新时代，自2012年开始，"亲诚惠容"，通过深化互利合作深化同周边国家关系，与周边国家实现共同发展、共赢发展，成为中国外交新理念的主要方面。

从依照"睦邻、安邻、富邻"方针发展睦邻友好，到遵循"亲诚惠容"理念构建周边命运共同体，是改革开放40年中国周边外交理念经历的一个重大变化。

进入21世纪后，面对与周边关系出现的新变化，中国共产党与中国政府在坚持既有的"与邻为善、以邻为伴"的睦邻外交政策基础上，提出以"睦邻、安邻、富邻"为核心内容的新的周边外交政策。该政策最早是温家宝总理在2003年10月出席东盟商业与投资峰会所提出。温家宝总理指出："'睦邻'就是继承和发扬中华民族亲仁善邻、以和为贵的哲学思想，在与周边国家和睦相处的原则下，共筑本地区稳定、和谐的国家关系的结构。'安邻'，就是积极维护本地区的和平与稳定，坚持通过对话增进互信，通过和平谈判解决分歧，为亚洲的发展营造和平安定的地区环境。'富邻'，就是加强与邻国的互利合作，深化区域和此区域合作，积极推进地区经济一体化，与亚洲各国实现共同发

---

① 胡锦涛：《高举中国特色社会主义伟大旗帜　为夺取全面建设小康社会新胜利而奋斗》，《人民日报》2007年10月25日。
② 胡锦涛：《坚定不移沿着中国特色社会主义道路前进　为全面建成小康社会而奋斗》，《人民日报》2012年11月9日。
③ 习近平：《决胜全面建成小康社会　夺取新时代中国特色社会主义伟大胜利》，《人民日报》2017年10月27日。

展。"① 其实质是中国与周边国家平等友好的基础上，实现共同安全和共同繁荣，"表明中国正在把自身的利益同周边国家的利益紧密地联结在一起以实现共同发展，这意味着中国开始更多地把它们看成是自己的伙伴和朋友。"② "睦邻、安邻、富邻"周边外交理念既是对新中国成立以来传统周边外交的继承与发展，又为未来的周边外交实践提供了指南。

　　面对新的国内外形势，党的十八大以来，以习近平总书记为核心的党中央对周边外交理念注入新内涵。2013年10月中央周边外交工作座谈会上，习近平指出："我国周边外交的基本方针，就是坚持与邻为善、以邻为伴，坚持睦邻、安邻、富邻，突出体现亲、诚、惠、容的理念。"要坚持睦邻友好，守望相助，多走动、多做得人心、暖人心的事，增强亲和力、感召力、影响力。要诚心诚意对待周边国家，争取更多朋友和伙伴。本着互惠互利的原则同周边国家开展合作把双方利益融合提升到更高水平，让周边国家得益于我国发展，是我国从周边国家共同发展中获得裨益和助力。要倡导包容的思想，以更加开放的胸襟和更加积极的态度促进地区合作。③ "中华民族历来注重敦亲睦邻，讲信修睦、协和万邦是中国一以贯之的外交理念。中国视周边为安身立命之所、发展繁荣之基。我们提出了亲、诚、惠、容的周边外交理念，就是要诚心诚意同邻居相处，一心一意共谋发展，携手把合作的蛋糕做大，共享发展成果。"④ "亲诚惠容"根植于中国传统文化之中，在实践过程中，中国政府真诚欢迎周边国家搭乘中国发展的便车，积极参与和构建各种合作平台，为维护地区和平，促进地区发展发挥建设性作用。

　　倡导新"义利观"，即从原来更多地强调与周边国家形成互惠高效到强调互惠的同时"更多惠及周边"，是十八大以来习近平总书记新时代周边外交理念的一大创新。在中国周边，除日本等少数发达国家外，绝大多数国家都属于发展中国家。它们与中国有着相同或相近的历史境遇，同时也普遍面临经济发展落后、基础设施薄弱、资金短缺等发展难题，在不平等的国际政治经济秩序中长期处于弱势地位，经常受到不公平对待。与某些西方国家的霸权主义和强权政治行径相反，习近平主席的周边外交理念继承和发扬了中国传统文化的道德规范和行为准则，明确提出"坚持正确义利观，有原则、讲情义、讲道义，

---

① 温家宝：《中国的发展与亚洲的振兴》，《人民日报》2003年10月8日。
② 王光厚：《可持续发展中的中国周边外交》，长春：吉林大学出版社，2013年，第95页。
③ 《习近平在周边外交工作座谈会上发表重要讲话》，《人民日报》2013年10月25日。
④ 习近平：《论坚持推动构建人类命运共同体》，北京：中央文献出版社，2018年，第157页。

多向发展中国家提供力所能及的帮助"。① 主张先义后利，义利兼顾，义利平衡，坚决反对各种实行的霸权主义和强权政治行径，既不乘人之危，也不落井下石。党的十八大以后，中国政府加大了在经济、教育、农业等领域对周边国家的援助力度，大力支持周边国家发展民族经济、提高人民福祉的行动和主张，帮助周边国家提高和增强自身发展的能力，明显提升了我国对周边国家的影响力与周边国家对我国的信任。

提出构建周边命运共同体，是新时代中国周边外交理念发展达到新高峰的重要标志。当今世界，亚太地区已经成为最具活力的地区，也是发展速度最快的地区，但也是利益交错最为复杂的地区，政治、经济、安全、文化等领域差异巨大，同时面临着巨大的发展挑战。如何让不同文明、不同国家在交流互鉴与竞争合作中实现共同发展，增加互信，推动亚洲整体繁荣，是包括中国在内的所有亚洲国家必须思考和解决重大问题。中国作为亚洲的一员和当之无愧的大国，无可选择的地理因素和自身的大国属性已经注定了中国在维护亚洲和平与促进发展中负有更大的历史责任。因此，面对新的国际环境，结合中国发展的现状和民族复兴的历史重任，党的十八大以来，以中国传统的天下情怀为出发点，习近平总书记站在人类历史发展的高度，提出打造人类命运共同体的伟大构想，并在这一理念的指引下，针对周边外交领域，先后提出中国—东盟命运共同体、亚洲命运共同体、亚太命运共同体等构想。2014年11月28日，习近平总书记在中央外事工作会议上发表重要讲话，更加明确地指出，要切实抓好周边外交工作，打造周边命运共同体。② 2015年11月7日，习近平总书记在新加坡国立大学发表演讲，再次指出："中国始终将周边置于外交全局的首要位置，视促进周边和平、稳定、发展为己任。中国推动全球治理体系朝着更加公正合理方向发展，推动国际关系民主化，推动建立以合作共赢为核心的新型国际关系，推动建设人类命运共同体，都是从周边先行起步。"③ 从本质而言，周边命运共同体就是中国与周边国家在合作共赢思想的指引下，齐心协力打造一个政治上相互尊重、平等相待；经济上合作共赢、共同发展；文化上兼容并包、交流互鉴；安全上共同、综合、合作、可持续的，利益共享、责任共担、

---

① 习近平：《为我国发展争取良好周边环境 推动我国发展更好惠及周边国家》，《人民日报》2013年10月26日。
② 习近平：《论坚持推动构建人类命运共同体》，第201页。
③ 《习近平：中国始终将周边置于外交全局的首要位置》，新华网，2015年11月7日，http://www.xinhuanet.com/politics/2015-11/07/c_1117070341.htm。

风险共承的共同体。为实现这一目标,中国政府不但借助既有的合作机制,同时主动创建新的合作平台,提出"一带一路"倡议、发起成立亚投行,推动和参与其他多边合作机制,这些新举措构建了中国周边外交的全新局面。

二、改革开放以来中国与周边国家关系的发展

改革开放前,中国与周边国家的关系主要是在双边关系层面上展开,基本上是围绕着政治与安全等高级政治议题而进行,虽有一定范围的经济往来,但这种经济交流往往也是服从于双方的政治、安全的需要。改革开放之后,随着国门的打开,中国政府开始重新审视周边国家和地区对中国发展的作用和意义,紧紧抓住我国发展的重要战略机遇期,积极主动地与周边国家发展睦邻友好关系,使我国与周边国家联系日益获得增多和加强,与周边国家共同利益点越来越多,尤其是经济关系取得了突飞猛进的进展,涉及范围和领域越来越广泛。在双边外交获得巨大成就的同时,多边外交渐渐成为中国周边外交的新舞台。中国与周边国家关系渐渐步入良性发展轨道。

(一)双边关系获得显著改善

国际交往以国家之间的双边关系为基础。改革开放以来,随着中国周边外交理念的变革与发展,以邓小平为代表的党和国家领导人,在推动中国与周边国家双边关系发展问题上进行了卓有成效的外交活动,使得周边外交呈现出稳故与结新、恢复与发展、拓宽与提升等新特点。

结交新朋友,不忘老朋友,自古以来就是中国人的交友之道,这在中国对外关系当中也有很好的体现。十一届三中全会之后,在周边外交上,中国在继续稳定和夯实与传统的周边友好国家关系基础上,不断扩大周边的朋友圈,结交新朋友。1978年,中美正式建交,20世纪90年代,中国先后与新加坡、文莱、韩国、哈萨克斯坦、塔吉克斯坦、乌兹别克斯坦、吉尔吉斯斯坦等邻国正式建立外交关系,由此也迎来了周边外交新高潮。截至目前,中国已经与除不丹之外的所有周边国家都建立起正式的外交关系。改革开放至今,虽然中国与周边个别国家之间偶有龃龉,但是并未对双边关系造成颠覆性的破坏。

新中国成立初至改革开放前,中国与大多数周边国家都建立起了正式外交关系,但由于冷战的影响以及国内政治出现动荡,导致中国与部分周边国家关系出现了严重倒退,甚至与个别国家中断了外交关系。改革开放之后,中国立

足于和平友好，着手恢复和改善与周边部分国家在"文化大革命"时期遭到严重破坏的双边关系，使周边环境获得根本性改善。在短短十几年的时间里，中国先后实现了与苏联、越南、老挝以及蒙古国关系的正常化，恢复了与印度尼西亚之间的外交关系，中印关系也有所改善。

在恢复与改善与部分周边国家的双边关系的同时，中国还积极推动与一些周边国家之间的关系朝着更加健康、可持续性的轨道方向发展。1978年，邓小平作为首位访问日本的中国国家领导人，促成两国签署了《中日和平友好条约》，为中日关系未来的发展定下了基调。进入20世纪90年代后，在错综复杂与变幻莫测的国际形势下，中国政府积极开展伙伴外交，将与周边国家之间的关系提高到一个新的高度。1996年，中俄宣布建立"战略协作伙伴关系"。2001年7月，中俄两国元首签署《中俄睦邻友好合作条约》，为保障中俄两国关系健康顺利发展奠定了基础。1997年，中美宣布建立"面向21世纪的建设性的战略伙伴关系"。1998年，中日宣布"致力于和平与发展的友好合作伙伴关系"。

在与周边大国结成伙伴关系的同时，中国与周边一大批发展中国家结成了不同层次的伙伴关系。1996年，江泽民主席访问南亚三国，经过协商，确定与巴基斯坦建立面向21世纪的全面合作伙伴关系，与尼泊尔建立世代友好的睦邻伙伴关系，与印度建立面向未来的建设性伙伴关系。此后随着双边关系的发展，相应的伙伴关系也不断得到提升。2014年5月起，中俄关系提升至全面战略协作伙伴关系新阶段。2015年4月，习近平访问巴基斯坦期间，双方一致决定将双边关系提升为全天候战略合作伙伴关系，这也是目前中国伙伴外交中层次最高的双边关系。一系列伙伴关系的确立，给予中国与周边相关国家关系以全新的定位，为中国与周边国家各领域合作的深化搭建了新的平台。①

改革开放前，政治、安全这类国家间关系的高级别议题主导着中国与周边国家间关系的内容，这种双边关系虽然简约，但不免有些偏颇。随着国际风云的变幻以及改革开放的实施，全方位外交渐渐成为中国周边外交的主导思想，使得原有的双边关系的内容不断拓宽和提升。从双边关系所包含的内容而言，政治、经济、文化、安全、教育、卫生等几乎所有领域都得到了长足的发展，尤其是经济领域所取得成绩更加突出和明显。目前中国已成为中国周边绝大多数国家的最大贸易对象国，经济关系已经成为中国与周边国家关系发展的重要

---

① 王光厚：《可持续发展中的中国周边外交》，长春：吉林大学出版社，2013年，第102页。

纽带和推动双边关系发展重要推动力。在双边关系内容不断扩展的同时，双边外交的层次也在不断提升，首脑外交渐渐成为中国与周边国家交往的重要方式，对于当事国而言，"首脑之间的直接交往不仅可以避开一些纠缠不清的技术细节，直面问题的核心，而且在很多情况下还可以避开外交上的繁文缛节，以个人之间的情谊化解看似不可调和的利益冲突。"①

改革开放至今，中国领导人出访的频次明显在增加，来华访问的各国首脑的数量也在大幅增加。同时，在首脑外交发展过程中，中国与周边国家领导人之间还建立起了较为稳定的定期会晤机制。首脑外交的频繁展开表明了中国与周边国家关系的不断提升，进一步推动了中国与周边国家关系的向前发展。其中，最为典型和成功的案例莫过于中俄领导人的互访和会晤机制，对推动中俄关系的健康发展发挥了重要的作用。

（二）主动参与、引导区域合作

伴随着改革开放的进行和国际形势的变化，中国对区域多边合作机制的态度逐渐发生变化，对多边合作机制经历了由被动参与再到主动参与乃至主动创建的过程，从1991年首次以主权国家身份加入亚太经合组织（APEC）到2001年参与创建上海合作组织，再到2015年由中国首倡创建亚洲基础设施投资银行，改革开放后的中国在周边区域多边外交中渐入佳境，日趋成熟。

在改革开放之初，中国对于诸多的多边合作机制或国际组织尚抱有怀疑和观望的态度，格外谨慎小心。但同时，在和平与发展的时代主题和全球化的大背景下，多边合作机制有着很多双边合作机制所不具有的优点，改革开放的中国又不可避免地要与形形色色的国际组织或多边合作机制产生联系。基于此，中国对于多边合作机制采取了试探性的方式，即中国有加入多边合作机制的需求与愿望，但又不希望对自身的主权和安全带来损害。在这样的心理作用之下，改革开放后不久，在区域多边外交中，中国先后加入亚太经合组织和东盟地区论坛这样约束力不强、成员众多、没有主导国、以协商一致原则做最后决定的区域合作机制，迈开了区域外交重要的一步。

经过短暂的尝试，随着对多边外交的认识日渐深入，进入20世纪90年代中期，在经济全球化大潮下，为推动自身经济发展，加速与周边地区的融合，创造更加有利的外部环境，中国开始积极主动地加入和参与一系列周边区域多

---

① 张清敏：《中国修宪：提升首脑外交》，《世界知识》2004年第8期，第63页。

边合作机制。政治领域,中国先后参与"10+1""10+3"、东亚峰会,2005年成为南亚区域合作联盟观察员,并于2007年首次以观察员身份参加南盟峰会;经济领域,参加东亚展望小组,推动图们江区域合作、大湄公河区域合作以及区域全面经济伙伴关系协定,建立中国—东盟自贸区,参加并签署《清迈协定》;安全领域,参与亚信会议及其后亚信峰会的建设,加入亚太安全合作理事会、香格里拉对话、参加东北亚安全合作对话和朝核六方会谈,签署《南海各方行为宣言》,加入《东南亚友好合作条约》。除此之外,在环境、打击跨国犯罪和毒品贸易等领域,中国也加入和参与了一系列地区性的正式与非正式的制度安排。通过加入和参与各种区域多边合作机制,一方面为中国多边外交积累了丰富的经验,展示了中国参与周边区域治理的热情;另一方面也扩大了中国与周边国家接触的范围,增强了中国与周边国家的互信,有利于存在于周边区域的形形色色的"中国威胁论",进而为经济发展营造了良好的外部环境,同时也为新时代构建周边命运共同体打下基础。

进入21世纪,随着中国综合国力的大幅攀升,中国在周边区域多边外交领域愈加成熟与自信,在积极参与业已加入的周边区域合作机制的基础上,顺应国内外形势发展的需要,开始步入主动构建区域多边合作机制的新时代。2001年2月,博鳌亚洲论坛在海南举行,并将论坛总部永久设立在海南。同年6月,在"上海五国"合作机制基础上,中国与俄罗斯、哈萨克斯坦、塔吉克斯坦、吉尔吉斯斯坦、乌兹别克斯坦成立上海合作组织。两大多边外交机制的创建,可以说是中国主动构建区域多边合作机制的大胆尝试,但两者的构建并非完全由中国所倡议。2015年,中国在周边区域外交上有了新的突破,即在中国倡议并得到诸多国家响应下创建了亚洲基础设施投资银行,从而实现了中国多边外交由主动参与到主动构建过程,标志着中国周边多边外交迈入了新的时代。党的十八大以后,习近平主席更是向周边国家提出构建"亚洲命运共同体"构想和"一带一路"倡议,为中国与周边国家关系的发展指出了新的方向。

三、"一带一路"与周边外交

习近平总书记在2013年访问哈萨克斯坦和印尼期间先后提出"丝绸之路经济带"与"21世纪海上丝绸之路"倡议,并得到周边国家和国际社会的积极响应。2015年3月28日,博鳌亚洲论坛召开期间,经国务院授权,国家发展和改革委员会、外交部和商务部共同发布了《推动共建丝绸之路经济带和

21世纪海上丝绸之路的愿景与行动》。

"一带一路"倡议的提出既是对严峻国际形势和国内发展现状的应对之策，更是发展与周边国家关系，实现合作共赢的重大举措。由于地理上的临近性，周边国家将成为"一带一路"倡议的先期受益者，正如习近平总书记所指出的："丝绸之路经济带和21世纪海上丝绸之路倡议顺应了时代要求和各国加快发展的愿望，提供了一个包容性巨大的发展平台，具有深厚历史渊源和人文基础，能够把快速发展的中国经济同沿线国家的利益结合起来。要集中力量办好这件大事，秉持'亲、诚、惠、容'的周边外交理念，近睦远交，使沿线国家对我们更认同、更亲近、更支持。"[①]

（一）与周边国家实现共同发展

"一带一路"倡议是在经济全球化进程放缓，国内经济发展步入"新常态"的大背景下提出来的。因此，"一带一路"倡议提出伊始，就将重点放在经济合作与发展的议题上。甚至可以说，经济问题是"一带一路"倡议的核心，与周边国家一道"共商、共建、共享"，实现共同发展，是"一带一路"的重要出发点。习近平总书记指出："中方提出'一带一路'设想和亚洲基础设施投资银行倡议，就是本着亲诚惠容的周边外交理念，致力于同亚洲国家一道解决本地区面临的现实问题，共同发展。"[②]

从"一带一路"倡议所涉及的区域范围，以及该倡议所具有的包容性和开放性的特点来看，"一带一路"倡议几乎覆盖了所有的周边国家，并得到了周边国家的支持和响应，这一点从亚洲基础设施投资银行首批意向创始成员国的数量上可见一斑。通过政策沟通、设施联通、贸易畅通、资金融通和民心相通，将会极大改变中国周边地区碎片化的区域发展现状；将东北亚、东南亚、南亚以及中亚地区联结为一体，置于合作共赢的一个大舞台之上，必将有助于加速中国与周边地区的经济融合，促进中国与周边国家的经济发展，激发中国与周边地区的经济活力，进而提高亚洲地区整体竞争力。

以设施联通为例，在中国与周边国家通力合作下，一大批快速铁路、高等

---

① 中共中央党史和文献研究院编：《习近平谈"一带一路"》，北京：中央文献出版社，2018年，第43页。
② 《习近平会见〈亚投行协定〉签署仪式各国代表团团长 亚投行筹建迈出具有历史意义步伐 李克强向筹建亚投行特别财长会发来书面贺辞》，《人民日报海外版》2015年6月30日，第1版，http://paper.people.com.cn/rmrbhwb/html/2015-06/30/content_1582046.htm。

级公路、港口、机场、口岸、油气管道、输电线路、通信网络等"一带一路"基础设施建设项目在中国与周边国家取得实质性进展。中巴经济走廊建设进展顺利；中老铁路、中泰铁路、雅万高铁、蒙内铁路建设稳步推进；汉班托塔港、科伦坡港口城项目施工；中缅原油管道、中俄原油管道复线投入使用；中国与俄罗斯、蒙古、吉尔吉斯斯坦、越南、老挝、缅甸六国实现电网互联互通。这些项目的投入运行，对中国与周边国家经济合作与经济一体化推进的重要作用，将随着时间的推移不断显现。

（二）增进与周边国家的政治互信

在中国的周边区域，由于社会制度、发展水平、文化心理、历史传统、领土边界等诸多方面的差异以及域外大国的介入，使得中国与周边国家以及周边国家之间存在着各式各样的矛盾与纷争，甚至作为国际社会热点问题而长期存在，对地区和平稳定与区域经济一体化带来负面影响。巨大的差异以及未解决的矛盾，极大地制约了国家关系的发展，也使得中国周边地区政治互信程度一直在低位徘徊。

"一带一路"倡议能够有效增进中国与周边国家的政治互信，因为"一带一路"倡议是中国周边外交新理念在实践层面的落实，不是地缘政治工具，而是务实合作平台；不会重复地缘博弈的老套路，而将开创合作共赢的新模式；不会形成破坏稳定的小集团，而将建设和谐共存的大家庭。正如习近平总书记所指出的，"共建'一带一路'是经济合作倡议，不是搞地缘政治联盟或军事同盟；是开放包容进程，不是要关起门来搞小圈子或者'中国俱乐部'；是不以意识形态划界，不搞零和游戏，只要各国有意愿，我们都欢迎。"[1]

"一带一路"倡议秉持共商、共建、共享原则，以经济合作为纽带，以政策沟通、设施联通、贸易畅通、资金融通和民心相通为手段，为中国与周边国家打造了一个开放、包容、透明与民主的区域合作大平台。随着区域经济融合程度的加深，各参与国共同利益点的增多，各种交流与合作大幅增加，无疑会拉近各国之间从政府到社会，再到民众之间的心理距离，这必将提高区域国家间的政治互信程度。与此同时，伴随着区域经济一体化程度的加深，政治互信程度的增强，区域内相互依赖、相互影响的程度必然会更加紧密。一损俱损、

---

① 《习近平：推动共建"一带一路"走深走实》，人民网，2018年8月28日，http://world.people.com.cn/n1/2018/0828/c1002-30254595.html。

一荣俱荣的现实要求各国最大程度地以共同利益为最大公约数，采取务实态度缓解和抑制域内潜在冲突与矛盾，防范与对抗外部危机和挑战。对于理性的国家而言，多边合作机制具有一定的奖惩功能，它的存在会对潜在的问题与矛盾形成一种隐性的制约，使得矛盾冲突方不得不考虑由于一时之冲动可能会导致的成本上升和收益的减少，甚至是惩罚。而对那些机制的遵守者而言，遵守规则和约定所带来的收益也是显而易见的。毕竟每一个国际机制的参与者参与其中的目的都想从机制中获得收益，区别仅在于对于获益的预期有所不同而已。通过参与"一带一路"倡议这一全新的国际合作平台，中国与周边国家将在抵御外部危机和应对外部挑战过程中源源不断地获得力量与支持，进而提高了应对风险与挑战的能力。

（三）构建周边命运共同体的伟大实践

习近平主席指出，"'一带一路'建设是我们推动构建人类命运共同体的重要实践平台"。① 从中国与周边国家关系的角度看，"一带一路"倡议是推动中国与周边国家关系发展的重大举措，"五通"是手段，最终目标则是要构建周边命运共同体。正如习近平主席在2013年10月召开的周边外交工作座谈会上所强调的那样，"让命运共同体意识在周边国家落地生根"。② 从历史角度看，中国与周边国家始终存在着唇齿相依的关系，特殊的地缘环境决定了周边地区是中国实现民族复兴伟大中国梦的战略依托。因此，如何实现中国与周边国家关系的共同发展与繁荣，绝非中国一国之事，而是需要与周边国家共同努力，齐心协力，患难与共。"一带一路"倡议已成为中国与周边国家关系发展新的里程碑，也是中国周边外交的又一重大举措。随着经济融合的加深，政治互信的增强，安全水平的提高，价值认同的趋近，周边命运共同体已经渐渐从理想一步一步走进现实。如果说，中国外交的最高目标是和全世界人民一起建成"人类命运共同体"，那么，在周边地区，与周边国家共同建设"周边命运共同体"就成为中国周边外交的最高目标。③

---

① 中共中央党史和文献研究院编：《习近平谈"一带一路"》，第218页。
② 《习近平：让命运共同体意识在周边国家落地生根》，新华网，2013年10月25日，http://www.xinhuanet.com//politics/2013-10/25/c_117878944.htm。
③ 陈瑞欣：《十八大以来中国周边外交理念与实践的新发展》，《社会主义研究》2017年第2期，第136页。

构建新型国际关系与中国周边学

夏立平　钟　琦

【内容提要】推动建设新型国际关系是中国周边学发展的目标，优化中国周边体系是构建新型国际关系的一个重要组成部分。全球共生系统理论是将共生系统理论放在全球角度来研究和构建的，其相互依存论决定了优化中国周边体系的必要性，其也应该成为构建新型国际关系的理论依据。中国周边体系是国际体系、世界体系和全球体系这三种共存体系的重要组成部分，相互依存将是中国周边体系的高级状态，命运共同体是中国周边共生体系高级阶段的目标。构建新型国际关系为中国周边学发展指明了方向，其三个核心内涵应该成为中国周边学发展的三个核心内容：相互尊重是构建新型国际关系的前提；公平正义是构建新型国际关系的核心；合作共赢是构建新型国际关系的目的。

【关键词】中国周边学　新型国际关系　全球共生系统理论

【作者简介】夏立平，同济大学国际与公共事务研究院院长、政治与国际关系学院教授、博士生导师；钟琦，上海环太国际战略研究中心助理研究员。

习近平总书记在党的十九大报告中提出，坚持和平发展道路，推动构建人类命运共同体。"中国将高举和平、发展、合作、共赢的旗帜，恪守维护世界和平、促进共同发展的外交政策宗旨，坚定不移在和平共处五项原则基础上发展同各国的友好合作，推动建设相互尊重、公平正义、合作共赢的新型国际关系。"这指明了中国特色大国外交的主要路径，也是中国周边学发展的目标。本文将通过介绍全球共生系统理论，分析其与构建新型国际关系、发展"中国周边学"之间的关系。

一、全球共生系统理论是构建新型国际关系的理论基础

共生系统理论是在共生理论和系统理论相结合的基础上产生的一种理论，全球共生系统理论是从全球角度来建构的共生系统理论。全球共生系统理论认为全球一切事物都是共生在一个大系统中，是相互联系、相互影响、相互作用、相互转化的，其核心是合作共赢。优化中国周边体系是构建新型国际关系的一个重要组成部分，全球共生系统理论的相互依存论决定了优化中国周边体系和国际体系的必要性，它应该成为构建新型国际关系的分析范式和理论依据之一。

（一）共生理论的演变与发展

"共生"一词的概念源于生物学，指不同种属的生物一起生活，即动植物互相利用对方的特性和自己的特性一同生活、相依为命的现象。在我国古老的中医学说中，也早就提出了"五行学说""相生相克"的"共生理论"。1879年，德国生物学家德贝里提出"共生"概念，指共生单元之间在一定的共生环境中按某种共生模式形成的关系，其要素包括共生单元、共生模式和共生环境。[1]

20世纪中叶以来，共生理论和方法不仅逐渐应用到医学领域和农业领域，而且开始应用于社会科学领域，如经济学等。一些西方社会学者认为，在科学和技术高度发展的现代社会里，在人们之间的交往越来越密切的同时，具有高度知识的人与生产工具的结合比历史上任何时候都要密切。因此，人与人之间、人与物之间已经形成了一个相互依存的共同体。以此为基础，有的西方社会科学家提出应该用一种"共生方法"的理论来设计社会生产体系，强调重视社会生产体系中各种因素的相互关系与相互关联作用。1998年，中国学者袁纯清运用共生理论研究小型经济，认为共生不仅是一种生物现象，也是一种社会现象；共生不仅是一种自然现象，也是一种可塑状态；共生不仅是一种生物识别机制，也是一种社会科学方法。[2] 2006年，胡守钧教授提出要以共生论来指导社会，告别以"阶级斗争为纲"的斗争哲学，走向呼唤社会和谐的社会共

---

[1] Gloria Robinson, "De Bary, (Heinrich) Anton," *Dictionary of Scientific Biography*, New York: Charles Scribner's Sons, pp. 611-614.

[2] 袁纯清、谢锐：《共生理论——兼论小型经济》，北京：经济科学出版社，1998年，第16页。

生论。①

进入21世纪第二个十年以来，中国学者开始将共生理论应用在国际关系领域。金应忠研究员的论文《国际社会的共生论——和平发展时代的国际关系理论》认为，"'共生'不仅是国际社会的一种客观存在，而且是国际社会发展的基本途径"。② 苏长和教授的论文《共生型国际体系的可能——在一个多极世界中如何构建新型大国关系》提出建立共生型国际体系的思路。③ 胡守钧教授的论文《国际共生论》强调，必须从社会共生关系出发观察社会（包括国内社会、国际社会）。④

（二）系统理论的演变与发展

系统思想源远流长。系统一词来源于古希腊语，是由部分构成整体的意思。恩格斯指出："关于自然界的所有过程都处于一种系统联系中这一认识，推动科学到处从个别部分和整体去证明这种系统联系"。⑤

作为一门科学的系统论，是由美籍奥地利人、理论生物学家L. V. 贝塔朗菲创立的。他在1952年发表《抗体系统论》，提出了系统论的思想。1968年，贝塔朗菲发表专著《一般系统理论：基础、发展和应用》，确立这门科学的学术地位，被公认为是这门学科的代表作。贝塔朗菲在该书中说："一般系统论是对整体和整体性的科学探索"。他还指出："一般系统论是关于整体的一般科学"。⑥ 很显然，他是把整体作为系统论研究对象的。至于整体和部分的关系，他仅强调指出"整体大于部分之和"的性质，并没有对其做进一步的考察。贝塔朗菲的这种以整体性为研究对象的系统论可称为经典系统论。

中国物理学家钱学森继承了贝塔朗菲系统论的基本思想，并把其研究对象进一步扩展了，即扩展为以整体与部分关系为研究对象的理论。20世纪70年代末，钱学森明确指出："我们所提倡的系统论，既不是整体论，也不是还原

---

① 胡守钧：《社会共生论》，上海：复旦大学出版社，2006年，第21页。
② 金应忠：《国际社会的共生论——和平发展时代的国际关系理论》，《社会科学》2011年第10期。
③ 苏长和：《共生型国际体系的可能——在一个多极世界中如何构建新型大国关系》，《世界经济与政治》2013年第9期。
④ 胡守钧：《国际共生论》，《国际观察》2012年第4期。
⑤ 恩格斯：《反杜林论》，北京：人民出版社，1970年，第91页。
⑥ Ludwig von Bertalanffy, *General System Theory: Foundations, Development, Applications*, New York: George Braziller, 1968, p.18.

论，而是整体论与还原论的统一。"① 1979年10月，钱学森在北京系统工程学术讨论会的演讲中还说过："局部与全部的对立统一，……本来是辩证唯物主义的常理；而这就是系统概念的精髓。"② 这样一来，钱学森把辩证法引进了系统论，使它发展成为辩证系统论，或者叫现代系统论。钱学森在有关系统科学和系统工程的研究和实践中，都强调把整体与部分结合起来解决问题的思想，并且提出了"综合集成方法"，从而推动了我国的社会主义现代化建设实践。

系统论揭示出系统客体除具有因果联系外，还有系统联系、结构联系、功能联系和起源联系等。系统联系揭示了特定系统与其他系统在纵横各方面所形成的内在联系；结构联系展示了系统要素诸变量之间的各种内在的耦合关系或组合方式；功能联系是系统与外部介质之间的关联，它是把外部的物质、能量和信息输入到系统中去，并通过系统内部的结构变换为输出的过程；起源联系则展现了在系统产生和发展过程中诸要素之间、要素与环境之间所形成的必然联系。系统论提供的这些联系类型，丰富和深化了唯物辩证法的普遍联系观点。

系统论认为，任何物质系统都是具有诸多的关系、方面和特征的复杂系统。复杂系统包含许多关系，也就是包含许多矛盾或潜在矛盾。这样，系统论把唯物辩证法关于事物是多个方面、多种关系、多种矛盾的总和这一重要思想具体化了。

系统论表明，不同的要素组成的系统，其结构、性质、功能都不同；任何系统在特定范围内，要素之间的排列次序或结构的变化，并不引起系统整体的功能特性的改变；超出了一定限度，系统原有的性质、功能各不相同。系统最终表现为从一种有序结构过渡到另一种新的有序结构。系统论坚持系统的整体性、关联性、动态性、最佳化等重要原则。③

（三）构建共生系统理论

共生系统理论是通过把共生理论和系统理论相结合，在这一基础上进行创新。共生系统理论的主要论点包括：

第一，世界上一切事物都是共生在一个大系统中，是相互影响、相互作

---

① 钱学森：《论系统工程》，上海：上海交通大学出版社，2010年，第23页。
② 钱学森：《创建系统学》，上海：上海交通大学出版社，2010年，第12页。
③ 周为群：《系统论与唯物辩证法的关系探新》，《郑州大学学报（哲学社会科学版）》1994年第3期。

用、相互转化的。这就是"蝴蝶效应"①之所以产生的根本原因。国际体系是这个大系统中的一个组成部分,同时它本身也是一个系统,它的各组成部分之间都处于一种系统联系中,都是共生的。也就是说,国际体系中国家行为体之间、非国家行为体之间、国家行为体与非国家行为体之间都是相互影响和相互作用的。

第二,国际体系系统中各组成部分与整体之间的关系是辩证的。一方面,整体是由部分构成的,没有部分便没有整体,因而整体依赖于部分;另一方面,部分又是整体的组成部分,部分依赖于整体。但整体并不等于各部分的简单相加,而是具有新质特征的整体。例如,在当今国际体系中,既有发达国家,也有发展中国家;发达国家可分为超级大国和其他西方国家;发展中国家又可分为新兴大国、新兴工业化国家、最不发达国家等。当今国际体系虽然仍是由西方发达国家占主导地位,但随着一批新兴大国和新兴工业化国家的崛起,以及以发展中国家为主的亚洲的崛起,国际体系中的新质正在增加,霸权主义受到更多的抵制,和平共处五项原则更多地被接受和尊重,新安全观已经提出。

第三,国际体系这一系统中各组成部分之间的关系是辩证的,即对立统一的。它们既共生又竞争、既对话又斗争、既包容又排斥。正是这种事物矛盾双方的既统一又斗争,推动了事物的运动、变化和发展。例如,中国和美国的关系是对立统一的。它们存在深刻的矛盾:美国是国际体系中占主导地位的大国,中国是国际体系中上升的大国;美国是最大的发达国家,中国是最大的发展中国家;美国是已经实现现代化的国家,即后现代化国家,而中国是正在实现现代化的国家。但同时,中国和美国的共同利益或并行不悖的利益也很大。冷战时期,中美关系只有一根支柱,即共同对抗苏联霸权主义。而现在中美关系有两根支柱,即经济和安全。中美在经济上的相互依存不断增加,成为两国关系稳定的压舱石和黏合剂。在安全的两大领域,即非传统安全领域和传统安全领域,中美之间共同利益或并行不悖的利益也在增加。中美之间既共生又竞争、既对话又斗争、既包容又排斥的对立统一,成为推动相互关系和国际体系运动、变化和发展的重要因素之一。

---

① 蝴蝶效应(The Butterfly Effect)即拓扑学连锁反应,是指在一个系统中,初始条件下微小的变化能带动整个系统长期的巨大的连锁反应。这是一种混沌现象。任何事物发展均存在定数与变数,事物在发展过程中其发展轨迹有规律可循,同时也存在不可测的变数,一个微小的变化能影响事物的发展,说明事物的发展具有复杂性。

第四，人类对共生系统性的认识经历一个从自在向自觉转变的过程。人们对拓扑学连锁反应的感性认识，虽然长期以来存在，但真正提升到共生理论的高度来认识是近代的事。系统思想虽然源远流长，但提升至系统理论也是在现代。在对国际体系的认识过程中，欧洲强权国家在18—19世纪只把欧洲国家作为主权国家，而把亚非拉广大地区作为它们的殖民地。随着20世纪亚非拉国家在民族解放运动中纷纷实现民族解放和国家独立，西方国家才不得不将亚非拉国家也作为国际体系中的成员。和平共处五项原则是由发展中国家提出的，但代表了世界各国的利益，这是人类对国际体系共生系统性认识的一大进步。在当今全球化时代，世界许多国家经济相互依存关系的发展，使得它们之间在经济上"一荣俱荣、一损俱损"。当然，这种相互依存关系现在又是不对称的，西方国家往往利用这种不对称的经济关系，向它们所认为的对手或异类施加压力。同时，世界各国在非传统安全领域面临着许多共同或相似的挑战，如气候变暖、环境污染、恐怖主义、大规模杀伤性武器扩散、跨国犯罪、毒品走私、艾滋病、埃博拉病毒等。

第五，由于系统中的各组成部分与整体之间是共生的，一个国家必须在考虑自己国家利益的同时，考虑全人类的共同利益。近年来，世界上越来越多的国家逐渐认识到，在"地球村"这一共生系统中，世界各国必须合作才能应对挑战和威胁；而只有实行开放包容的对外战略，才能实现合作共赢。

二、构建新型国际关系是"中国周边学"发展的目标

中国周边体系是世界三种体系的重要组成部分。全球共生系统理论的主要论点包括：全球一切事物都是共生在一个大系统中，是相互联系、相互影响、相互作用、相互转化的。这种共生状态不仅存在于生物之间、人与人之间、人与自然之间，而且存在于人与社会之间、国家与国家之间。

现在世界上实际上有三种体系共存，即国际体系、世界体系和全球体系，这三种体系既相互联系，又有区别。在这些体系内，行为体之间是共生的。国际体系的主体是国家行为体；世界体系的主体不仅包括国家行为体，还包括世界中的各种力量板块；全球体系的主体包括国家行为体、非国家行为体和超国家行为体。

全球体系的主要特点之一是行为体多元化。近年来，随着经济全球化和世界多极化趋势迅速发展，虽然主权国家仍是国际关系中基本行为主体，但国际

关系中新的非国家行为主体,包括政府间国际组织、跨国公司、非政府组织、国际恐怖主义组织等大量增加,欧洲联盟则是超国家行为体,这些导致国际行为体多元化。

同时,随着区域经济一体化趋势迅速发展,各种区域经济合作组织大大增加,合作紧密度不断加强。许多政府间国际组织已具有独立的国际法人格,已发展为国际关系中一种新的基本行为主体。绝大多数政府间国际组织,特别是各种区域合作组织,成为促进国际和区域经济、政治、安全和文化合作的积极因素。

此外,现在世界上还存在少数军事联盟,这些军事联盟是冷战的遗留物,它们对区域和平发展产生一定负面影响。

跨国公司得到迅速长足的发展,既成为推动经济全球化的最重要因素之一,又借助经济全球化之势加速扩展,其国际生产和经营正在实现全球范围内最佳的资源配置和生产要素组合。全世界100支最大的经济力量中,跨国公司占一半以上,超过许多中小国家。跨国公司的母国大多集中在发达国家,决定了跨国公司的经济活动更有利于发达国家,而对发展中国家既有有利影响,也有不利影响。

跨国公司与主权国家都希望通过经济全球化进程获取尽可能大的经济利益,但经济全球化进程使跨国公司与主权国家的关系既可能是盟友,又可能是对手。一方面,跨国公司与主权国家有可能在经济活动中互补共赢;另一方面,跨国公司在经济活动中也可能对所在国主权造成损害。

非政府组织数量迅速增加,已达60多万个。其范围更加广泛,活动更加活跃,在国际关系中的作用上升。其中,许多非政府组织在人道主义援助、军备控制、争取世界和区域和平与发展等领域发挥积极作用。但一些非政府组织在美国政府支持下,在全球推销"民主",支持"颜色革命",干涉许多国家内政。这些非政府组织干涉其他国家内政的行为,对这些国家主权构成一定侵蚀。另一方面,如果政府掌握非政府组织的规律,并运用得当,是可以利用许多非政府组织的积极因素,做一些推动社会进步和维护社会稳定的事情,缓和某些社会矛盾,解决一些社会问题。

国际恐怖主义组织也是一种非政府组织,但它是一种特殊的非政府组织。国际恐怖主义组织为了达到某种政治和社会目的,在国际上针对特定国家、机构或个人进行暴力袭击或威胁,或为制造恐怖主义气氛而滥杀无辜。它们在本质上不仅反人类社会,而且挑战主权国家。现在世界上有近500个非法恐怖组织。它们不仅能够实施个别行动，而且有实施大规模恐怖袭击、对整个国际社会构成威胁的潜力。"9·11事件"标志着国际恐怖主义组织已成为一种重要国际行为体。世界各国面对恐怖主义这一人类公害，大力加强合作，共同打击各种恐怖组织和恐怖活动。

根据全球共生系统理论，中国周边学应该研究以下几方面。

（一）中国周边学中的相互依存

相互依存将是中国周边体系的高级状态。共生状态可以分为三个阶段：共生状态的初级阶段是相互联系。这种相互联系有比较松散的、间接的，也有比较紧密的、直接的。"蝴蝶效应"就反映了这种相互联系。

共生状态的中级阶段是相互共存。马丁·海德格尔（Martin Heidegger）在探讨人类与世界的关系时指出："由于这种共同性的在世之故，世界向来已经总是我和他人共同分有的世界，此在的世界是共同世界，'在之中'就是与他人共同存在，他人的世界之内的自在存在就是共同存在。"[1] 这种共同存在就是相互共存。中国等国家倡议并且已经成为国际关系基本准则的"和平共处五项原则"，是在国家与国家之间实行相互共存。

共生状态的高级阶段是相互依存（interdependence）。相互依存可分为三种状态，即水平相互依存，垂直相互依存，共生相互依存。以经济组织为例，当几个组织之间竞争以争夺资源或提供相同的服务时，就形成了水平相互依存；当几个组织处于一个完整生产链中的各不同阶位时，就形成了垂直相互依存；当两个组织在功能上相互补充，为第三方提供服务时，它们之间是互惠互利的，就产生共生相互依存关系。关于国际关系中的相互依存，美国著名学者罗伯特·基欧汉（Robert O. Keohane）和约瑟夫·奈（Joseph S. Nye）指出："世界政治中的相互依存，指的是以国家之间或不同国家行为体之间相互影响为特征的情形。"他们认为："当交往产生需要有关各方付出代价的相互影响时（这些影响并不必然是对等的），相互依存便出现了。如果交往并没有带来显著的需要各方都付出代价的结果，则它不过是相互联系而已。这种区别对我们理解相互依存的政治至关重要。"[2] 当前全球体系中的相互依存性在上升。

全球共生系统理论的相互依存论决定了优化中国周边体系的必要性。全球

---

[1] 马丁·海德格尔：《存在与时间》，北京：生活·读书·新知三联书店，1987年，第146页。
[2] 罗伯特·基欧汉、约瑟夫·奈：《权力与相互依赖》，门洪华译，北京：北京大学出版社，2002年，第10页。

共生体系应该具有普遍性、交互性和内生性。中国周边体系也是如此。

中国周边共生体系的普遍性指该体系是多层次、全方位、全领域的共生。这包括社会内部共生性、国家之间共生性、人与自然共生性。社会内部共生性表明一个国家的社会内部是共生关系。国家之间共生性表明国家之间的关系是共生关系。人与自然共生性表明作为社会成员的人与自然界是共生关系。

中国周边共生体系的交互性指"人类社会并非各种要素的机械集合，而是诸要素内部及其相互之间的互动联系和作用关系的有机整体"[1]；人类与自然界也是相互之间存在互动联系和作用关系的有机整体。

中国周边共生体系的内生性指该体系中的各种共生关系，包括安全关系、经济关系、文化关系等都是各种行为主体在具体的国家与国家、国家与非国家行为体和超国家行为体、各社会内部和社会之间的交往过程中产生，并随着实践交往手段、方式和进程而改变。全球共生体系的内生性是人类发展的重要因素。由于该体系的内生性，全球共生体系具有共生发展的内在动力。全球共生发展应该包括改善共生关系、改革共生秩序和优化共生结构。对于中国而言，要在以下三方面做出努力。

一是改善中国周边体系的共生关系。由于资源相对于人类需求总是具有稀缺性，围绕资源展开的利益矛盾和利益冲突是人类一直面临的重大问题。解决办法需要双管齐下，一方面提高资源利用效率，另一方面改善各种共生关系中不平等、非正义的因素，寻求合理地交换、分享和竞争各种资源，如发达国家有义务帮助发展中国家的发展。

二是改革中国周边体系的共生秩序。现存的国际秩序是第二次世界大战暨反法西斯战争胜利的产物，基本上是合理的，但存在一些不公正、不合理因素。同时，世界上出现许多新的不稳定和不确定因素，特别是非传统安全威胁，如恐怖主义、大规模杀伤性武器扩散、环境污染、地球变暖、毒品走私、高致命传染性疾病等，对人类生存的挑战上升。因此有必要对现存的国际秩序进行改革和完善。

三是优化中国周边体系的共生结构。在全球体系中，共生关系和共生秩序的关联状态和作用形式决定了共生结构的优劣程度。当前全球体系中相互依存在上升。优化全球体系的共生结构就是通过改进全球各层次和各领域资源交

---

[1] 胡守钧、王世进、李友钟：《共生哲学论纲》，任晓编：《共生：上海学派的兴起》，上海：上海译文出版社，2015年，第20页。

换、分享流动方式和结构的有效性和合理性，从而有助于共生关系和共生秩序的生成、改革和完善。本阶段目标是建立共生性中国周边体系，即建立以相互依存为基础的、以合作共赢为核心的中国周边共生体系。

（二）中国周边学的辩证论

全球共生系统理论包括辩证论。"共生并不意味着没有矛盾"。[①] "矛盾的普遍性或绝对性这个问题有两方面的意义。其一是说，矛盾存在于一切事物的发展过程中；其二是说，每一事物的发展过程中存在着自始至终的矛盾运动。"[②] 全球一切事物都是共生在一个大系统中，适用矛盾法则，即对立统一的法则。

1. 三种共生

全球体系中既有互利共生，也有偏利共生，还有偏害共生。互利共生指两个或两个以上的行为体都因对方的存在（合作或竞争）而相互有利。这只是对共生的侠义理解。从广义上说，偏利共生和偏害共生也都是共生。偏利共生是指一方受益，而对另一方无害。偏害共生是指一方受益，而另一方受害。

总的来讲，全球体系中互利共生的因素在上升，而偏害共生的因素在下降。

2. 两种相互依存

全球体系中既有正面相互依存，也有负面相互依存。正面相互依存是指相互依存的矛盾双方都从这种相互依存关系中获益，双方中的任何一方受损，可能给另一方带来损失。例如，近年来中美经贸关系有很大发展，这对两国都带来巨大经济利益。这种经济上的相互依存已成为中美关系稳定的"压舱石"。尽管两国在经贸关系中存在很多矛盾和问题，但双方谁也离不开谁，都在努力寻求通过谈判解决分歧和矛盾。中国不希望美国经济陷入危机不能自拔，美国也不愿中国经济停滞不前。如果中美断绝经济往来，双方都会遭受难以估量的巨大损失。

但这种正面相互依存既可能是对称性的，也可能是非对称性的。例如，至2015年，中国的GDP相当于美国GDP的60%，两国经济的相互依存是非对称性的。这种非对称性相互依存关系具有敏感性。美国经济开放程度高。中国经济对外开放的程度特别高，进出口商品和服务的总额占中国GDP的75%左右。

---

① 苏长和：《以新普遍主义构建世界秩序——对共生问题的进一步思考》，《探索与争鸣》2014年第11期，第20页。

② 毛泽东：《矛盾论》，《毛泽东选集》（第一卷），北京：人民出版社，1995年，第260页。

在这种情况下，作为互为最大贸易伙伴之一的中美两国，一方经济形势或经济政策的小变化，都会导致另一方经济迅速发生有代价的变化。这种非对称性相互依存关系是脆弱性与韧性并存。

负面相互依存是指一旦这种相互依存关系破裂，相互依存的矛盾双方都会遭受重大损失。例如，冷战时期美苏双方形成了战略核武器的"恐怖平衡"。一旦两国发生核战争，双方都面临毁灭的危险。因此，双方都尽力避免发生直接的武装冲突。

3. 共生责任观与面对的风险

在全球体系中，人类面临各种风险和挑战。为了应对这些风险和挑战，人类社会必须树立共生责任观，通过合作来消除风险。当前全球体系面临的主要风险包括：安全风险、社会风险、自然风险、技术风险等。风险与责任之间是一对矛盾。

例如，当前人类面临全球变暖、恐怖主义、大规模杀伤性武器扩散、环境污染、毒品走私、跨国犯罪、海盗、贫困、艾滋病等跨国安全风险的挑战。没有一个国家能够单独解决这些问题，必须合作才能应对这些挑战。因此，国际社会必须认识到在全球体系中的共生责任，树立共生责任观，通过责任共担、风险共御，来妥善处理这些全球性安全风险。

（三）中国周边学的认识论

全球共生系统理论包括认识论。中国周边学也是如此，它的认识论包括以下几点。

1. 人类对中国周边共生体系的认识是逐步提升的

人类对全球共生体系的认识是逐步提升的，对中国周边共生体系的认识也是如此。

虽然共生系统是客观存在，但人类对共生系统的认识有一个过程。早在公元前2500年，中国人就开始逐渐形成"天人合一"的宇宙观。"天人合一"的思维模式将世界理解为阴阳两性，但是这阴阳二性并非处在对抗的两极，而是对立统一的关系，你中有我，我中有你。"一阴一阳之谓道"，即阴阳两性谁都不能缺少，缺一就不成其为"道"。"生生之谓易"，不管是天道还是人道，都需要阴阳而互动。因之，中国哲学的精神强调自强不息，天地人和谐相处，周延流转。在这里，人不是独立的个体，人际关系亦非对抗性关系，因而也就不应以斗争求发展。孔子"君子和而不同"的思想对此做了进一步的阐述。两千多年前，中国先秦思想家孔子提出了"君子和而不同"与"和为贵"的思想。《礼记·中庸》说："致中和，天地位焉，万物育焉"，认为只有达到天地万物和谐，才能正天地，育万物。在我国古老的中医学说中，也早就提出了"五行学说""相生相克"的"共生理论"。

在国际关系实践中，1945年签署和生效的《联合国宪章》宣示："我联合国人民同兹决心，欲免后世再遭今代人类两度身历惨不堪言之战祸，重申基本人权，人格尊严与价值，以及男女与大小各国平等权利之信念，创造适当环境，俾克维持正义，尊重由条约与国际法其他渊源而起之义务"。① 这是经过两次世界大战的惨痛教训后，国际社会的对人类共同命运的深刻认识。

1954年6月，中国提出以"互相尊重主权和领土完整、互不侵犯、互不干涉内政、平等互利、和平共处"为内容的和平共处五项原则。之后成为国际关系的基本准则之一。

在冷战时期，美国和苏联拥有的核武器所具有的毁灭人类的威力，促使世界上的有识之士反思人类所面临的共同威胁，首次使国际社会从对负面因素的认识中产生了人类共同体意识。

2015年12月12日，出席巴黎气候变化大会的《联合国气候变化框架公约》近200个缔约方一致同意，通过全球气候变化新协定（即《巴黎协定》）。协定共29条，包括目标、减缓、适应、损失损害、资金、技术、能力建设、透明度、全球盘点等内容。该协定将为2020年后全球应对气候变化行动做出安排。这表明工业文明带来的对地球环境的破坏，已经促使人类意识到人与自然作为一个整体系统而维持共生的价值。

2. 命运共同体是中国周边共生体系高级阶段的目标

人类命运共同体是全球共生体系高级阶段的目标。实现共生型全球体系的道路，将要经过三个阶段：

第一阶段是无政府状态下的全球体系，"权力均势"理论在这一阶段的国际关系中起主导作用。我们现在仍处于这一阶段。冷战结束以来，世界开始逐渐超越这一阶段。

第二阶段是相互依存状态下的全球体系，绝大多数国家之间的关系在这一阶段将更多地建立在相互依存的基础上。世界开始逐渐进入这一阶段。这一阶

---

① 《联合国宪章》，http://www.un.org/zh/sections/un-charter/preamble/index.html，访问时间：2016年7月16日。

段的主要目标是建立以合作共赢为核心的新型国际关系。这一阶段的主要特点之一，是世界总体上将由不对称相互依存向对称性相互依存转变。即上升中大国的实力逐渐接近国际体系中占主导地位大国的实力，发展中国家不仅要完成国家现代化的过程，而且要逐渐缩小和消弭与发达国家之间的发展鸿沟。

第三阶段是一体化条件下的全球体系，世界将逐渐实现经济和政治一体化。这一阶段的主要特点之一，是逐渐实现从区域一体化到全球一体化。只有实现全球一体化，才可能实现国家之间利益基本和谐，从而为实现世界持久和平打下坚实基础。这一阶段的主要目标是建立人类命运共同体。

对建立人类命运共同体目标的认识也经历了一个发展过程。邓小平理论最早阐述了在维护本国利益的同时，尊重对方国家的利益。1989年10月，邓小平在会见美国前总统尼克松时说："考虑国与国之间的关系主要应该从国家的自身战略利益出发。着眼于自身长远的战略利益，同时也尊重对方的利益……并且国家不分大小强弱都相互尊重，平等相待。"[①] 进入21世纪以来，这一理论得到进一步发展。2002年11月，中共十六大报告指出："我们主张顺应历史潮流，维护全人类的共同利益。"[②] 这表明中国寻求中国国家利益与全人类利益的结合。2012年11月，党的十八大报告提出："这个世界，各国相互联系、相互依存的程度空前加深，人类生活在同一个地球村里，生活在历史和现实交汇的同一个时空里，越来越成为你中有我、我中有你的命运共同体。"[③] 2012年12月，习近平就任中共中央总书记后首次会见外国人士时就表示，国际社会日益成为一个你中有我、我中有你的"命运共同体"，面对世界经济的复杂形势和全球性问题，任何国家都不可能独善其身。这一表述明确倡导"人类命运共同体"意识。

2013年3月，中国国家主席习近平在莫斯科国际关系学院演讲中提出："面对国际形势的深刻变化和世界各国同舟共济的客观要求，各国应该共同推动建立以合作共赢为核心的新型国际关系，各国人民应该一起来维护世界和

---

① 邓小平：《邓小平文选》（第三卷），北京：人民出版社，1993年，第330页。
② 《全面建设小康社会，开创新局面中国特色社会主义事业新局面——在中国共产党第十六次全国代表大会上的报告》，载《中国共产党第十六次全国代表大会文件汇编》，北京：人民出版社，2002年，第46页。
③ 《坚定不移沿着中国特色社会主义道路前进 为全面建成小康社会而奋斗——在中国共产党第十八次全国代表大会上的报告》，人民网，2012年11月18日，http://politics.people.com.cn/n/2012/1118/c1001-19612670.html，访问时间：2016年7月16日。

平、促进共同发展。"① 以合作共赢为核心的新型国际关系实际上就是共生型国际体系的主要特征之一。习近平指出:"随着世界多极化、经济全球化深入发展和文化多样化、社会信息化持续推进,今天的人类比以往任何时候都更有条件朝和平与发展的目标迈进,而合作共赢就是实现这一目标的现实途径。"②

2014年11月,习近平在中央外事工作会议讲话中提出,要在坚持不结盟原则的前提下广交朋友,形成遍布全球的伙伴关系网络。③ 全球伙伴关系网络包括两个层面的内涵:其一,建立伙伴关系的前提是坚持不结盟原则,即结伴而不结盟;其二,中国的伙伴关系网络遍布全球。现在中国已经与67个国家以及国际组织等建立了72对伙伴关系。这些伙伴关系具有多层次、多样性的特点。例如,中俄战略协作伙伴关系、中德全方位战略伙伴关系、中国—东盟战略伙伴关系等是构建全球伙伴关系网络的基础。共建"一带一路"将加强这些伙伴关系。构建全球伙伴关系网络是"一带一路"建设的重要目标之一,将推动建立以合作共赢为核心的新型国际关系。从长远来说,全球伙伴关系网络将成为共生型国际体系的基础。

2015年3月,习近平在博鳌亚洲论坛年会的主旨演讲中提出:"通过迈向亚洲命运共同体,推动建设人类命运共同体。"④ 习近平指出了迈向命运共同体努力的"四个必须":必须坚持各国相互尊重、平等相待;必须坚持合作共赢、共同发展;必须坚持实现共同、综合、合作、可持续的安全;必须坚持不同文明兼容并蓄、交流互鉴。⑤

从国与国的命运共同体、区域内命运共同体到人类命运共同体,这一超越民族国家和意识形态的"全球观",表达了中国追求和平发展的愿望,体现了中国与各国合作共赢的理念。中国周边命运共同体也体现了中国与各国合作共赢的理念。

但当今还有很长的路要走,才能使中国周边各国接受命运共同体理念,从而将责任共担、利益同享、相互包容等理念转化为各国的自觉行动,从构建中国与周边国家命运共同体,直到实现人类命运共同体。

---

① 《国家主席习近平在莫斯科国际关系学院的演讲》,中国政府网,2013年3月24日,http://www.gov.cn/ldhd/2013-03/24/content_2360829.htm。
② 同上。
③ 《中央外事工作会议在京举行 习近平发表重要讲话》,《人民日报》2014年11月30日。
④ 《习近平主席在博鳌亚洲论坛2015年年会上的主旨演讲(全文)》,新华网,2015年3月29日,http://www.xinhuanet.com/politics/2015-03/29/c_127632707.htm。
⑤ 同上。

三、"中国周边学"如何体现新型国际关系

构建新型国际关系为中国周边学发展指明了方向。构建新型国际关系的三个核心内涵应该成为"中国周边学"发展的三个核心内容。

相互尊重是构建新型国际关系的前提。人与人之间需要相互尊重，国家之间也需要相互尊重。各国相互尊重是新型国际关系中最起码的要求，只有尊重彼此核心利益和重大关切，才能管控矛盾分歧，构建不冲突不对抗、公平正义、合作共赢的新型关系。各国要相互尊重、平等协商，坚决摒弃冷战思维和强权政治，走对话而不对抗、结伴而不结盟的国与国交往新路。

公平正义是构建新型国际关系的核心。因为只有实现公平正义，才能达到新型国际关系的标准。应该推进国际关系民主化，不赞成搞"一国独霸"或"几方共治"。中国尊重各国人民自主选择发展道路的权利，维护国际公平正义，反对把自己的意志强加于人，反对干涉别国内政，反对以强凌弱。中国发展不对任何国家构成威胁。在经济发展方面，既要做大蛋糕，更要分好蛋糕，着力解决公平公正问题。中国谋求开放创新、包容互惠的发展前景。

合作共赢是构建新型国际关系的目的。过去许多国家之间关系往往是"零和"游戏，而现在必须坚持合作共赢，建设一个共同繁荣的世界。发展是第一要务，适用于各国。各国要同舟共济，而不是以邻为壑。各国特别是主要经济体要加强宏观政策协调，兼顾当前和长远，着力解决深层次问题。要抓住新一轮科技革命和产业变革的历史性机遇，转变经济发展方式，坚持创新驱动，进一步发展社会生产力、释放社会创造力。要维护世界贸易组织规则，支持开放、透明、包容、非歧视性的多边贸易体制，构建开放型世界经济。要促进贸易和投资自由化便利化，引导经济全球化健康发展，需要加强协调、完善治理，推动建设一个开放、包容、普惠、平衡、共赢的经济全球化。

构建新型国际关系必须在"中国周边学"中体现。习近平同志强调，"中国将高举和平、发展、合作、共赢的旗帜，恪守维护世界和平、促进共同发展的外交政策宗旨，坚定不移在和平共处五项原则基础上发展同各国的友好合作，推动建设相互尊重、公平正义、合作共赢的新型国际关系。"这指明了中国特色周边外交的主要路径。

中国必须统筹国内国际两个大局，始终不渝走和平发展道路、奉行互利共赢的开放战略，始终做世界和平的建设者、全球发展的贡献者、国际秩序的维

护者。

中国推进大国协调和合作，构建总体稳定、均衡发展的大国关系框架，积极同美国发展新型大国关系，同俄罗斯发展全面战略协作伙伴关系，同欧洲发展和平、增长、改革、文明伙伴关系，同金砖国家发展团结合作的伙伴关系。中国将继续坚持正确义利观，深化同发展中国家务实合作，实现同呼吸、共命运、齐发展。中国将按照"亲诚惠容"理念和与邻为善、以邻为伴周边外交方针同周边国家深化互利合作。加强同各国政党和政治组织的交流合作，推进人大、政协、军队、地方、人民团体等的对外交往。

中国推进国际关系民主化，不赞成搞"一国独霸"或"几方共治"。世界命运应该由各国共同掌握，国际规则应该由各国共同书写，全球事务应该由各国共同治理，发展成果应该由各国共同分享。

中国尊重周边国家人民自主选择发展道路的权利，维护国际公平正义，反对把自己的意志强加于人，反对干涉别国内政，反对以强凌弱。中国绝不会以牺牲别国利益为代价来发展自己，也决不放弃自己的正当权益，任何人不要幻想让中国吞下损害自身利益的苦果。中国奉行防御性的国防政策。中国发展不对周边任何国家构成威胁。中国无论发展到什么程度，永远不称霸，永远不搞扩张。

中国特色周边外交正在全面推进，已经形成全方位、多层次、立体化的外交布局，为我国发展营造了良好外部条件。实施共建"一带一路"倡议，发起创办亚洲基础设施投资银行，设立丝路基金，举办"一带一路"国际合作高峰论坛、亚太经合组织领导人非正式会议、二十国集团领导人杭州峰会、金砖国家领导人厦门会晤、亚信峰会等。中国正在走向周边外交舞台的中心。

习近平主席提出"一带一路"倡议，就是要实现共赢共享发展。目前，已经有100多个国家和国际组织积极响应支持，一大批早期收获项目落地开花。中国支持建设好亚洲基础设施投资银行等新型多边金融机构，为国际社会，特别是中国周边地区提供更多公共产品。

倡导构建人类命运共同体，推进构建新型国际关系，促进全球治理体系变革，使我国国际影响力、感召力、塑造力进一步提高，可以为世界和平与发展做出新的重大贡献。中国愿同联合国广大成员国、国际组织和机构一道，共同推进构建人类命运共同体和构建新型国际关系的伟大进程，使中国周边外交再上一个新台阶。

中国周边学笔谈(三):青年专场

反思与建构：中国周边学中层理论探索

江苏社会主义学院一级主任科员　蒋建忠

【基金项目】本文系国家社科基金后期资助项目"国际关系因果推论的理论基础与方法实现研究"（18FGJ005）的阶段性成果。

一般而言，任何一门学科的研究对象可以分为宏观、中观和微观三个层次。具体到中国周边学，宏观层面主要涉及意识形态主导下的"宏大叙事"式阐释学研究。用"人类命运共同体""和谐"等官方语言统筹解释周边外交现象和问题。微观层面侧重于对具体周边外交事务和问题的描述、考证方面。前一种倾向会导致中国周边学研究处于有"理"无"据"的状态，后一种倾向则导致处于无"理"有"据"的状态。如何使得"理"和"据"在中国周边学科建设中有机结合起来？借鉴其他学科的发展历程，可以通过借鉴默顿的"中层理论"方法。"中层理论"是介于宏大的理论体系与微观的经验描述之间，既具有高屋建瓴的抽象性，又具有细致入微的可操作性，是抽象性与具体性二者的统一。因此，引入"中层理论"可以增强中国周边学的解释功能和解读功能，使学科建设尽量摆脱唯意识形态化的桎梏。因此，本文在简要阐述中层理论内涵的基础上，阐述中国周边学建设为什么必须重视中层理论建设和如何加强中层理论建设两个具体的问题。

一、什么是中层理论

中层理论是美国社会学家罗伯特·K.默顿最先提出的理论概念。默顿在对帕林斯社会系统论批判继承的基础上，提出了"社会学的中层理论"，以区别于帕森斯宏大叙事的社会系统论。所谓中层理论，简而言之就是，不是日常研究中广泛涉及的微观但必要的工作假设，也不是尽一切系统化努力而发展出来的用以解释所能观察到的社会行为、社会组织和社会变迁的一致性的统一理论，而是指介于这两者之间的理论，介于社会系统的一般理论和对细节的详尽描述之间。具体到周边学中，中层理论不试图解释所有的周边问题，而是一些可以得出具体理论结论、并指导一项具体的经验研究的假设。事实上，由中层理论构成的理论是周边学理论的核心，它们是一组具有逻辑关系的表述，可以直接应用于经验研究，指导具体的实践活动。

二、为什么必须重视中层理论建设

发展中国周边学中层理论，是应对"中国周边学如何在整个社会科学中获得其应有地位，同时促进学科本身质的增长"的可行路径。主要由周边学的发展历史境界与中层理论的特性所决定的。

（一）中国周边学发展的历史机遇

任何一门学科或理论的形成包含着两个层面的内涵：一个层面是指元理论和元话语层面。它是一套形而上的理论体系，其中的许多概念或话语都是学科基础和根基。如政治学中的公平，国际政治中的和平等。另一个层面是指借助于元理论或元话语，结合实践工作生成新的理论体系，从概念的抽象程度看，它比元理论要更加具体和解释范围更小。应该看到，在当前历史阶段提出中国周边学建设，使得构建中层理论——即比较具体的基于实践的理论更为可能。不可否认，中国国际关系学或外交学长期受到西方理论体系影响，一直处于"引进、消化、吸收"的阶段，没有达到"创新、重构"的高度，其中显著标志就是绝大部分外交理论都来自于西学。这就使得中国周边学在构建过程中产生了两方面影响：一是随着西方理论的引进，周边学的元理论或概念体系已基本完善。二是在解释或指导具体的周边实践工作中，西方理论往往存在着"水土不服"现象。西方那一套元理论话语体系难以解释中国丰富多彩、形质各异的周边外交实践。因此，在当前阶段创建中国周边学既不能绕开西方外交学乃至国际关系理论，但更多的是要结合中国的周边外交实践而创建能够解释、指导工作的中层理论。正如原中央外办副主任裘援平所说：外交决策部门迫切需要学术界提供政策的理论支撑，确定国际关系中的核心因素和主要矛盾，对于中国国家战略定位和政策选择至关重要。一些中层理论,特别是外交政策理论,如威慑理论、危机管理理论等可以直接为决策服务。事实上,在中国周边学的建设过程中,也急切需要中层理论,一方面可以充实整个周边学学科体系,另一方面可以服务于整个国家或政府周边外交实践活动。

(二)中层理论在学科建设中的实用性

此种实用性是由中层理论的三个具体特性决定的。一是实证性。中层理论强调发现变量与变量、因素与因素之间的相互关联。在建构中层理论的过程中,讲究的是具体、规范的程序、公开的数据、精确观察的测量资料。因此,任何其他研究者都可以依据该程序和数据进行重复测量、论证。这种可重复的实证性可以防止研究者陷入形而上学的争论,防止进行"公说公有理,婆说婆有理"的对话。二是指导现实性。中层理论关注的是在某个特定范围内的规律或规律的解释,主要是变量与变量之间的关系。有助于了解各种要素之间的关系,深化对中国周边外交规律的认识与理解。因此,只要符合相关约束条件,中层理论可以直接用来指导我们的外交实践。三是预测性。中层理论不是要探索中国周边外交永恒的规律,而是要探索在特定时期里制约周边外交实践的经验规则。这些规则告诉我们,在中国周边外交中,一个国家、政府或领导人能够做什么,不能做什么。因此,外交工作者可以依据这些规则对周边外交行为或现象进行预测。

(三)中层理论在学科建设中的基础性

现代科学哲学研究表明,一个学科理论体系包含两个理论层面:一个是理论的核心部分,它是不能为经验事实检验和证伪的;另一个是处于外围层次的中层理论,它面对的是特殊的经验和对象,但又是经过了概括和提升的观点、学说。它们是学科的细胞和基石。中层理论既不是指研究中微观且具体的操作性假设,也不是一个包罗一切、用以解释中国周边学所有问题的统一理论,而是介于这两者之间的理论。因此,采用中层理论可以避免用官方语言来解释一切周边现象和问题,从而避免用少数普遍性概念或命题来解释复杂而又多变的周边现实,进而从"宏大的哲学理论"迷思中走出来。同时中层理论还可以避免那些零散、简单的纯经验描述与研究。因此,中层理论被社会科学工作者看成是一门学科的研究基石,通过丰富多彩的中层理论的聚集达到了一门学科理论度的丰满。中层理论强调可重复性、可检验性,其目的在于提高结论的可靠性，进而增强结论的预测准确程度。中国周边外交学中的中层理论和自然科学一样，都可以通过精确计算变量之间的等式来做出预测。只是自然现象和外交现象的发生都有一定的随机性，两者的预测都不可能是无条件地绝对精确，预测的精确程度只能是在一定范围内。

三、中国周边学如何建构中层理论

如何构建中层理论，默顿曾提出一条策略路线：从处理具体经验问题开始，创造一些适用概念问题、一些适合这些经验问题的有启发的小概念和小理论，然后在此基础之上去寻找中层理论层面上的小突破。从默顿的思路，结合具体周边外交实践工作，建构周边学的中层理论主要包括三种方法：归纳法、演绎法和类比法。

（一）归纳法

归纳法将从比较具体的概念间的逻辑关系出发，然后向更抽象原则与概念前进。一开始，只有一个研究主题及与这个主题模糊相关的某个概念。但随着观察的深入或观察对象数量的增多，提炼出更加抽象的概念，发展出经验性的概括，并确认出一些实质的形式。一般而言，利用归纳法构建中层理论分两个阶段：一是从经验观察到经验概括。当一个周边外交研究主题确立后，研究者可以直接深入到档案馆、资料室或各个具体实践部门中去收集与课题有关的资料，以便对所研究的外交问题或现象做出说明和解释。二是从经验概括到中层理论假设的建构。一般而言，从现象到经验概括这一过程，具有严格的步骤和方法。但从经验概括上升到理论范畴，我们的想象力甚至是"灵光闪现"就变得不可或缺。因此，由经验概括到理论就是应用创造性的想象和思维的过程。在这一过程中主要包括以下四个步骤：1.建立解释项的概念。这一抽象概念包括经验概括中各种变量的共同属性和特征。2.建立被解释项的概念。它在更抽象、更普遍层次上表明所研究的具体现象。3.以原有经验和概括为基础，建立解释项与被解释项相联系的基本命题。这一命题就是中层理论的基本假设，它可以是因果关系，也可以是某种盖然性关系。4.建立多个命题，它们包含上述解释项与被解释项，然后将这些命题组织在一个逻辑上相互联系的理论体系中。通过上述四个步骤，可以建构起中层理论假设。如果该假设得到论证并获得学术共同体的认同，就可以得到相应的中层理论。

（二）演绎法

演绎建构中层理论假设的雏形可以追溯至古希腊。亚里士多德在《后分析篇》中提出演绎是科学的理想结构。所谓演绎是从一个抽象的合乎逻辑或已被科学证明的命题（或科学理论）出发，经过一系列推理，得出一个新的逻辑推演。这被称为命题逻辑推理。许多社会科学研究者包括外交学研究者也采用演绎的方法推演理论假设。

（三）类比法

所谓中层理论构建的类比法（或称类比推理）一般是指两个（或两类）对象在一系列属性上是相同（或相似）的，而且已知可用一种理论来解释一种（或一类）现象，那么可以用相似的理论来解释另一种（或一类）现象。对两个（类）事物或现象进行比较，找出它们在某一层的相似关系，并以此为依据，把某一事物的有关知识迁移到另一个对象中去。在国际关系理论中，最著名的就是华尔兹把国际社会中的结构类比为经济学中的市场，把每个国家类比为企业。那么根据古典经济学理论，企业的行为受到"无形的手"的支配，即市场决定企业行为。由此可以类似地推出结构决定国家行为。这正是结构现实主义的要义所在。

中层理论是对现实问题的回答。归纳法、演绎法、类比法是提出中层理论假设的基本方法。当然，在研究过程中，也并不一定必然要遵循这三种方法才能获得中层理论。反之，遵从这三种模式也不一定能获得合理的中层理论。顿悟、灵感、研究团体间的争论等非理性因素都是获得中层理论的重要方法。无论通过何种方法获得假设，最终都要进行逻辑和事实的检验。

无论是从历史还是现实看，进行中国周边学研究都无法回避西方的外交理论，对于中国周边学研究人员来讲，关键在于面对西方理论时，既不能盲目轻信而全盘接受，也不能视为异类坚决排斥，要以一种多元的、开放的批判精神，善于运用自身特有的理论创新能力，结合丰富多彩的周边外交实践，以中层理论为抓手，对西方外交理论进行批判性的借鉴和吸收。

浅议中国周边学的价值取向

复旦大学中国与周边国家关系研究中心助理研究员　薛　松

在已发表的中国周边学论文和笔谈中，不少学者阐述了建立中国周边学的价值取向，对建立这门新学科的意义给予了正面的评价。一门学科的价值取向，即这门学科服务的对象是谁、关切的内容是什么，对于塑造一门学科的核心问题、理论范式、研究方法、发展方向以及学科从业者的生态结构具有奠基性的作用，因此必须在讨论新学科的规划和具体实践问题之前进行充分的讨论和反思，并在学科从业者和利益相关方之间取得一致。

关于中国周边学的价值取向，学者们的意见大体可以分为两种类型。一种类型强调这个新学科的政策意义和实用价值，希望中国周边学服务于中国对外战略的总体需求，为中国的和平发展服务。复旦大学石源华教授提出，"新学科将研究和解决强起来的中国，作为一个世界和周边的'中心国家'，将如何与周边国家友好相处，合作共赢，建设中国所倡导的'命运共同体'，并实现中国强大后仍不称霸的庄严承诺"。[①] 中国社会科学院学部委员张蕴岭也提出相似的意见，"（中国周边学）以命运共同体为理念和指导，……对中国的周边外交政策与行动有指导意义"。中国社会科学院美国研究所李文研究员认为，"服务于实现'两个一百年'奋斗目标，是'中国周边学'存在与发展的最高意义与价值"。总结起来，中国周边学的价值植根于促进中国自身的发展，同时提升与周边国家的和平与合作的关系，具有政治非中立性。

另一种类型强调中国周边学的普适性学术价值，即科学地记录和深入理解研究对象，发现人类社会的普适性规律，并对研究的政治性意图或功利主义

[①] 本文引用的中国学者的意见均出自石源华主编：《中国周边学研究文集》，北京：世界知识出版社，2019年。

价值保持较强的敏感性和反思精神。如果将普适性学术价值的定义推到一个极端，可以认为它是政治中立的。一些学者提出的建议包含对这门新学科的普适性学术价值的关切，希望中国周边学打破学科间和东西方的学术壁垒，为理论界提供公共产品。如复旦大学郭定平教授指出，中国周边学研究的理论维度应关注边界边境边缘问题、打通比较政治学和国际政治学的边界壁垒、沟通国内与国际政治学研究。

上述两种价值取向是什么关系？对学科建设的前途有什么影响？我认为要分两种情况讨论：一种情况是政治非中立与政治中立的最终目标虽然不同，但是在研究和学科建设过程中有相互兼容甚至相互促进的空间，另一种情况是两种价值是非兼容关系，即过于偏重一种价值而忽略另外一种价值，或者两种价值产生冲突，导致分别基于两种价值的学术活动和学科建设方向产生分歧。在对中国周边学的讨论中，有不少专家提出中国周边学与地区研究的路径有共通之处，将美国地区研究的历史经验作为参照。美国的地区研究学科发展历史中既有过"价值兼容"的阶段，也经历过"价值分歧"的阶段。学科价值取向的调整和分化直接影响了美国地区研究学科发展和衰落的命运。我们在讨论中国周边学建制的初期阶段，不妨从美国的经验教训中汲取一些养分。

二战后，美国开始扶植地区研究学科和培育地区研究人才，以应对冷战中与苏联竞争的新形势。地区研究形成了基于美国人文和社科研究基础、依托高校和研究机构的跨学科人才培养和研究模式。20世纪40年代中期，过去基于个人学术兴趣的研究人员的研究旨趣与美国的对外战略开始出现交叉。本尼迪克特于1946年出版的《菊与刀》正是地区研究与国家对外战略相互兼容、互相促进的范例和早期成果。从40年代末，美国政府开始依托高校和研究机构扶植地区研究。地区研究与大学、基金会等机构网络整合到一起，形成了基于自由多元主义的地区研究学术共同体。美国的日本研究专家罗伯特·霍尔（Robert Burnett Hall）在1947年对美国地区研究项目的调研中指出，机构网络整合是美国地区研究学科发展的支柱。机构网络整合有利于地区研究与传统人文学科衔接、形成社科与人文多学科交叉、培养公民保护国家利益的能力。[①] 1958年的美国《国防教育法》资助了百所大学的地区研究项目，1965年的美国《高等教育法》为美国研究生提供了区域研究和高等语言培训专项

---

① Robert Burnett Hall, *Area Studies: With Special Reference to Their Implications for Research in the Social Sciences*, 1947.

款①[第六章拨款条例（Title VI grants，和富布莱特—海斯项目（Fulbright-Hays Program）]，在多所著名大学中成立了国家资源中心，作为外语培训和地区研究的机构。拉斐尔（Vicente L. Rafael）认为，正是企业资助、国家支持和大学自由多元的弹性管理系统令地区研究学科得以发展。②

20世纪50—60年代美国的地区研究统一了对学术价值和政策价值的追求，形成了一段地区研究繁荣期。美国地区研究的根基是东方学、希腊研究等传统的人文学科，其中逐渐加入了一些社会科学的研究方法和理论。而地区研究学者期望通过大量搜集美国以外地区的知识，在各学科充分参与和讨论的基础上，打破传统的学科壁垒、重塑学科分类结构，这是地区研究对普适性学术价值的一种追求。同时在国家支持下，研究机构也承担了培训具备地区知识的各行业人才的任务，产出了大量区域国别研究成果，为实现美国的全球扩张服务。可以说50—60年代是地区研究的学理与政策目标"价值兼容"的阶段，也是地区研究蓬勃发展的阶段。

70—80年代，地区研究中出现了三条"价值分歧"的岔路，为地区研究在90年代的衰落埋下伏笔。

第一条岔路是学者对地区研究学术价值的追求碰壁，使地区研究成为一门独立学科的探索并不成功。地区研究一直遭到来自理性主义的社会科学和文化主义的人文学科的攻击③：前者长于科学严谨的假设、论证和结论的普适性，后者长于历史的纵深、厚重和结论的针对性，而地区研究在哪方面都无法与上述二者相比。面对批评时，地区研究没能发明一套支持自己的辩护词，也没能建立起经得起推敲的学科基础（除已经有积淀深厚的东方学传统的地区外）。

地区研究在成熟学科林立的高等研究机构中的学术根基浅、学术地位不高。一些地区研究学者感到灰心丧气，主动退回到传统学科分类的堡垒中，挣脱了地区情境的限制，转而追求所谓的普适性（实际上普适性在很多情况下是指适用于美国的理论④）。以东南亚研究为例，东南亚地区的显著特征是多样性强和殖民烙印深。多样性过强的后果是难以找到议题或理论方面的共识以形

---

① King, Charles, "The Decline of International Studies," *Foreign Affairs*, 94 (2015): 88.
② Vicente L. Rafael, "The cultures of area studies in the United States," *Social Text*, 41 (1994): 91.
③ Peter J. Katzenstein, "Area and regional studies in the United States," *PS: Political Science and Politics*, 34.4 (2001): 789-791.
④ Lucian W. Pye, "Asia studies and the discipline," *PS: Political Science & Politics*, 34.4 (2001): 805-807.

成东南亚研究学术共同体的凝聚力基础，殖民烙印深的后果是二战后美国的东南亚研究严重偏向现当代政治研究，地区研究不能与比较政治学区分开来，继续被政治学"殖民"。另外，地区研究学者的学术评价和晋升体系没有从传统学科中独立出来，这也是地区研究学者愿意往传统学科范式靠拢的重要原因。

第二条岔路是地区研究背离对外战略。一些学者在田野研究中对研究对象国的情况产生同情，开始从对象国民族、社会的利益出发思考其研究的意义，反思美国的对外战略。在冷战的时代背景下，对象国社会和人民的福祉与美国的战略利益时常产生矛盾，令地区研究学者质疑美国对外政策的正当性，如康奈尔、密歇根、伯克利、麦迪逊等东南亚研究强校同时也是反对越战的中心，又如本尼迪克特·安德森等三人撰写的"康奈尔文件"（Cornell Paper）提出印尼军队内部分裂是1965年"九三〇运动"的起因，动摇了苏哈托新政权的反共合法性，令印尼军方的政治盟友美国政府大为光火。[①] 从美国政府的角度看，一些地区研究的价值观偏离了美国的对外政策轨道，甚至对美国的对外战略造成危害。这样的地区研究被美国政府认为无用，或起到反作用，导致地区研究的资金和政策支持进一步被削弱。

第三条岔路是地区研究遭到对外战略抛弃。地区研究的资金来源和服务对象以美国政府为主。一旦美国全球扩张的脚步停止，地区研究立即面对没有市场、资源匮乏的尴尬局面。查尔斯·凯斯（Charles Keyes）曾哀叹越南战争结束后，美国的东南亚研究快速萎缩。[②] 冷战结束后，一方面美国的对外战略全面收缩，另一方面全球化的浪潮增强了地区间发展的趋同性，关注特殊性的地区研究因此失去了往日的重要角色，[③] 资金一步步遭到削减。2011年以来，美国国家资源中心的数量减少了四分之一，研究人员职位减少了18%，学生和教师培训的机会锐减。[④] 由于地区研究始终缺乏对理论、方法和学科核心问题的共识，该学科没有获得赖以独立成长的根基，因此，一旦失去了其实用主义的功能和国家资金的给养，就面临快速萎缩的命运。地区研究专家不得不向成熟

---

① Katharine E. McGregor, *History in uniform: Military ideology and the construction of Indonesia's past.*, NUS Press, 2007, p.65.

② Charles Hirschman, Charles F. Keyes, and Karl L. Hutterer, eds., *Southeast Asian Studies in the Balance: Reflections from America: Conference*, Association for Asian Studies, 1992, pp. 9-24.

③ Peter J. Katzenstein, "Area and regional studies in the United States," *PS: Political Science and Politics*, 34.4 (2001): 789-791.

④ UCLA Asia Pacific Center, "UCLA International Language and Area Studies Programs under Threat!" http://www.international.ucla.edu/apc/article/174032.

学科靠拢，其中很大部分转向比较政治学。在20世纪90年代的学科转型期，"地区研究何去何从？"的问题曾引起大规模的讨论。20年后的今天，我们看到美国的地区研究几乎已经被政治学、社会学、人类学等传统学科吸纳了。

美国的地区研究学科兴衰史中有两个方面值得我们思考，对我们建立中国周边学学科有启示意义。第一，基于高校系统发展的新学科必须始终坚持对普适性学术价值的追求，要建立起学术共同体，在争论中寻求共识，界定和不断修正学科的核心问题、理论范式和方法。如果对学科的基础性问题缺乏共识，不能承受来自其他成熟学科的拷问，那么该学科从长远看终究是无法自立的。第二，政治非中立性价值和政治中立性价值的兼容是地区研究存在的根基。任何一种形式的价值分歧——不管是学术旨趣对国家对外战略的忽视、背弃还是被对外战略抛弃，都会导致地区研究学科失去实用价值和赖以生存的国家资源。在学科建设的初期，价值的兼容尤为关键。

处在雏形阶段的中国周边学与美国地区研究在产生背景、研究对象和研究目标上有许多可比性，面临的困难和挑战也具有相似性。美国地区研究由盛转衰的历史教训说明，中国周边学应从一开始就明确价值取向：在学科建设的整体层面支持国家对外战略目标，在个体研究层面至少要实现学术旨趣与国家战略的价值兼容。相信在"亲、诚、惠、容"的理念和命运共同体思想下，中国的国家利益可以与周边国家的利益协调、实现共赢，因此，中国周边学学科的政治中立性价值与政治非中立性价值可以在实践中兼容。中国周边学会走出一条与美国地区研究不同的道路，形成学科建设与国家战略相互促进的关系。

中国周边学与东西方外交理论的比较与融合

国际关系学院国际政治系副教授 曹 玮

作为当今世界上最强大的两个国家——美国和中国，面临完全不同的周边环境。美国的地缘位置得天独厚，东西以两大洋为护城河，南北仅有两个陆上邻国，一个是在政治制度、意识形态、文化传统等方面与其高度接近的北大西洋盟国加拿大，另一个则是早在19世纪就已被其彻底征服的后院国家墨西哥。

相比美国，中国的周边地缘环境可谓极其复杂和特殊。中国是大国，大多数邻国在领土面积、人口、资源、经济、军事等诸多领域都与中国存在等级性差距，决定了中国与这些邻国之间注定是一种不对称的外交格局。假如所有邻国与中国都是小国与大国的关系，情况还不算复杂。中国的情况是，在众多中小邻国之外，还有两三个在人口、领土或者经济规模上量级接近的大国，这样的邻国数量虽少，影响却大，中国与它们的交往方式显然不能照搬对其他中小邻国的外交政策。使情况进一步复杂化的是，中国与周边许多国家之间存在深刻的领土争议、权力博弈、资源争端，或者负面历史记忆。在当今世界主要大国中，中国周边地缘环境的复杂性可谓无以复加。

中国周边地缘政治的复杂性首先决定了发展中国周边学的必要性。美国没有周边外交的概念，因为美国的周边地缘环境极其简单，没有专门设置一个学科加以研究的必要。中国要想实现民族复兴，要想真正走向世界舞台的中心，必须首先经营好周边，构建起一个稳定、友好、良性互动的周边外交体系。复杂的周边环境现实，要求我们必须开辟专门的研究领域甚至研究学科，才能更好地理解和改变中国周边现实。

中国周边地缘政治的复杂性，同时更决定了发展中国周边学的挑战性。这种挑战性的一个主要来源是，开展中国周边外交研究缺乏现成的外交理论支撑。与国际关系学一样，外交学的发展，尤其是作为学科独立性最重要支撑的外交学理论的构建，从一开始就打上了厚重的西方外交史的烙印，其所观察和依赖的历史经验，基本上都源自欧洲的外交实践。欧洲政治外交自罗马帝国分裂以来的一个突出特点是，始终没有一个压倒性的政治力量长期稳定地占据欧洲的霸主地位。拿破仑法国曾短暂地征服过欧洲大陆，但很快被以英国为首的反法联盟所击溃。欧洲国际关系也因此呈现出均势不断被打破又不断被恢复的状态。正是基于这种状态，均势理论成为现代西方国际关系理论中历史最悠久、影响最深远的理论命题。新现实主义创始人肯尼思·华尔兹（Kenneth N. Waltz）甚至认为："如果说国际政治存在什么规律的话，这个规律就是均势规律"。

受这种均势规律的影响，近代欧洲外交实践催生出的最重要的外交思想就是均势原则和大国协调。前者强调国家外交的主要目标应是尽一切可能防止国际体系内出现能够支配其他国家的霸权国，后者强调每个大国的外交政策都应尽可能与其他大国取得协调和一致。19世纪是欧洲外交推行均势原则和大国协调原则的黄金年代，历史学界和国际关系学界普遍认为这两个外交原则是导致这一时期欧洲未发生大规模战争、维持"百年和平"的主要原因。

然而，当我们把以欧洲历史经验为基础的这些近代外交理念对照中国周边外交现实，就会发现两者之间存在显著的不一致。近代欧洲之所以能够产生"均势"和"大国协调"的外交理念，一个根本性的物质前提是欧洲国际体系长期处于多极结构，即有不止一两个一级大国同时存在于体系之中，谁也无法取得明显的支配性地位，彼此处于相互制衡、相互牵制的状态。正因如此，"均势"才有可能得以维持，同时也才有大国之间相互协调的可能和必要。但如前所述，中国在与绝大多数周边国家的互动中都是毫无争议的唯一一极，中国的超大规模是一种事先给定的常量，其他周边小国既不可能试图弥平自己与中国之间的这种实力差距，中国在大多数时候也不存在防止另一个完全超越自己的周边霸主崛起的战略紧迫性。俄罗斯、印度、日本这些与中国相邻的大国的确存在"大国协调"的可能性，但这样的协调大多数时候都是基于全球或体系层次的战略考量，而与周边外交关系不大。总之，因为中国周边地缘政治环境与近代欧洲地缘政治环境差异颇大，所以以近代欧洲外交经验为基础的现有西方外交思想，很多都难以直接适用和指导中国周边外交实践。

要想从理论层面更深刻地理解和把握中国周边外交，需要拓展经验数据来源，探寻更具可参照性的历史经验。古代东亚国际关系史和外交史无疑是一块尚待发掘而又极具潜力的资源宝库。与近代欧洲不同，古代东亚在多数时间都处于以中国统一王朝为唯一一极的单极结构。这种单极结构构成了古代东亚朝贡体系的物质基础。朝贡是古代东亚国际体系最基本的外交制度，周边小国和少数民族政权在形式上承认中原王朝"天下共主"的领导地位，定期或不定期地派遣使节向中原王朝进贡，以此向中原王朝表达自己的臣服，而中原王朝作为回馈，则向进贡的小国给予丰厚的赏赐，同时，对小国统治者予以"册封"，以此赋予小国统治者的统治合法性。从现代的眼光看，朝贡体制当然存在历史的局限性，难以适用于现代国际社会，但它的确是古代东亚国家在探索如何处理实力极度不对称的中央大国与周边小国外交行动的过程中发展出来的一套有效的外交机制，对协调古代中国和周边小国关系、维持地区秩序与稳定发挥了重要作用。当代中国周边外交同样面临如何与实力远弱于自己的国家打交道的问题，如何能够化解小国对中国强大实力的疑惧、如何稳定和聚敛中国与周边小国的相互预期、如何在中国与周边小国之间建立稳定的外交规范，对这些重要问题的探讨都可以从对古代朝贡体系的研究中获得启发。

同时，古代东亚国际体系并不只有朝贡关系这一种外交模式。中原王朝在很多时候都面临来自北方游牧民族政权的袭扰和军事威胁。中原王朝和这些军事能力强的游牧民族政权之间的互动，更多的是一种实力对称国家之间的博弈。两者之间既有以和亲和经济交往为主要途径的和平外交，也有武力威胁和战争。对于中原王朝来说，在许多时候都必须同时处理与周边小国的朝贡关系和应对强大游牧政权的军事威胁。如何既保持在周边小国中的领导地位，又能在与游牧政权的对抗中保持生存占据上风，是对许多中原王朝的一种双重考验。这种情境与当下中国的周边外交现实又有许多相近之处。对于当前周边许多小国来说，中国都是其最大的贸易伙伴，它们在经济领域大都对中国有较深的依赖和较大的需求，也在不同程度上希望中国发挥积极领导作用，而与此同时，对于某些周边大国来说，它们显然不愿接受中国日益提升的国际地位，相反总是试图以各种方式对中国的崛起势头予以打压。当前的中国面临着与古代中原王朝相似的双重考验。深入考察古代中原王朝与周边强国和小国互动的历史经验，能够为当前的中国周边外交提供比较直接的参考依据。

此外，周边外交还存在文化认同这个重要变量。近代欧洲的主要国家大都受古希腊和基督教文化影响，在文化认同层面不存在较大的隔阂，大都能将彼此视为相同群体相同类型的行为体。与此不同的是，古代东亚国家之间存在明显的身份认同差异。中原汉族王朝的儒家文明对周边汉化程度较深的小国（如朝鲜、越南）有较强的文化吸引力，这些国家与中原王朝在文化上存在较深的彼此认同。但中原王朝对北方游牧政权的文化认同度则很低,许多时候对后者还存在文化上的蔑视。受文化认同差异的影响,中原王朝与那些文化认同接近的国家的外交模式和与那些缺乏认同的国家的交往模式也存在显著差异,前一类的外交过程明显要更稳定更和平。当前中国周边国家之间的文化认同情况同样十分复杂,既有受儒家文化影响较深的大中华文明圈国家,也有分别受基督教、伊斯兰教、印度教等宗教影响较深的其他文化国家,既有资本主义国家,也有社会主义国家。古代中原王朝如何同时处理与不同文化不同意识形态国家的关系,应该也能为当前的中国周边外交提供可资借鉴的经验。

综上,中国周边外交自身的复杂性和特殊性决定了源于欧洲近代外交实践的西方现有外交思想和外交理论,对中国周边学的适用性和指导性偏低,一个值得推荐的弥补方式是加大对古代东亚国际关系历史的研究力度,并从中发展出具有东方特色的新周边外交理论。正如一位长期研究古代东亚国际关系的学者所指出的,"在相当长的时期内,东亚地区自成一体,构成了一个充分演化的国际体系,从而构成了一个十分有价值的理论分析对象"。从上面的分析可以看出,建立中国周边学的一块很重要的基石,应当是以中国周边为核心的东方国家独有的外交实践史。中国周边学不仅要研究20世纪以来的中国周边外交实践,更应该关注这一地区从古代到近现代的外交实践。

我们应注意到现有外交学理论的局限性以及中国周边外交实践的特殊性,还应注意避免走向另一个极端,即一味强调中国周边的特殊性,过分抬高东亚外交史的学术价值和现实指导意义,同时抹杀现有外交理论的普适性和东西方外交实践的共通性。当代中国周边地缘政治环境固然是从古代东亚地缘政治历史中流传延续下来的,它的确继承了古代东亚外交实践的许多特征,但同时另一个不争的事实是,经过近代化的深刻洗礼,现当代中国周边地区与全世界其他任何地区一样,已经处于一个全新的、覆盖全球的崭新国际体系之下,许多源自近代欧洲外交实践、现已被全球所广泛接受的外交规范和国际政治原则(如主权规范、平等规范等)同样为中国周边地区国家所采纳,并在规范和塑造着它们的外交行为。从这个意义上讲,将中国周边外交实践与西方外交思想和外交理念完全割裂开的做法是不可取的。

另外,尽管东西方外交历史进程存在诸多差异,但是两者同样有可能在某些特定时间和空间出现相似的外部约束条件,从而催生出相似的外交行为。例如,古希腊城邦和春秋时代的中国,无论在地理环境、历史传统、文化观念、经济社会制度、政治组织形态等各种方面都千差万别,可是却都出现了体系内两个最强行为体彼此结盟的外交现象。公元前579年，晋、楚这两个当时体系内最强的国家在经历了数十年对抗和多次战争后，召开"弭兵之会"，签订了"若有害楚，则晋伐之。在晋，楚亦如之"的互助性盟约。公元前421年，雅典和斯巴达结束了为期十年的阿奇达姆斯战争（Archidamian War），同样缔结了一个互助性军事同盟，盟约同样规定，另一国应"以最有效的方式"援助对方。国际体系中最强的两个国家之间战争和冲突是常态，彼此结盟则非常罕见，然而就是这种极端罕见的现象，居然在东西方外交实践中均曾出现过，这提示我们，在关注中国周边外交自身特点的过程中，同样也应注意东西方外交实践的相似和相通之处。

事实上，正是由于东西方外交实践存在着这样的相似性，东西方的政治思想家们才会对许多外交问题"所见略同"。公元前6世纪，中国的策论家提出了"邻之厚，君之薄也"的外交思想。16世纪意大利思想家马基雅维利通过对罗马史的研究，同样提出了"谁使另一人强大，谁便是摧毁自己"的相似理念。

总之，发展中国周边学，既不应固守现有外交理论的窠臼，照搬西方外交思想和理论，也不应忽视东西方外交实践和外交理念的相通性，而应在加强对古代东亚外交历史的研究过程中，对东西方外交实践和理论进行充分的比较和整合，走一条东西融合、为我所用的学术创新之路。

"中国周边学"的三种解读和创设目标

上海社会科学院国际问题研究所助理研究员　张　群

2018年初,复旦大学中国与周边国家关系研究中心提出创立"中国周边学"的倡议,国内众多专家学者参与了对"中国周边学"研究和学科建设的探讨。从《中国周边学研究简报》收录文章来看,国内学者对中国周边学研究内容的理解存在一定分歧。一种观点认为,中国周边学属于区域国别研究,以揭示和描述中国周边地区特有发展规律与个性特征为特点。另一种观点认为,中国周边学关注的是中国与周边的关系研究,研究基础是古代以及新中国成立以来中国与周边邻近国家关系发展的实践,目标在于发展非西方的国际关系理论。还有观点认为,中国周边学的核心目标是为发展中国特色的周边外交提供理论指导和政策建议。笔者尝试对"中国周边学"概念和创设目标进行解读,进而对中国周边学的研究内容进行探讨。

一、对"中国周边学"的概念解读

中国周边学的界定是讨论"中国周边学"研究内容的前提。从字面上来看,中国周边学是一个复合短语,由"中国""周边""学"三个词构成,可以解释为多种含义。原因在于:第一,在不同语境中,每个词对应的含义不同。"中国"一词在历史、地理、政治等不同视角下的含义有所区别。在历史研究中,中国指的是中华民族在不同时代形成的国家和政权。在地理视角下,中国指的是中国领土,包括领陆、领空和领海。在国际政治舞台上,中国指的是中华人民共和国。"周边"的含义取决于其指代或修饰的名词。周边一词通常用来表示位置关系,作名词时表示周围的边缘或附近的地方,作形容词时表示附近的、相关的,可以指代或修饰国家、地区、民族、外交等不同内容。"学"本身含有学问、学说、学科等多重含义。其中，学说是指学术上系统的主张或见解（例如，儒学），学科是指按照学问的性质划分的门类（例如物理学、政治学、历史学等）。

第二，词语之间的组合关系影响复合短语的含义。"中国"和"周边"两个词之间可以存在偏正、并列、指向等不同组合关系，分别对应中国的周边、中国与周边、中国对周边等。其一，在偏正关系下，中国周边学可以解读为"关于中国的周边国家/地区的学问/学说/学科"，研究内容等同于关于中国周边地区的区域国别研究。在这种解读下，中国周边学以"中国周边"为界定标准，将研究对象界定为与中国海陆接壤的国家和次区域，并没有对"学"的内容（即研究内容的性质）做出任何设定，因而，这里的"学"涵盖的范围极为宽泛，更接近于学问而不是学说或学科。其二，在并列关系下，中国周边学可以解读为"关于中国与周边国家/地区关系的学问/学说/学科"。中国与周边以并列方式组合，隐含了对研究内容性质的设定，即中国与周边的关系研究，研究内容隶属于国际关系学科。在这种解读下，"学"的内容性质明确，含义更接近于学科而不是学问或学说。其三，在指向关系下，中国周边学可以解读为"关于中国对周边国家/地区的外交实践的学问/学说/学科"。指向关系隐含了关于行为发出者和接收者的设定，同时行为主体的身份限制了行动的内容，因而，研究内容为中国对周边国家或地区的外交实践，比"并列关系"下的研究内容更具体，也更狭窄。由于中国的外交实践源于中国自身的外交理念和战略设计，在学术上可能表现为较为系统的观点和见解，因而这里的"学"更接近于学说、学派，而不是学问和学科。

综上，根据可能存在的组合关系以及相关词语的含义，中国周边学至少可以解读为以下三个层次。其一，关于中国周边国家和地区的学问（知识、信息和研究）；其二，关于中国与周边国家和地区的关系的学科；其三，关于中国对周边国家和地区的外交实践的学说。三个层次之间的关系是，关于中国与周边关系的研究，以中国周边国家和地区的知识和信息为基础，其研究成果服务于中国的周边外交决策和实践。

二、创设"中国周边学"与深化区域国别研究

推动和深化区域国别研究是否应成为创设"中国周边学"的目标之一？近年来，区域国别研究在国内得到较大关注，教育部设立大批国别与区域研究基

地，国内多家高校设立区域国别研究机构和相关博士点，并且举办了大量关于区域国别研究的研讨会。有观点认为，"中国周边学"可视为以中国周边为界定标准的区域国别研究的子范畴。这种观点与概念解读中的第一种可能性相对应。如果将中国周边学解读为关于中国周边国家和地区的学问，类似于中国周边区域国别研究。那么，中国周边学的创设目标则可能包含推动和深化区域国别研究。

如果将深化区域国别研究作为"中国周边学"的创设目标之一，那么，需要解决的一个关键问题是，相较于目前已经采取的基地建设、学科建设和学术研讨等一系列举措，创设"中国周边学"如何为深化区域国别研究提供额外的动力。这个问题可进一步拆解为区域国别研究的目标和内容是什么，这些内容和目标与创设中国周边学的目标有怎么样的区别和联系，中国周边学如何为实现这些目标提供新动力。如果创设"中国周边学"无法为深化区域国别研究提供新动力，则不宜将推动区域国别研究作为创设"中国周边学"的目标之一，同时不宜将中国周边区域国别研究列入"中国周边学"的研究内容。

当"中国周边学"被解读为关于中国与周边关系的学科，或者关于中国对周边外交实践的学说时，中国周边区域国别研究则不属于中国周边学的研究范畴。尽管如此，中国周边区域国别研究的深化发展有助于促进中国周边学的建立和发展。原因在于，中国周边区域国别研究能够为分析和解读中国与周边具体国家和地区的战略互动提供经验和规律，也能为中国周边外交决策提供必要信息和参考。换言之，创设和发展中国周边学，可以作为深化区域国别研究的目标，而不是相反。

三、创设"中国周边学"与发展新型国际关系理论

发展和完善新型国际关系理论是否应成为创设中国周边学的目标之一？在理论层面上，当前国际关系理论主要源于西方国际关系理论，难以对古代和当代东亚地区的国际关系问题做出合理的解释。鉴于中国周边特殊的历史、地理、政治、文化和社会环境，有必要建立以东方文化为底蕴的国际关系理论，用来分析和解读中国与周边国家之间的外交实践。在实践层面上，十八大以来的国内外形势变化向我们提出了推进中国特色大国外交的时代课题。党的十九大明确指出，中国特色大国外交要推动构建新型国际关系，推动构建人类命运共同体。如何构建新型国际关系，如何构建人类命运共同体，是我国在未来较

长时期内需要从理论和实践两个方面系统回答的重要问题,这两个问题在我国周边外交实践中尤为重要。因此,无论从理论层面来看,还是从实践层面来看,发展和完善新型国际关系理论应成为创设中国周边学的目标之一。

从逻辑上看,如果将发展和完善新型国际关系理论设定为创设中国周边学的目标之一,中国周边学应以中国与周边国家或地区之间的关系为主要研究内容。原因在于,第一,发展新型国际关系理论这一目标决定了中国周边学研究内容的性质应设定为中国与周边国家或地区之间的关系,而不是其他。尽管周边国家和地区的政治、经济、文化等各方面信息可能有助于解读国家之间的互动,但这些信息本身不构成理论研究的核心内容。第二,发展新型国际关系理论旨在解释古今东亚地区的国际关系问题,基于中国在东亚地区的重要地位,研究中国外交理念和实践是发展和完善新型国际关系理论必不可缺的部分。中国周边区域国别研究的研究对象是周边国家和地区的具体情况,虽有助于理解周边国家的外交实践,但由于缺乏对中国外交实践的考察,将中国周边学的研究内容等同于中国周边区域国别研究难以支撑发展和完善新型国际关系理论这一目标。第三,以东方文化为底蕴的新型国际关系理论应在一定范围内具有适用性,不应仅限于解释中国的对外战略,而应能够解释一定范围内亚洲国家的对外战略逻辑。以中国周边外交实践为核心内容的研究,更多地反映了中国的外交思想和理念,由此发展的理论可能无法解读其他国家的外交实践以及国家之间的互动关系,因而将中国周边学的研究内容局限为"中国周边外交实践"难以支撑发展新型国际关系理论这一目标。综上,基于发展新型国际关系理论这一创设目标,中国周边学应将中国与周边国家或地区之间的关系作为主要研究内容。

四、创设"中国周边学"与推进中国周边外交

为中国周边外交提供智力支持,是否应成为创设中国周边学的目标之一?随着中国和平崛起,亚太地区结构发生重大变化,周边外交成为中国外交工作的重要方面。中国周边是中国在区域层面上的战略空间,中国的"大周边"涉及64个邻国以及东北亚、东南亚、南亚、中亚、西亚、南太平洋等多个次区域,周边外交工作具有复杂性、动态性和艰巨性。

党的十八大以来,习近平总书记提出了"亲诚惠容"的周边外交理念,中国周边外交工作取得了丰硕成果。从要素流动和影响力辐射等角度来看,中国

在区域层面上的战略空间呈扩大趋势。中共十九大在既有成果的基础上进一步明确了构建新型国际关系和构建人类命运共同体的时代要求。在国内外新形势下，我国外交事业发展的现实需求催生了"中国周边学"的创设。显然，无论从"中国周边学"提出的时代背景，还是现实要求来看，"中国周边学"创设的目标必然包括为中国周边外交提供智力支持。

在对中国周边学的三种解读中，无论是中国周边区域国别研究，中国与周边关系研究，还是关于中国周边外交实践的研究，都能够为中国周边外交工作提供不同程度的智力支持。换言之，上述三种解读都能满足为中国周边外交提供智力支持这一目标。因而，这一目标无法直接排除上述解读对应的研究内容，进而无法为界定中国周边学的研究内容提供更为明确的标准。新学科或新学派创设的意义集中体现在解读既有理论难以解释的现象，为既有学科学派难以解决的问题提供相对完善和系统的框架思路和解决方案。尽管既有关于中国周边区域国别研究能够为解决中国周边外交工作中的具体问题提供必要信息和决策咨询，但难以满足为中国周边外交工作提供系统性理论框架和解决方案的迫切需求。这表明，在创设"中国周边学"的过程中需要解决一个重要问题，即相较于既有的中国周边区域国别研究，"中国周边学"如何为中国周边外交工作建立系统性理论框架和解决方案做出贡献。

五、结论

"中国周边学"从字面上可解读为关于中国周边国家和地区的学问、关于中国与周边国家和地区的关系的学科、关于中国对周边国家和地区的外交实践的学说三种含义。基于创设目标的合理性及其对研究内容的限制，笔者认为，创设"中国周边学"至少应涵盖两个目标，即发展和完善新型国际关系理论、为中国周边外交提供智力支持。故而，将中国周边学解读为关于中国与周边国家和地区的关系的学科更为合理。尽管中国周边区域国别研究有助于深化"中国周边学"研究，但不应纳入"中国周边学"的研究内容。"中国周边学"应以中国与周边国家和地区的关系为主要研究内容，中国对周边的外交实践则构成"中国周边学"研究的一个子领域。

中国周边学的新课题：如何为区域提供规范

复旦大学国际关系与公共事务学院国际政治系青年副研究员　贺嘉洁

  由于与众多处于不同发展阶段且政治、经济、文化体制各异的国家相邻，中国成为世界上处理周边外交问题最为复杂和困难的国家。在70年的周边外交实践中，中国与周边国家的关系也经历了冲突与合作的曲折变化，到今天逐渐形成了一个相对和平、友好、稳定的周边环境。这中间既有周边国家的共同努力，也是中国不断学习、适应国家间交往规范并积极融入周边大家庭的结果。

  随着实力和影响力的增长，中国已经从周边事务的重要参与者逐渐发展成为周边秩序的主要塑造者和维护者。这种身份的变化，不仅需要中国具备物质实力为周边国家提供公共产品，也要求中国从规范的接受者逐渐转变为规范的供给者，通过议程设定来应对周边环境中的挑战并影响区域内国家间的互动方式。那么，在新时期，中国应该如何扮演好规范供给者的角色，为周边秩序的建设提供什么样的规范以及如何提供这些规范？这些都应该成为中国周边学研究的新课题。

一、中国如何扮演好规范供给者的角色？

  随着中国力量的崛起，周边国家对中国的意图充满了警觉和不安。提供规范有助于定义和传达中国的行为标准和发展理念，并借助社会化和内化的过程让周边国家逐渐认同并接受中国的影响力，从而化解它们对中国的疑虑并抵制域外势力对周边事务的干预。历史证明，仅凭物质实力确立大国地位的国家容易触发周边国家制衡的动机，而具有规范性影响力的大国则能团结周边国家协力构建稳定的区域秩序。

中国周边具有复杂的政治生态和多元的政治格局，也面临着政治、经济、安全等各方面的现实挑战。普世的规范尽管有其适用的价值，但最终能为周边国家接受的是能够适应本土现实的规范。中国作为周边区域的参与者和重要一员，一方面与周边国家唇亡齿寒、相互依赖，另一方面相比域外国家也与周边国家有着更为相似的历史经历和长期互动经验，在本土化规范的构建和传播上具有一定的优势。这并不代表中国要将自己的原则强加于周边；相反，我们应该致力于为周边国家在解决具体问题时提供一个能适应当地情况的方案，从而影响它们的行为方式和对外部世界的认识。

在中国周边活跃着各种力量，试图用基于自身经历的规范塑造区域秩序。中国在努力成为规范供给者的同时，既要有与不合理或"不接地气"的规范进行竞争的意识，也不能忽视与有一定影响且符合地区现实的规范对接并相互借鉴的重要性。成为规范的供给者不一定要做规范的垄断者。作为周边区域的一员，中国在提供规范时不可避免地受到其他规范的影响而成为规范的接受者和再造者。正是在这种互为主体的规范互动中，区域性的规范逐渐形成并发展成熟，最终通过在区域内的扩散而成为被普遍接受的行为准则。

二、中国能为周边秩序建设提供什么样的规范？

明确了中国作为周边区域内规范供给者的角色，中国的周边学也需要关注中国能为周边区域提供怎样的规范，这些规范将如何推动区域议程的设定。

首先，中国可以为周边提供合作规范。中国的周边国家极其多样化，相互之间存在着各种矛盾和竞争。凭借多年的外交经验及在区域内的影响力，中国可以尝试着通过界定合作行为的原则和边界并创新合作的形式，鼓励周边国家在互动过程中建立信任。新中国早期提出的和平共处五项原则就是这类规范的典型例子。在新时期，尽管时代背景要求我们与时俱进地调整合作的基础和范围，但和平共处五项原则依然适用于指导周边合作，值得重新诠释和推广。中国也可以在此基础上为周边区域提供更丰富的合作规范，推进周边各领域合作的持续深入。

其次，中国应该为周边提供安全规范。中国的周边地区存在着一系列结构性和非结构性的安全问题，部分国家间安全困境突出，互信程度低。中国作为发展中大国，一方面要致力于消除周边国家对于中国实力增长所产生的顾虑，另一方面可以通过积极参与各种安全安排，推动超越传统现实主义的安全观在周边区域生根发芽。习近平主席在2014年海牙核安全峰会上提出并在当年的亚信峰会上推广的新亚洲安全观——共同安全、综合安全、合作安全和可持续安全——就是中国为周边区域提供的安全规范。今后，中国可以将它的内涵进一步具体化，并与周边区域的安全实践相结合，丰富它的意义，促进它在区域内的扩散和机制化。

最后，中国也可以为周边提供基于自身经验的发展规范。除了个别例外，中国的周边多为发展中国家，经济实力薄弱但发展潜力巨大。中国本身从贫穷落后发展成为世界第二大经济体的历程，为这些国家的经济起飞提供了宝贵的经验，并形成了一系列与发展有关的规范。以交通基础设施建设为例。虽然通过加强区域间互联互通来推动经济发展不是新的概念，但是由于基础设施项目本身的特点（资金需求大，建设周期长，回报时间久）以及发达国家投资的乏力，其重要性在很多周边国家中没有得到足够重视。中国自改革开放以来的发展经验，不仅证实了交通基础设施在推动经济发展中的作用，也为周边国家提供了设施联通的发展规范。如今，这一规范在"一带一路"倡议的推动下得到了积极的扩散，并逐渐为周边国家所接受，正是体现了中国作为规范供给者为周边发展所做的贡献。

三、中国怎样用规范影响周边国家与地区？

提供规范不是"输出革命"，也不是把中国的理念强加给周边。它是指周边国家在认可中国倡议的前提下，接受、阐释、调整并在实践中运用这些规范，这是"中国周边学"新课题的重要内容。

中国自身的成功实践是建立规范的前提。无论是在合作、安全，还是发展领域，要成为对周边国家有吸引力的方案，它首先必须让接受者相信它可以解决问题或带来利益。如果中国倡议的规范在化解中国与周边国家的冲突中发挥了积极的作用、成功避免了第三国的干预，或者推动了中国经济的成长，那么，周边国家会更愿意借鉴中国的经验，并在不断适应调整的过程中认可中国的影响力。

当然，仅靠榜样的力量不足以让中国成为区域规范的供给者，中国还需要借助区域合作的平台将规范机制化，并推动合作方式的创新。中国近年来的周边外交实践为一些区域问题的解决提供了条件，如协助缅甸和孟加拉国解决罗兴伽难民问题、在朝鲜核问题上的积极斡旋、支持塔利班参与阿富汗和平对话等。如果能将斡旋外交中的原则和实现斡旋的方式以制度的方式固定下来，并作为今后解决类似问题的框架，那么基于中国外交实践的规范也能成为周边国家管控冲突、参与斡旋的标准范式，从而实现中国对于周边国家的规范性影响力。

此外，中国也可以通过主动的外交行为推广自己的成功经验，为周边国家学习新的规范创造条件。"一带一路"倡议的推进就发挥了这一作用。一方面，基础设施合作成为双边与多边合作的组成部分，促使相关国家将其纳入国家发展规划；另一方面，中国的资金和技术也为设施联通规范的落实提供了物质保障。随着越来越多的国家加入到基础设施投资和建设的热潮中，中国对区域发展的规范性影响力也日益体现。

四、小结

对中国周边外交的研究一般都将中国作为周边的参与者，讨论它如何适应规范，并在维护国家利益的前提下为周边区域的和平稳定做出贡献。但是随着中国经济实力的崛起，中国在周边的角色日益转变为周边秩序的塑造者和维护者。除了继续遵守现有的规范外，中国也应该为周边区域提供新的规范，一来打消周边国家对于中国崛起的疑虑，二来承担起中国对于周边稳定和发展的责任。"中国周边学"因此也需要更多地关注中国如何更好地在周边外交中扮演规范供给者的角色，为周边外交实践提供智力支持和理论基础。

学习者视阈下的中国周边学"十问"

复旦大学一带一路及全球治理研究院助理研究员　张　励

迷者的悟理应是对一些迷思的"开悟",作为一名接触"中国周边学"不久的好奇者与学习者,笔者虽然在文献爬梳[①]、会议参与、课程学习和所做研究[②]等方面有一点浅薄积累与切身感受,但远不及"开悟"的水平。在学习过程中,笔者发现现有对"中国周边学"的研究更多的是来自某一学科或某一领域具有渊博学识的学者"自上而下式"的细致构建、阐释和解读,这与初学者(含青年研究者、研究生、本科生等)"自下而上式"的学习求索需求有一定出入。因此,以下"十问"是笔者从学习者的视阈出发对中国周边学的"追问"与"求解",以期能节省感兴趣者探索中国周边学的宝贵时间,并获得一些有益的启示。

一、中国周边学"十问"的缘起

在正式提出中国周边学"十问"具体内容前,需了解为什么会有和需要这

[①] 笔者阅读了有关"中国周边学"议题的近60篇文章,例如,中国国家领土主权与海洋权益协同创新中心复旦大学分中心、复旦大学中国与周边国家关系研究中心:《"中国周边学"研究和新学科建设研讨会论文集》(2018年6月)等。同时笔者也学习了有关"区域与国别研究"议题的数十篇代表性文章,例如,王缉思:《浅谈区域与国别研究的学科基础》,《国际战略研究简报》第73期,2018年12月21日,等等。

[②] 笔者在发表和撰写完的两篇文章《国际媒体对人类命运共同体的认知与中国应对之策——以2013年至2018年3月英法语的全球报道为样本》(《国际关系研究》2018年第4期)和《国际社会对澜湄合作机制的意图认知与中国经略之策》(南京大学第四届钟山论坛·亚太发展年度论坛"全球变革:新时代、新格局、新趋势"会议论文,2018年10月13日)中,深刻感受到将强未强的中国如何获取周边国家信任与认同对共建命运共同体来说是一个非常关键的议题。迄今为止,在我方推行与他方认知上存在一些距离。

样一篇中国周边学"十问"呢？主要有以下三方面原因。

第一，"十问"是基于中国周边学是一门"大家的学问"。这里的"大家"不仅仅指学术上卓有成就的集大成者，需要他们来提出问题和解决问题；同时也更需要普通意义上的"大家"，即年轻人、不同专业领域的人来一同参与、发展和完善中国周边学，尤其是青年人对于中国周边学的认识、学习与传承。于是这便引出了青年人如何快速了解和入门学习"中国周边学"的问题，即第二个原因。

第二，"十问"有助于"中国周边学"初学者的快速入门。笔者在撰写"中国周边学"笔谈前，通过阅读相关主题文献，关注"复旦中国周边研究"微信公众号推出的有关中国周边学的探讨文章，旁听石源华教授所授的《中国周边外交历史与现状研究》课程，才慢慢对中国周边学有所体悟和逐渐清晰。这经历了一个较为漫长和自我思索的过程。当时初学的心态莫过于想找一本"入门读物"，就一些疑问找到答案或思绪。这远比在数十篇文章中寻求答案更为快捷（但此方式只适合入门使用）。因此，对于具有强烈好奇心的年轻学生与学者来说，有一个"十问"这样的入门引导或批判性启发，是帮助其快速入门的一种"捷径"。

第三，"十问"是基于初学者"自下而上式"的学习需求而并非"自上而下式"的复杂细致研究。基于笔者所阅读的有关"中国周边学"的文献，现有对"中国周边学"的探索偏重自上而下的体系设计，或者横向的研究议题跨越与结合，这对于一门新学问的探索与构建来说是非常需要的。但从初学者"自下而上"的视角来看，可能更为关注的是"中国周边学是一门新学问（或学科）吗？""中国周边学的'学'到底是指什么？""为什么此时而非彼时出现了中国周边学？""中国周边学的目标抑或使命是什么？""中国周边学的研究脉络有哪些？""中国周边学和区域与国别研究的关系与异同有哪些？""中国周边学中的'周边'在英文翻译和使用时需要注意什么？""谁适合学习和研究中国周边学？""学习中国周边学的出路在何方？""中国周边学的专业读物与最新研究信息的获取渠道有哪些？"等一些基础性问题。因此，让好奇者和初学者一开始就从纷繁复杂与较之专业的研究文献中去寻觅上述答案，无疑有点"事倍功半"和易产生"畏难情绪"，同时也未必能满足其需求。

二、中国周边学"十问"

中国周边学"十问"包含了笔者在学习中国周边学过程中的一些疑问和所悟。作为一名好奇者和学习者,笔者因无任何既有的学科立场限制,期盼能更客观地寻求一些答案,也希望能给之后的学习者带来一些参考或启发。以下围绕中国周边学本身建设议题与"中国周边学"学习者的思考提出以下"十问"。

(一)中国周边学是一门新学问(或学科)吗?

中国周边学是基于历史实践积淀与学术积淀的一门"古老"的"新学问"(学科)。[①] 从概念提出的时间来看,中国周边学于2018年正式提出,属于"新学问"(新学科)的行列。但从其历史发展积淀来看,中国周边学主要基于古代、近代、现代、当代中国处理与周边国家的历史经验与政策演变。[②] 从其学术积淀来看,中国周边学又源于对中国周边外交战略与理论的探讨和升华。因此,中国周边学属于一门古老的新学问(学科)。

(二)中国周边学的"学"到底是指什么?

对于中国周边学是一门新学问,还是新学科,不同专家学者有自己的理解。从"学科"和"学问"的目标导向,[③] 中国周边学本身的综合性与多领域性,以及研究使命三个方面来看,中国周边学以学问研究为本,并非追求学位设置与学科地位。因此,其更可被视为是一门新学问。如果要挂以学科头衔的话,那么是带有强烈学问研究色彩和学问研究偏向的"学科"。

(三)为什么此时而非彼时出现了中国周边学?

中国周边学在此时出现主要基于两个条件,一是学术积淀的孕育,二是时代使命的召唤。第一,学术积淀的孕育。学问(或学科)的发展和创造需要历

[①] 本段乃至下文在"学问"后注以"(学科)",表示当下学界对于中国周边学是属于一个"新学问"还是"新学科"有不同见解,为强调包容性和不影响文章主要观点,故注明。另外,在第六问"中国周边学和区域与国别研究的关系与异同有哪些?"部分只用"学科"一词是因为当下关于中国周边学和区域与国别研究的关系探讨中都将它们视为"学科"。

[②] 石源华:《建设"中国周边学"的时代使命和基本内涵》,《"中国周边学"研究和新学科建设研讨会论文集》,2018年6月,第5—7页。

[③] 前者强调学位设置等,后者强调知识本身与实践应用。

史积淀，而中国周边学主要基于原有的中国周边外交史、中国周边外交战略和理论的长期研究与升华，并非单一受时代召唤而出现的空中楼台。第二，时代使命的召唤。中国周边学诞生的背景是在中国日益重视周边外交的基础上，在中国走向大国、强国的过程中，需要解决同周边国家纷繁复杂的问题，以达到先在周边国家推动建设新型国际关系、构建人类命运共同体、共建"一带一路"的现实需求。因此，如无时代使命的召唤，中国周边学就无法在此时得以出现；如无一定的积淀，此刻它也许难以破土而出。

（四）中国周边学的目标抑或使命是什么？

中国周边学的目标或者使命意在"研究和解决强起来的中国将如何与周边国家友好相处，合作共赢，建设中国所倡导的'命运共同体'，并实现中国强大后仍不称霸的庄严承诺"。[①] 中国周边国家是中国从地区走向全球的关键。中国在将强未强的情况下如何获取周边国家信任并与其友好相处，以及使其相信中国不称霸的目标是其中的关键。在笔者研究的有关国际社会对人类命运共同体与澜湄合作机制认知的两篇文章中，发现当下中国在处理与周边国家关系中存在中国智慧挖掘与对外阐释的距离，全球理论宣介与全球实践的距离，老伙伴支持与新朋友呼应的距离，国内探索深度与世界理解程度的距离等。[②] 因此，在中国从"富起来"到"强起来"背景下，解决中国如何与周边国家建立相互信任与正确认知，是与其友好相处并使其相信中国不称霸的重要前提与研究议题。

（五）中国周边学的研究脉络有哪些？

中国周边学研究可分为三条脉络，即中国周边理论、中国周边历史、中国周边热点。第一，中国周边理论主要围绕中国周边学进行理论构建。基于政治学、经济学、社会学、人类学等学科的现有完善理论，以及整合东方传统思想，借鉴西方国家关系理论的精华部分，构建起中国周边学理论。第二，中国周边历史主要探索中国周边国家的历史发展脉络，尤其是周边国家与中国关系的历史发展，以及周边国家间的历史对话，并探寻其历史规律与历史经验。第

---

① 石源华：《建设"中国周边学"的时代使命和基本内涵》，第1页。
② 张励、黎亚洲：《信号与感知：国际媒体眼中的人类命运共同体》，《世界知识》2018年第6期；张励：《国际社会对澜湄合作机制的意图认知与中国经略之策》，南京大学第四届钟山论坛·亚太发展年度论坛"全球变革：新时代、新格局、新趋势"会议论文，2018年10月13日。

三，中国周边热点主要就当下中国与周边国家间发生、发展的政治、经济、文化、宗教、生态等议题进行探索。三者关系并非割裂，中国周边历史与中国周边热点问题的研究能为中国周边理论的发展提供依据。中国周边理论也能为中国周边历史与中国周边热点提供指导与分析思路。此外，中国周边热点也能从中国周边历史中获取规律性的经验等。

（六）中国周边学和区域与国别研究的关系与异同有哪些？

在中国周边学的推动之际，恰逢"区域与国别研究"迅速建设，①两者在一些方面的相似性，引发了学界有关两者关系的一些探讨。有观点认为"中国周边学"会与"区域与国别研究"形成学位设置、学科地位与资源配置之争；但其实两者只是在看待彼此关系、追寻目标等方面略有不同。一些中国周边学的学者把中国周边学看成区域国别研究的重要方面，两者更多的是一种从属关系，其追寻目标是一种学问研究与资政服务。②部分从事区域与国别研究的学者把区域与国别研究和中国周边学视为平等关系，其共同追求学位设置与资政服务等，因此存在一定的竞争可能性；但两者本身在追寻目标、历史发展、时代属性、共同挑战上都有大量的共同点与共通点。因此，在解决中国从"富起来"到"强起来"的巨大转变挑战中，在"中国学派"的长成之路上，这对"兄弟"有太多理由需相互扶持，相互借鉴，相互切磋，并一同行走，共同成长。

（七）中国周边学中的"周边"在英文翻译和使用时需要注意什么？

随着中国周边学的不断发展，中国学者将不可避免地要与外国学者就相关议题进行交流或引来国外学者的好奇。那么在对外交流过程中，中国周边学中的"周边"在翻译时需要注意什么呢？笔者跟一位来自美国布鲁金斯学会的学者探讨"周边外交"时，对方曾提到 periphery diplomacy（周边外交）中的 periphery 一词带有强烈的"边缘"意味，周边国家是难以接受的。虽然现今中国的一些周边外交研究机构采用了 neighboring diplomacy 或者 neighbor diplomacy 的翻译方式以突出邻居、毗邻的色彩，但对方也表示 periphery

---

① 《教育部办公厅关于做好2017年度国别和区域研究有关工作的通知》，中国教育部网站，2017年2月22日，http://www.moe.gov.cn/srcsite/A20/s7068/201703/t20170314_299521.html。
② 石源华：《建设"中国周边学"的时代使命和基本内涵》，第4—5页；李文：《"中国周边学"的学科定位、研究视角与重点领域》，《"中国周边学"研究和新学科建设研讨会论文集》，2018年6月，第12页。

diplomacy长久、固有的翻译表述已深入人心，短期内很难改变。因此，在未来中国周边学的翻译中首先要避免使用periphery一词。其次，在中国周边学的中短期发展过程中，尤其是在每次相关主题的国际会议交流中要不断强调邻居、毗邻的翻译表述与学术含义，以转换固有的刻板印象，同时也避免中国要创造一门"以己为中心的外交学问（学科）"的怀疑。

（八）谁适合学习和研究中国周边学？

中国周边学的初学者具备四个"一"或其中大部分"一"都适合学习和研究，即"一点兴趣""一个学科""一个方向""一个对象"。第一，"一点兴趣"，无论是身怀"学术八卦之心"，想就中国与周边国家的某一问题刨根问底，还是心系家国想为将强未强的中国在处理与周边国家关系时出谋划策，都符合"一点兴趣"的基本标准。第二，"一个学科"，有一门正在学习或者已经掌握的学科技能，例如，历史学、政治学、法学、语言学、社会学、人类学乃至自然科学等都符合此标准。第三，"一个方向"，即在中长期内有某一感兴趣的具体方向，如政治议题、经济议题、宗教议题、环境议题等。第四，"一个对象"，即研究对象是中国周边国家中的一个国家或某个区域乃至次区域。

（九）学习中国周边学的出路在何方？

对于许多学习者而非专门的研究者而言，学习后所带来的成长与出路是其关心的重要议题，即在满足自身兴趣需求、能力需求的同时能否满足生存的需求。那么，学习中国周边学的生存出路在何方？首先，从事高校、研究机构专门议题的研究工作是首选。如想转化为别的相关方向，也会因上述学习中的"四个一"而较为容易。其次，从事涉外实践类的工作，服务于外事部门、国际组织或国际非政府组织，都会由于对某一学科、对象、议题的熟悉而带来竞争优势。最后，从事经济类相关议题工作，对外投资、国际贸易等经济类行业同样需要某议题风险评估与对对象国熟知的人员，等等。

（十）中国周边学的专业读物与最新研究信息的获取渠道有哪些？

目前有关中国周边学的专业读物，较为集中探讨的有两本，一是中国国家领土主权与海洋权益协同创新中心复旦大学分中心以及复旦大学中国与周边国家关系研究中心主编的《"中国周边学"研究和新学科建设研讨会论文集》（2018年6月），其中包含16篇论文和29篇笔谈。二是《世界知识》杂志2018

年第8期"'中国周边学'呼之欲出"话题专栏中的6篇文章。三是还有一些其他报道与文章,例如,《构建中国周边学正当其时》[1]《再探"中国周边学":学科建设的进展与前景》[2]等。四是"复旦中国周边研究"公众号对中国周边学最新笔谈与研究成果的推介等。

三、结语

"十问"更多的是一种学习中国周边学中的自我追问与自我求解。它不是一份确切的答案,也无人能给予精准的回答。"十问"能起到的微薄作用便是能缩短感兴趣的初学者了解中国周边学的宝贵时间,以及给予一些参考或启发。这是一个开放和需共同探索的"新学问",大家共同对此的"感悟"才能带来中国周边学真正的"开悟"。

---

[1] 毛莉:《构建中国周边学正当其时》,《中国社会科学报》2018年2月5日,第3版。
[2] 肖阳:《再探"中国周边学":学科建设的进展与前景》,《世界知识》2018年第15期。

中国周边专题研究

中国周边经济形势的评估和分析

钟飞腾

【内容提要】周边是中国外交布局中的重要组成部分,研究周边经济主要是为了服务于中国的外交和国家发展。2018年中国周边经济总量超过周边28国家之和,而1992年和21世纪初,中国仅相当于周边国家经济的10%和20%。2003—2015年中国相对于周边的崛起是加速发展的,2016—2023年中国经济相对周边的崛起速度将有所降低和平缓,中国与周边经济关系似乎正在迈入一个新的阶段。尽管世行和IMF均预计,2019年全球经济增长相对于2018年下降约0.3个百分点,但东亚和太平洋、南亚两个地区仍是全球经济增速最快的区域,2019年增速预计分别为6.0%和7.1%。2019年的全球贸易增速将显著弱于2017年和2018年,但仍然是金融危机以来较好的年份。发达经济体的出口能力将下降,而新兴市场的进口增速下降将呈现不同趋势。由于发达经济体占据着世界出口的绝对份额,发达国家出口的下跌将导致世界贸易增速显著下降。2018年中国与周边28个国家的贸易额为1.4万亿美元,占中国全球贸易的30.7%、亚洲贸易的59.7%。2018年中国外贸格局基本稳定,与周边国家的经贸关系趋于均衡,并未出现与发达国家的"脱钩"。中国与周边之外的地区的贸易份额略有上升,这至少意味着中国的贸易布局更加广阔,更加依赖于世界经济发展形势。中国已超过美国成为周边经济体最大的出口市场。就中国周边经贸关系的重心而言,中美框架仍然是中国周边经济的主要分析框架,但中国周边经济形势是一个多样化的态势,不同次区域内的国家都有各自至关重要的出口市场,不能用中国或美国加上某个地区大国来确定其模式。2018年,中美贸易摩擦的影响日益显现,在目前10%关税额下,多数机构认为越南、马来西亚、菲律宾是最大获益者,但如果关税提升至25%,那么除日本之外,东亚的损失将是全球最严重的。

【**关键词**】周边经济　经济增长　贸易模式　中美贸易摩擦　贸易替代　生产转移

【**基金项目**】本文为国家社科基金重大项目"东北亚命运共同体构建:中国的引领与行动"(项目编号18ZDA129)阶段性成果。

【**作者简介**】钟飞腾,中国社会科学院亚太与全球战略研究院大国关系室主任、研究员。

　　将周边经济作为一个相对独立的讨论对象,主要是从中国外交和战略层面加以界定的,对地区经济和全球经济进行监测的国际机构并没有列出单独的周边经济板块。自21世纪初起,中国外交布局明确为大国、周边、发展中国家和多边。中国官方文件通常称谓的"周边",包括东北亚、东南亚、南亚、中亚以及阿富汗、日本,但不列入俄罗斯,一共有28个国家。[①] 在全球主要经济体中,唯有中国拥有如此众多的海上和陆上邻国,鉴于中国独特的地缘环境,跟踪和分析周边经济的变化,对于推进中国外交具有重要意义。

　　在分析经济形势时,一个难以避免的问题是数据。但是,目前进行世界经济预测的主要国际机构,并没有给出单独的中国周边经济这样一个板块,难以提供整体性的统计数据。为了分析中国周边经济环境,可能有两种办法可供选择,一种是根据国际组织提供的国别数字,根据国际机构常用的方法,加总成一个中国周边板块;第二种办法是由中国的统计部门来提供,依据中国与周边经济关系的独特逻辑进行深入分析,但目前来看后者仍然是一个有待解决的难题。本文试图结合上述两点,一方面依据国际组织提供的数据,另一方面则从基本的政治经济关系原理出发分析中国周边经济环境。所谓基本原理,有两点考虑,一是绝大多数经济体都在多边经济框架内进行国际经济活动,一个相互依存的外部环境对各国的经济增长都有影响。目前,除朝鲜之外,中国周边多

---

① 关于周边外交框架内的周边国家数目划分,笔者依据中国官方的说法,具体内容可参考钟飞腾:《中国周边经济形势》,祁怀高主编:《中国周边外交研究报告(2016—2017)》,北京:世界知识出版社,2017年,第37页。

数国家和经济体都在WTO框架内。① 二是地缘理论表明，成长的大型经济体将影响到邻近国家的经济发展。也就是说，一个经济上崛起的中国将不可避免涉及周边国家的增长和发展，尽管这种影响的边界并不整齐划一，但从理论上说存在这样一种范围。

近两年全球经济形势继续走低，但中国周边地区经济发展态势令人刮目相看，继续领跑全球经济。2018年，中美贸易摩擦引发全球关注，周边国家尤其关心中美贸易谈判的进展。分析中国周边的经济形势，首先有必要明确中国与周边的经贸关系，判断哪些国家和地区与我们的经济关系比较紧密。从数据来看，近两年来，中国对外经济关系的一个显著变化是，与周边国家的经贸关系更密切，与发达经济体的经贸关系略有下滑，但外贸格局是稳定的。中美贸易摩擦仍在继续，但这是否将是中国对外战略中一种更大范围的脱钩进程的一部分，仍有待于进一步观察。截至目前，多数机构根据贸易替代和生产转移等标准，对中美贸易摩擦的效应进行了深入讨论，尽管各方的观点并不一致，但中美贸易关系的变化发展已经影响到地区内所有国家。

一、主要国际机构对中国周边国家的分类与周边的经济地位

国际货币基金组织（IMF）每年1月下旬和7月上旬对世界经济形势进行简短的补充评估，然后在4月上旬和10月上旬正式发布半年度《世界经济展望》报告。该报告受到各国政府和国际媒体的广泛关注，是进行全球经济形势分析和报道时的主要依据之一。在该系列报告中，日本、韩国、中国台湾省、新加坡、中国香港、中国澳门等被归类为"发达经济体"，"新兴和发展中亚洲"则包括了30个经济体，主要是通常所谓的东北亚、东南亚、南亚以及太平洋岛国等，但是不包括阿富汗和巴基斯坦。中亚五国被归入"独联体国家"，土耳其则被归入"新兴和发展中欧洲"。②

---

① WTO网站提供数据显示，截至2016年7月29日，WTO共有成员164个。除朝鲜之外，中国周边28个经济体都是WTO成员方，其中阿富汗于2016年7月29日成为第164个成员方。在中国之后成为WTO成员方的周边国家包括尼泊尔（2004年4月23日）、柬埔寨（2004年10月13日）、越南（2007年1月11日）、老挝（2013年2月2日）、塔吉克斯坦（2013年3月2日）、哈萨克斯坦（2015年11月30日）。参见WTO网站，https://www.wto.org/english/thewto_e/whatis_e/tif_e/org6_e.htm。

② 参见《世界经济展望》报告附录表格的统计分类，International Monetary Fund, *World Economic Outlook: Challenges to Steady Growth*, Washington, D.C.: IMF, October 2018, pp.152-158。

世界银行每年1月上旬和6月上旬发布《全球经济前景》报告。在报告中，世界银行也给出了"发达经济体"和"新兴市场和发展中经济体"两个类别，但其内涵却不同于IMF。其中，世界银行所谓的"发达经济体"接近于大多数人所理解的概念，即包括美国、欧元区、日本和英国，而"新兴市场和发展中经济体"则分为"东亚和太平洋""欧洲和中亚""拉美和加勒比""中东和北非""南亚"和"撒哈拉以南非洲"6类。[①] 其中，"东亚和太平洋"地区包括柬埔寨、中国、斐济、印尼、老挝、马来西亚、蒙古、缅甸、巴布亚新几内亚、菲律宾、所罗门群岛、泰国、东帝汶、越南。"南亚"包括阿富汗、孟加拉国、不丹、印度、马尔代夫、尼泊尔、巴基斯坦和斯里兰卡。

显然，IMF和世界银行对发达经济体和新兴市场的界定有很大不同，这将显著影响到学者们的统计分析，进而影响人们对某一个地区经济发展态势的评估。此外，世界银行"东亚和太平洋"分类中没有包括中国周边重要的经济体，如韩国、新加坡、中国香港、中国澳门和中国台湾省。而且，在中国学术界，南亚并不总是包括阿富汗。中国对外关系领域所关心的中亚几个国家，被纳入了"欧洲和中亚"板块，除了东欧国家之外，这一板块也包括土耳其、俄罗斯。因此，如果我们简单套用IMF或者世行的地区数据，都未必能够获得对中国周边经济环境的整体认识。

尽管都属于广义上的联合国机构，但是联合国秘书处经济和社会事务部在进行全球人口预测时，其对全球各个地区的分类与上述两个机构却有所不同。例如，亚洲被分为四个次区域：东亚（中日韩朝蒙以及中国香港、中国澳门、中国台湾）、中南亚（中亚和南亚合为一个，并且包括了阿富汗、巴基斯坦、伊朗）、东南亚（东盟+东帝汶）和西亚，土耳其属于西亚板块；欧洲被分为四个次区域（东欧、北欧、南欧和西欧），其中俄罗斯被纳入东欧板块。[②]

世界银行在计算所属各个地区整体经济增速时，并非计算所有国家的平均值，而是采取了若干典型国家加总的算术平均值计算法。例如，计算"东亚和太平洋"的经济增速时，采用了中国、印尼、马来西亚、蒙古、菲律宾、泰国和越南7国的数据，"南亚"仅采用了印度和斯里兰卡两国的数据。显然，两

---

① World Bank, *Global Economic Prospects, January 2019: Darkening Skies*, Washington, D.C.: World Bank, 2019, pp.233-236.

② Population Division, Department of Economic and Social Affairs, United Nations, *World Population Prospects The 2017 Revision*, "Classification of Countries by Region, Income Grop and Subregion of the World," https://population.un.org/wpp/General/DefinitionRegions.aspx.

个地区的整体数据背后的基础是不同的。在"东亚和太平洋"地区数据上，它所反映的是东亚主要经济体的平均值，却完全省略了太平洋经济体。而在计算"南亚"的整体面貌时，世行采取的方法却不同，仅仅是将地区内最大经济体和较小的一个经济体简单加总的方法。在计算"欧洲和中亚"区域整体情况时，仅仅纳入了哈萨克斯坦，其余四个中亚国家并未被纳入地区整体数据中。[①] 需要注意的是，世界银行对于上述差异并未给出理论上的解释。

IMF在计算各组别整体数据时，采取的方法与世界银行有所不同。[②]《世界经济展望》在计算国家所属组别的综合数据时，采用各国数据加总或者各国数据加权平均值，各国加权的权重基本上依据该国在组别中的GDP份额（基于购买力平价）。IMF强调，除了通胀和货币增长数据采用几何平均值，其他数据均采用算数加权平均值。从这个意义上说，IMF的计算方法要比世界银行更加精准一些。不过，需要注意的是，在预测产出时，IMF也采用了类似于世行的办法，并不包括所有国家。其中世界经济产出是按照世界经济总量90%的权重，新兴市场和发展中经济体按照该组别80%的权重。[③]

如图1所示，从经济体量看，2018年中国经济总量略超过周边28个国家之和。冷战结束后，周边外交正式成为中国对外政策布局中的一个重要组成部分，彼时中国经济仅相当于周边28个国家的10%。到21世纪初，当中国外交布局正式定型时，中国经济总量也才达到周边经济的20%。此后十来年，中国经济迅猛发展，于2010年超过日本。这一年，中国经济总量相当于周边的54.7%。进入21世纪的第二个十年之后，中国经济总量越来越呈现出相对于周边的优势，2015年中国占周边的比重曾接近100%。按照IMF的预测数据，2023年周边经济总量预计突破17万亿美元，而届时中国经济总量将接近20万亿美元。

从全球层面看，以市场汇率和购买力平价（PPP）计算的周边经济总量占比呈现出分叉现象。以购买力平价计算，从20世纪90年代初至2013年，周边占全球比重基本维持在20%上下，年均为19.6%。2014年首次突破21%，预计2023年将达到23.8%。如果按照大多数人习惯的市场汇率法计算，那么，周

---

① 该计算方法参见世行《全球经济前景》报告。
② International Monetary Fund, *World Economic Outlook: Challenges to Steady Growth*, Washington, D.C.: IMF, October 2018, pp.128-129.
③ International Monetary Fund, *World Economic Outlook Update, January 2019: A Weakening Global Expansion*, Washington, D.C.: IMF, 2019, note 2.

边占比反而呈下降态势。1995年占比达到顶峰23.4%之后，几乎是一路下跌，2008年甚至跌破15%，此后又有所回升，2018年为15.7%，预计2023年仍只有16.0%。图1清楚地表明，2003—2015年中国相对于周边的崛起是加速发展的，2016—2023年中国经济相对周边的崛起速度有所降低和平缓，中国与周边经济关系似乎正在迈入一个新的阶段。

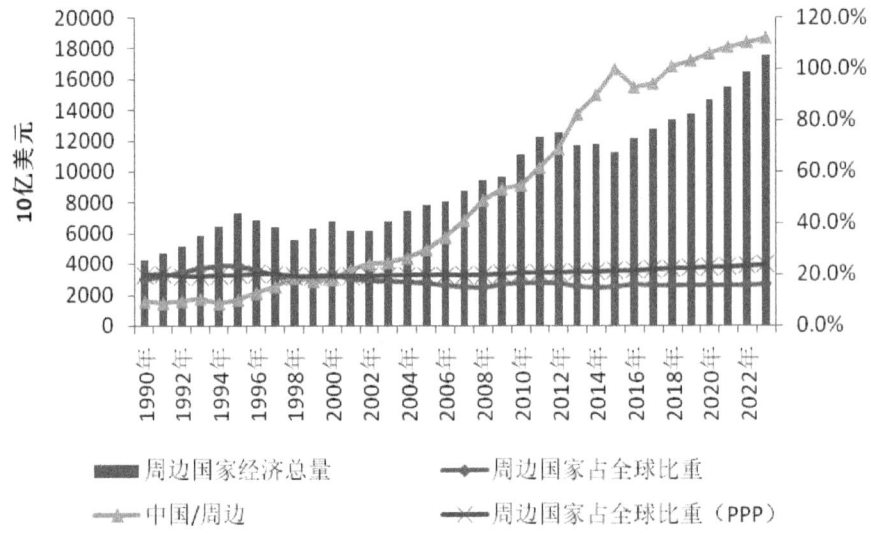

图1 周边国家的经济总量与地位

资料来源：IMF，World Economic Outlook Database, October 2018.

注：周边国家经济总量数据缺朝鲜。

二、主要国际机构对亚洲和全球经济增长的评估

从2018年夏季开始，舆论已经担忧世界经济形势将有所恶化。2018年7月2日，IMF公布了世界经济展望更新预测，维持了4月份的预判，认为2018年和2019年的全球经济增长仍能维持在3.9%。不过，IMF也不无担忧地指出，风险在增加。发达经济体中，只有美国的增长态势维持良好预判，而欧元区、日本、英国的增长预期不如以往。新兴市场和发展中经济体，则受到油价上升、美国加息、贸易冲突加剧等影响，特别是阿根廷、巴西和印度的增长势

头有所下降。① 在2018年10月3日公布的《世界经济展望》中，IMF改变4月的预判，将2018—2019年的全球增长率预计为3.7%。IMF首席经济学家莫里斯·奥布斯特费尔德（Maurice Obstfeld）在随后发布的博客中强调，2017年4月IMF预测2018—2019年这两年的全球经济增速为3.9%，到了2018年10月，IMF认为这种预测已经无法维持，最大的冲击变量来自于中美贸易摩擦加剧。为此，IMF下调了中美两国的经济增速。② 尽管如此，3.7%的全球经济增速要远好于2008年国际金融危机以来的年均表现，甚至也不比20世纪80年代以来的平均成绩差太多。

不过，到了2019年1月，全球经济形势进一步恶化。其中世界银行2019年1月8日发布的《全球经济前景》报告副标题为"夜幕降临"，这恰如其分地体现了2019年全球经济的色彩。③ 报告认为，由于全球金融业收紧，工业生产减速、贸易摩擦加剧，新兴市场和发展中经济体丧失了前进的动力。世界银行预计，2018年全球经济增速为3.0%，但2019年将下跌至2.9%，这一数字显然要比全球化鼎盛阶段的年均3.2%差。IMF在2019年1月21日发布的《世界经济展望最新预测》则认为，2018年全球经济增长率为3.7%，2019年预计下降至3.5%。④ 这比2018年1月的预测低了0.4个百分点，也是近年来下调幅度最大的一次。

如表1所示，相对于2018年1月发布的预测信息，两个重要机构在2019年1月发布的预测报告表明，新兴市场和发展中经济体的增速明显下降，世界银行同比下调了0.5个百分点，而IMF同比也下调了0.5个百分点。相比之下，对新兴和发展中亚洲的评估略好，世界银行和IMF时隔1年的评估只是分别下调了0.2个百分点和0.3个百分点。在全球经济形势恶化之际，亚洲经济增长仍是亮点。IMF首席经济学家莫里斯·奥布斯特费尔德在《世界经济展望》报告

---

① IMF, *World Economic Outlook Update, July 2018: Less Evene Expansion, Rising Trade Tension*, https://www.imf.org/en/Publications/WEO/Issues/2018/07/02/world-economic-outlook-update-july-2018.

② Maurice Obstfeld, "Global Growth Plateaus as Economic Risks Materialize," October 9, 2018, https://blogs.imf.org/2018/10/08/global-growth-plateaus-as-economic-risks-materialize/.

③ World Bank, *Global Economic Prospects, January 2019: Darkening Skies*, Washington, D.C.: World Bank, 2019.

④ International Monetary Fund, *World Economic Outlook Update, January 2019: A Weakening Global Expansion*, Washington, D.C.: IMF, 2019.

发布会上曾表示，整个亚洲地区贡献了全球经济增长的60%。① 表1中世界银行的数据也表明，东亚和太平洋、南亚两个地区仍是全球经济增速最快的区域，2019年增速预计分别为6.0%和7.1%。

表1　世行和IMF对2019年的经济增长展望（%）

	世行		IMF	
	2018年1月预测	2019年1月预测	2018年1月预测	2019年1月预测
世界	3.0	2.9	3.9	3.5
发达经济体	1.9	2.0	2.2	2.0
新兴市场和发展中经济体	4.7	4.2	5.0	4.5
新兴和发展中亚洲			6.6	6.3
东亚和太平洋	6.2	6.0		
南亚	7.2	7.1		

资料来源：World Bank, IMF。
注：表格中空白处无数据。

经济增长率被认为是判断一个经济体宏观经济运行最为重要的指标。工业革命以来全世界主要发达国家的年均经济增速大约为2%，这一经验值已成为衡量发达经济体经济运行是否良好的重要指标。另外一个重要参考值是截至2008年国际金融危机前的最近一轮全球化的全球经济年均增速。按照IMF提供的数据，1984—2007年，按市场汇率计算，世界经济年均增速略高于3.2%，如果按照购买力平价（PPP）计算，则为3.8%。② 表1所指IMF采用的3.5%是基于PPP得出的，与世界银行基于市场汇率的估算有差异。总体来说，2019年世界经济增速要低于20世纪80年代以来的平均值0.3个百分点。

发达经济体的保护主义措施将进一步打击全球经济增长和世界贸易增速。按照市场汇率计算，发达经济体占全球比重仍超过50%，对世界经济影响仍然是决定性的。③ 发达经济体的增速将从2018年的2.2%下跌至2019年的2%，对

---

① IMF, "Transcript of the Press Conference on the Release of the October 2018 World Economic Outlook," October 9, 2018, https://www.imf.org/en/News/Articles/2018/10/09/tr100918-transcript-of-press-conference-on-release-of-october-2018-world-economic-outlook.
② 根据IMF 2018年10月公布的世界经济展望数据库计算所得。
③ 按照IMF扩大版的发达经济体计算，2018年发达经济体占世界经济比重为60.5%，预计2023年为57.1%。而2008年金融危机之前，发达经济体占比超过70%。如果按照世界银行界定的狭义上的发达经济体计算，2017年占比为48.9%，2013年首次跌破50%。数据分别来自IMF的World Economic Outlook Database和世行的World Development Indicator数据库。

全球经济的损害将进一步放大。世行也认为，对于所有地区，经济增长的风险在加大。造成这一现象的重要原因之一是贸易环境的恶化，WTO2018年12月中旬发布的报告认为，2017年10月至2018年10月，WTO成员方实施的贸易限制措施达到137项，其中贸易救济措施覆盖的贸易额接近1000亿美元，进口限制措施涉及的金额约为6000亿美元。①

2019年的贸易增速将显著弱于2017和2018年，但仍然是金融危机以来较好的年份。2018年9月27日，WTO发布报告认为，2018年世界货物贸易增速预计为3.9%，2019年将下滑至3.7%，而2017年的增速为4.7%。WTO做出这一预判时设定的GDP增速分别为3.1%和2.9%。②对照世行和IMF2019年1月的GDP预测值，2019年世界贸易增速还将进一步下降。IMF在10月发布的《世界经济展望》中则预测，2018年、2019年世界贸易增速分别为4.2%和4.0%，而2000—2009年的均值为5.0%，2010—2019年的均值为4.8%，如不考虑2010年贸易增速反弹，实际上2018年、2019年两年的贸易增速仍是自2012年以来较好的年份。

值得注意的是，发达经济体和新兴市场的进出口呈现出不同的趋势。2018年，发达经济体出口增速为3.4%，进口增速为3.7%，2019年，预计发达经济体的进口增速为4.0%，出口增速为3.1%。2018年，新兴市场和发展经济体的进口增速为6.0%，出口增速为4.7%，2019年新兴市场和发展中经济体的进口增速下跌至4.8%，出口增速略提升至4.8%。③也就是说，2019年，发达经济体进口增速提高0.3个百分点，而出口增速下降0.3个百分点。新兴市场和发展中经济体则是倒过来，出口增速提升0.1个百分点，进口增速下跌1.2个百分点。尽管如此，由于发达经济体占据着世界出口的绝对份额（2017年占比63.6%），发达国家出口的下跌将导致世界贸易增速显著下降。④WTO在11月底发布的"世界贸易展望指数"也进一步表明，2018年的出口指数值是自2012年以来最

---

① WTO, "Report shows sharp rise in the coverage of trade-restrictive measures from WTO members," 11 December 2018, https://www.wto.org/english/news_e/news18_e/trdev_11dec18_e.htm.

② WTO, "WTO downgrades outlook for global trade as risks accumulate," 27 September, 2018, https://www.wto.org/english/news_e/pres18_e/pr822_e.htm.

③ International Monetary Fund, *World Economic Outlook: Challenges to Steady Growth*, Washington, D.C.: IMF, October 2018, p.165.

④ International Monetary Fund, *World Economic Outlook: Challenges to Steady Growth*, Washington, D.C.: IMF, October 2018, p.131.

低的,特别是汽车生产和销售、电子部件、农产品等都低于均值。① 这些产品正是2018年美国特朗普政府与不少国家进行贸易摩擦的主要内容。

从全球外商直接投资(FDI)发展趋势来看,美国税收改革效应明显拉低了外资流动。联合国贸发会(UNCTAD)2019年1月下旬发布的数据表明,2018年全球直接投资下降了近五分之一,只有1.2万亿美元。② 之所以如此,主要是因为美国公司对外投资占全球五分之一,美国公司全球战略调整,导致欧洲流入的外资大幅度减少73%,不足1000亿美元。而且,美国本土吸收的外资也在减少。

三、中国周边贸易格局稳定但重心略往西南移动

近年来,有关亚洲经济是否与美欧发达经济体"脱钩"的争论引起极大关注。2017年1月,亚洲开发银行(ADB)发布报告认为,"脱钩"有两种基本含义,广义的一个看法是东亚新兴经济体的商业周期不再受到地区外经济波动的剧烈影响;狭义的一个看法是东亚新兴经济体维持高速增长,不再依赖于美国。2000—2008年金融危机前,东亚新兴经济体维持了高速经济增长,而发达国家的经济增速起伏不定,因而一些人认为两者已经脱钩。但是,2008年国际金融危机以后,东亚新兴经济体与美国经济的互动关系非常明显,使得舆论重新回到亚洲仍然依赖于全球经济的假设。针对这种争论,亚洲开发银行这份工作论文认为,发达经济体(美欧日)与东亚新兴体并没有脱钩,彼此反而进一步加深了贸易投资、证券投资以及商业周期的相互联系。③

2018年中美贸易摩擦加剧之后,舆论认为美国特朗普政府正在实施与中国经济"脱钩"的战略。④ 2019年1月下旬,澳大利亚罗伊研究所发布报告认为,基于生产链视角的分析表明,东亚不再依赖于美国或者西方市场获取经济增长,两者事实上已经"脱钩",东亚经济体更加依赖于中国提供的最终

---

① WTO, "World Trade Outlook Indicator signals further loss of momentum in trade growth into Q4," 26 Novermber, 2018, https://www.wto.org/english/news_e/news18_e/wtoi_26nov18_e.htm.

② UNCTAD, *Investment Trends Monitor*, No.31, January 2019, https://unctad.org/en/PublicationsLibrary/diaeiainf2019d1_en.pdf.

③ Cyn-Young Park, "Decoupling Asia Revisited," *ADB Economics Working Paper Series*, No.506, Mandaluyong City, Philippines: Asian Development Bank, January 2017.

④ Editorial Board, ANU, "Decoupling the US from Asia," East Asia Forum, 19 November, 2018, http://www.eastasiaforum.org/2018/11/19/decoupling-the-us-from-asia/.

需求，因而越来越呈现出地区内部驱动的特点。[1] 该报告使用来自于经合组织（OECD）的增加值贸易（TiVA）数据库的数据，时间范围涵盖2005—2015年，这与前述ADB报告分析的时段是一致的。该报告强调，从2011年起，美国、欧盟、加拿大和澳大利亚合计占东亚经济体（范围大于ADB报告，包括韩日、"四小龙"等）最终需求品出口的比重，已经降低至40%左右，并且这一占比稳定迄今。报告强调，作为东亚经济体最终产品的出口目的地，中国的重要性已经超过美国，2017年中国占比达到20%。尽管如此，该报告的处理方法不同于ADB报告，统计东亚经济体时不包括中国，而是比较中美对东亚经济体的重要性，同时该报告也强调中国出口仍然依赖于西方。[2] 为此，我们仍需深入分析中国的外贸模式。

如表2所示，据中国海关2019年1月下旬发布的数据，2018年中国与周边28个国家的贸易额为1.4万亿美元。同期，中国与亚洲、世界的贸易额分别为2.4万亿美元和4.6万亿美元，中国同周边国家的贸易额占中国全球贸易的30.7%、亚洲贸易的59.7%。

从对外贸易格局看，周边占中国全球贸易比重稳定，但占亚洲贸易比重略有上升。同样依据中国海关数据，2016年中国同周边国家的贸易额占中国全球贸易的30.7%、亚洲贸易的58.0%。[3] 也就是说，中国周边经贸板块在全球贸易格局中的位置并无变化，但在亚洲经贸格局中的占比增加了1.7个百分点。

如果考虑中国大陆与港澳台的经贸额，甚至可以说中国与世界其他地区的贸易关系还在进一步强化。2018年，中国大陆与中国香港、中国台湾、中国澳门的贸易总额为5400亿美元，比2016年增加约500亿美元。加上港澳台地区，那么2018年中国与近邻国家和地区的贸易占中国对外贸易额的为42.4%，而2016年占比为43.9%。

因此，一些媒体议论纷纷的所谓中国正在与发达经济体"脱钩"的趋势并未出现。与之相反，中国与周边之外的地区的贸易份额略有上升，这至少意味着中国的贸易布局更加广阔，更加依赖于世界经济发展形势。

---

[1] Roland Rajah, "East Asia's Decoupling," Lowy Institute, Working Paper, No.1, January 2019, https://www.lowyinstitute.org/sites/default/files/East%20Asia%27s%20Decoupling_1.pdf.
[2] Ibid., p.5.
[3] 钟飞腾：《中国周边经济形势》，祁怀高主编：《中国周边外交研究报告（2016—2017）》，北京：世界知识出版社，2017年，第37页。

表2　2018年中国与周边国家贸易（单位：百万美元）

排名	国家	进出口	出口	进口	贸易平衡	贸易占比	出口占比	进口占比
1	日本	327663	147083	180579	-33496	23.1%	20.4%	25.7%
2	韩国	313428	108789	204639	-95850	22.5%	15.1%	29.2%
3	越南	147858	83899	63958	19941	10.4%	11.7%	9.1%
4	马来西亚	108625	45403	63222	-17819	7.6%	6.3%	9.0%
5	印度	95543	76705	18837	57868	6.7%	10.7%	2.7%
6	泰国	87524	42893	44631	-1738	6.2%	6.0%	6.4%
7	新加坡	82880	49165	33715	15450	5.8%	6.8%	4.8%
8	印度尼西亚	77371	43209	34161	9048	5.4%	6.0%	4.9%
9	菲律宾	55668	35061	20606	14455	3.9%	4.9%	2.9%
10	哈萨克斯坦	19885	11350	8535	2815	1.4%	1.6%	1.2%
11	巴基斯坦	19083	16908	2175	14733	1.3%	2.4%	0.3%
12	孟加拉国	18736	17752	984	16768	1.3%	2.5%	0.1%
13	缅甸	15240	10552	4687	5865	1.1%	1.5%	0.7%
14	土库曼斯坦	8436	316	8119	-7803	0.6%	0.0%	0.1%
15	吉尔吉斯斯坦	5611	5557	54	5503	0.4%	0.7%	0.0%
16	蒙古	7987	1645	6342	-4697	0.6%	0.2%	0.9%
17	柬埔寨	7387	6010	1376	4634	0.5%	0.8%	0.2%
18	乌兹别克斯坦	6267	3943	2324	1619	0.4%	0.5%	0.3%
19	斯里兰卡	4578	4256	321	3935	0.3%	0.6%	0.0%
20	老挝	3474	1454	2019	-565	0.2%	0.2%	0.3%
21	朝鲜	2430	2217	213	2004	0.2%	0.3%	0.0%
22	塔吉克斯坦	1504	1428	76	1352	0.10%	0.20%	0.0%
23	尼泊尔	1100	1078	22	1056	0.1%	0.1%	0.0%
24	文莱	1840	1592	247	1345	0.1%	0.2%	0.0%
25	阿富汗	691	667	24	643	0.0%	0.0%	0.0%
26	马尔代夫	397	396	1	395	0.0%	0.0%	0.0%
27	东帝汶	135	132	3	129	0.0%	0.0%	0.0%
28	不丹	12	12	0	12	0.0%	0.0%	0.0%
合计	周边贸易	1421353	719472	701870	17602	100.0%	100.0%	100.0%
	亚洲贸易	2381095	1188105	1192989	-4884	58.0%	57.3%	58.9%
	全球贸易	4623038	2487400	2135637	351763	30.7%	28.5%	33.6%

资料来源：笔者根据中华人民共和国海关总署，"2018年12月进出口商品国别（地区）总值表（美元值）"整理，2019年1月23日，http://www.customs.gov.cn/customs/302249/302274/302276/-2278978/index.html。

表2显示，2018年在中国与周边国家的贸易中，有13个国家占比在1%以上，这与2016年的情况相同。略有不同的是，2016年前13个国家合计占比为96.2%，2018年略微攀升至96.4%。2018年，前9个国家合计占比为91.2%，比2016年提高0.2个百分点。因此，就2016—2018年这三年的情况来看，中国与周边国家的贸易格局基本是稳定的。考察中国周边贸易，实际上只要重点关注前9个国家，这9个国家与中国的经贸发展大体上就能反映出中国周边贸易环境的变化趋势。按照IMF计算新兴市场和发展中经济体使用80%权重的方法，我们甚至还可以缩小到7个国家（合计占比81.9%），即日本（23.0%）、韩国（22.1%）、越南（10.4%）、马来西亚（7.6%）、印度（6.7%）、泰国（6.2%）和新加坡（5.8%）。如有必要，也可以算上印尼（5.4%）和菲律宾（4.8%）。这些国家分布在东北亚、东南亚和南亚。

改革开放以来的很长一段时期内，中国与周边国家的贸易重心在东北亚，日韩占据着显著的比重。当前的趋势是东北亚的权重略有下降，东南亚仍在上升。从贸易额来看，2018年中国与韩日两国为6400亿美元、与东盟十国约为5900亿美元，这两个区域占中国周边贸易的比重分别为45.1%和41.4%。与2016年相比，日韩占比下滑了1.5个百分点，东盟占比上升1.4个百分点。如图2所示，IMF数据显示，日韩两国占中国对周边国家出口的比重，从2000年的70.2%下降至2017年的36.6%，下跌幅度接近一半。自2001年以来，中国对周边的出口大幅度转向东南亚，在此过程中也体现出中国出口战略的转变和竞争力的提升。在周边经济体中，贸易额超过1000亿美元的国家有日本、韩国、越南和马来西亚，其中中国与越南经贸关系日益密切，2018年中越贸易占中国周边贸易首次突破10%，2018年比2016年占比上升了1.7个百分点，这是最为显著的一种变化。

除越南之外，推动周边板块地位上升的还有印度尼西亚和印度。2018年，印度列中国周边贸易第五位（6.7%），超过泰国和马来西亚，这也是过去两年中国周边贸易关系中的亮点。印尼列第八位（5.4%），但占周边贸易比重较2016年上升0.7个百分点，上升幅度仅次于越南。因此，尽管周边板块在中国外贸格局中的位置仍很稳定，但是内部格局却在悄然发生变化。正是这种变化需要引起我们的重视。一方面，中美贸易摩擦不可避免地正在改变东亚的生产链，越南和印尼的地位很突出。另一方面，2018年春季以来，中印关系持续改善，这也推动中印经济关系的发展。

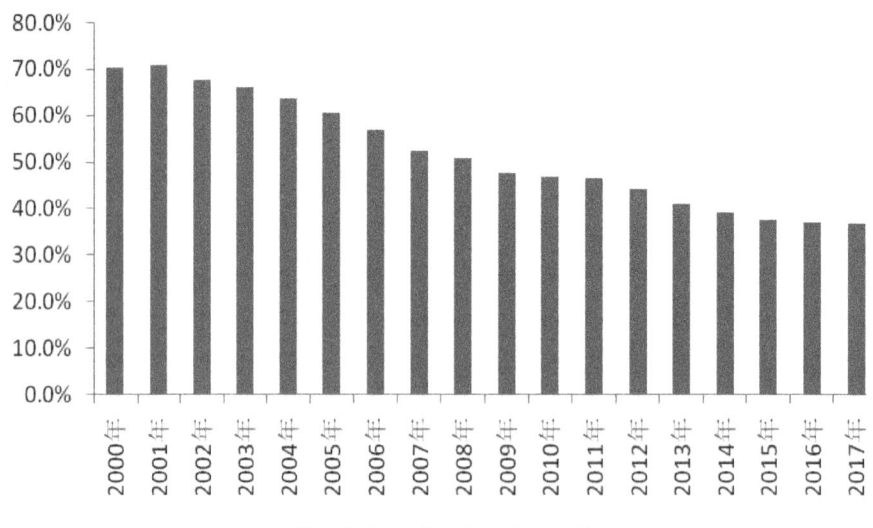

图2 韩日占中国对周边国家出口的比重

资料来源：笔者根据IMF, Direction of Trade Statistics (DOTS) 整理。

中国政府推动进口也对拉近与周边国家的关系起了作用。2018年，中国向周边国家出口7200亿美元，进口7020亿美元，贸易顺差不到200亿美元，占整个周边贸易比下降至1.2%，比2016年缩小4.4个百分点。越南、哈萨克斯坦、印尼、缅甸、印度、蒙古和土库曼斯坦的进口增幅都比2016年有所提升。表2也表明，中国同亚洲经济体的贸易首次出现逆差，这意味着中国加大进口的战略效应初步显现，将进一步迈向更加均衡和稳定的周边经贸关系。

在整体向好态势下，我们也不难发现若干国家与中国的经贸关系紧密度有所下降，除了前文提及的韩日之外，比较突出的是马来西亚、孟加拉国和朝鲜，当然原因各不相同。马来西亚、泰国和新加坡的占比尽管有所下降，但相对于2016年，2018年中马、中泰和中新双边贸易额仍分别增加217亿美元、116亿美元和124亿美元。不过，舆论也普遍认识到，马来西亚经济形势变化，很大程度受制于国内政局变动，马哈蒂尔执政之后大幅度减少参与"一带一路"的力度。孟加拉国的主要挑战是贸易增速显著落后于中国周边贸易的平均增速，特别是如何加大对华出口。朝鲜是近年来对华贸易减少的几个国家之一，其他包括塔吉克斯坦、吉尔吉斯斯坦、巴基斯坦和东帝汶四国，但朝鲜对华贸易相较于2016年的减幅为29亿美元，是上述四国的7倍多。之所以如此，联合国对朝鲜的经济制裁是主要原因。

四、中国再度超过美国成为周边经济体最大的出口市场

随着中美贸易摩擦的爆发和持续，中国周边经济形势在2018年受到很大的关注。从学术研究角度看，一个值得关注的问题是周边经贸形势的变化，是处在一个新的转折关头呢，还是在已经发生的转折上继续前进？从总量贸易数据看，笔者认为东亚地区趋势性的变化从2016年下半年已经开始，也即是说特朗普竞选美国总统成功后，周边经济体已经开始对他们的经贸发展战略做出调整。但是，其他此区域的经贸格局是非常复杂的，用"中美+"不能准确概括此区域国家的经贸关系变化。

如图3所示，中国超过美国成为周边经济体最大的出口市场。从20世纪90年代末起，也就是1997年东亚金融危机之后，绝大多数中国周边经济体都开始迅速提升对华出口。2008年金融危机并未改变周边经济对华出口增速快于对美出口的趋势，韩国、新加坡、日本、马来西亚、印尼、泰国对华出口均先后超过对美出口。在此之后，出现过一个令各方都关注的转变是美国推出的"转向亚洲"战略。从2013年开始，周边经济体开始降低对华出口占比，这个背景是美、日等国就推动"跨太平洋伙伴关系协定"（TPP）的谈判。美国奥巴马时期发动的TPP战略，特别是综合性更强的"再平衡"战略，其实已经开始扭转东亚的贸易秩序。2013年初，日本决定加入TPP谈判，这个决定对东亚地区贸易格局的影响是很关键的，很多国家自此开始降低对华出口，直到2015年和2016年周边经济对华出口与对美出口占比降到最低。不过，从2017年开始，周边国家又恢复了对华出口增速超过美国的态势，这似乎显著地证明了特朗普政策对亚洲局势的影响。

从地区秩序的经济基础来看，20世纪90年代毫无疑问是美国主导的时代，但是2008年金融危机之后，有6个经济体的最大出口市场从美国转变为中国，这是东亚地区秩序变化的开端。从贸易流向看，过去六年是东亚地区变动格局不稳定的阶段，这也是很多学者认为地区秩序转型的一个阶段，学者们对如何概括这种秩序的特征仍存在一些不同看法。在中国周边经济秩序发生变革的这个阶段，我们发现印度是一个例外。1997—2017年，印度对华、对美出口的增速基本是同步而又稳定的，并没有发生多大的变化，可以说印度与东亚经济的模式有根本的不同。几年前，美联储前副主席斯坦利·菲希尔曾有一个观点，认为印度并没有充分融入世界生产网络，其衡量指标包括机械和电子产品

出口占比不过15%，FDI占GDP比重不到中国的一半，而且人均GDP过低。①尽管印度从贸易上似乎并没有受到中国崛起带动的地区秩序变动的影响，但我们如今也看到印度重新调整了发展战略，从服务业主导转向重新重视发展制造业，并加速完善基础设施，努力发展出口产业。

除了印度之外，1997—2017年间所有东亚经济体在对华和对美出口上遵循了同样的模式。先是迅速提高对华出口，超过对美国出口的金额，达到一个顶峰之后降低对华出口，又再度提高对华出口。这种模式用字母表示，可以称之为"倾斜的W模式"。从图3还可以发现一个不同的特点，日本和越南是第二类特殊的情况，因为其从波峰下降的起始年份要比其他国家来得早，日本是2011年达到顶峰后，迅速下降，对美出口超过对华出口。越南也是2011年达到一个顶峰，但是下降速度很缓慢，2015年以后开始快速反弹。经贸关系变化额先行特点，反映出这两个国家在谋求地区秩序中的某种自主性、主动性和敏锐性。

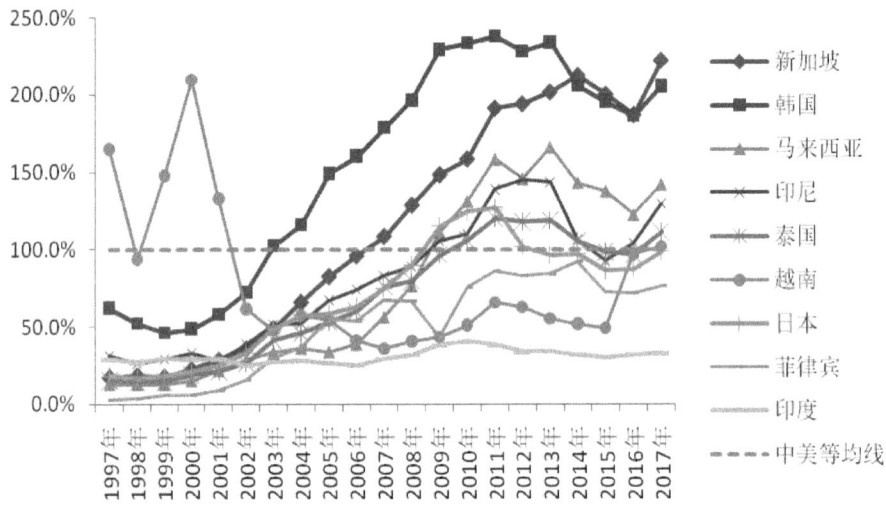

图3　中国周边主要经济体对中美的出口地位比较

资料来源：笔者根据IMF, Direction of Trade Statistics (DOTS) 整理。

---

① Stanley Fischer, "Emerging Asia in Transition," at the "Policy Challenges in a Diverging Global Economy" 2015 Asia Economic Policy Conference sponsored by the Federal Reserve Bank of San Francisco, San Francisco, California, November 19, 2015, https://www.federalreserve.gov/newsevents/speech/fischer20151119a.htm.

据笔者统计中国周边贸易伙伴的前几大出口目的地，结果发现2007—2017年这十年来中国在周边国家对外贸易中的地位上升是显而易见的。上文提及，2018年中国周边最大的9个贸易伙伴约占中国周边贸易总额的82%。在这些国家中，除印度之外，中国的重要性已经超过美国。

第一，中国超过美国成为多数主要贸易伙伴的最大出口目的地。2007年，中国周边9个主要贸易伙伴国中，有7个国家的最大出口目的地是美国；2012年，这9个国家只剩下两个，其最大出口目的地是美国，而中国成为7个国家的最大出口目的地；2017年，中国成为5个国家的最大出口目的地，美国仅是日本和印度的最大出口目的地。

第二，中国进入这9个主要贸易伙伴出口目的地前三位的总次数已经大幅度超过美国。2007年，中国进入前三的总次数为4次，美国为8次；2012年，中国进入前三的总次数为9次，美国为6次；2017年，中国进入前三的次数为8次，美国为7次。2017年次数下降是因为印度的第三大贸易伙伴从中国变为中国香港，如果加上香港在三个年份中的次数，无疑与中国相关的经济体的次数最多，2007年，香港是新加坡的第二大出口目的地，菲律宾的第三大出口目的地；2012年，香港仍然是新加坡的第二大出口目的地；2017年，香港也仍然是新加坡的第二大出口目的地。

除上述9个主要贸易伙伴之外，中国周边其他19个国家的经贸模式有很大的差异，这似乎表明中国周边经济形势是一个多样化的态势，至少不能用中国或美国加上某个地区大国来确定其模式。尤其需要注意的是，在地区安全研究领域颇为流行的一些思维框架，如"中美+""中印+"或者"中俄+"等难以概括这些地区内国家的经贸关系。从中国周边国家的主要出口对象来看，各次区域内的国家呈现出多种贸易模式。

第一，对华出口依赖度极高。土库曼斯坦的最大出口市场为中国，2017年土对华出口额为62亿美元，占土当年出口额的81.7%。土耳其是土库曼斯坦的第二大出口市场，但2017年占比仅为5.0%。从这个意义上说，土库曼斯坦对华出口依赖接近于蒙古和朝鲜的情形，蒙古和朝鲜对外出口的90%以上都是到中国。

第二，出口的主要目的地不在本地区，对美欧依赖度较高的国家，可以说是一种全球化的经贸参与方式。南亚地区的斯里兰卡，最大的出口市场是美国（26.0%），其次是英国（9.3%），印度列第三位（6.2%），中国的占比仅略高于日本和加拿大。可以说，斯里兰卡的出口分布是全球性的，地区邻近国家并非其主要出口目的地，其市场高度依赖于发达国家。孟加拉国与斯里兰卡类似，出口市场均在欧洲和美国，也许是其特殊的出口产品结构所致，如纺织品就受到发达国家配额的影响。孟加拉国的最大出口目的地是欧元区（33.4%），但是其第一大出口目的国是美国（12.2%），其次是德国和英国，中国和印度都在前五名之外。哈萨克斯坦接近于这一模式。对哈萨克斯坦来说，欧洲国家是其最为主要的出口目的地，2017年欧元区合计占比为43.4%，其中最大出口目的地是意大利，占比17.9%。中国列第二位（11.9%），荷兰列第三位（9.8%），俄罗斯列第四位（9.3%）。

第三，出口集中在邻近地区，且有两个地区邻近国家占据主要比重。这种模式中，一是中俄两国并列为主要的两大出口目的地。例如，乌兹别克斯坦的最大出口市场是中国，但俄罗斯紧随其后，两者相差无几，2017年乌对中俄的出口分别为15.9亿美元和15.3亿美元。哈萨克斯坦和土耳其分列第三大和第四大出口目的地，分别为10亿美元和8亿美元。中俄哈土四国占乌兹别克斯坦出口额的47.6%。这一模式中还有一种是俄罗斯和哈萨克斯坦占据双头位置。例如，吉尔吉斯斯坦最大的出口目的地是哈萨克斯坦，2017年为2.7亿美元，占比15.1%，紧随其后的是俄罗斯，仅比哈萨克斯坦少了100万美元。但从过去数年情况来看，哈萨克斯坦一直占据主要地位。2017年对吉尔吉斯斯坦来说，对英国的出口突然增加，导致英国超过乌兹别克斯坦成为吉第三大出口目的地，而中国则排在乌兹别克斯坦和土耳其之后，列吉尔吉斯斯坦的第六大出口目的地。

第四，次区域内某一个国家为其主要出口目的地，这些次区域的中心国家包括印度、土耳其和印尼。阿富汗和尼泊尔很接近，印度是占据主导型的出口市场。2017年，阿富汗对印度出口额为2.9亿美元（34.8%），列第二位的是阿联酋，出口额接近10亿美元，第三位的是伊朗（约2亿美元），第四位的是伊拉克。可以说阿富汗的对外出口模式是完全地区化的，且较为依赖于印度市场。2017年，尼泊尔对印出口额为4.2亿美元（54.6%），列第二位的是美国（10.7%），第三位的是德国（3.8%），第四位的是英国（3.3%）。对尼泊尔来说，印度占据着压倒性的优势地位。需要注意的是，印度对周边经济的影响远不如中国，如没有一个国家对印度出口市场的依赖，达到蒙古、朝鲜和土库曼斯坦对中国的依赖程度。塔吉克斯坦最大的出口目的地是土耳其，2017年为2.6亿美元，占25.8%。其次是中国，为1.7亿美元。第三大出口目的地是俄罗斯，金额为1.3亿美元。第四大出口目的地是瑞士，为1.2亿美元。对东帝汶来说，印尼是其最重要的出口目的国，2017年占比为25.9%，美国列第二位（22.8%），德国列第三位（13.9%），中国列第四位（8.7%），澳大利亚列第五位（6.1%）。因此，其模式接近于阿富汗等国。

从上述初步总结的4种模式来看，如果要进一步理解中国周边国家的经济关系，那么视野要超出中美关系的框架。除了通常能够想到的俄罗斯、印度等市场外，我们至少应该关注包括土耳其、哈萨克斯坦、阿联酋、印尼等对不同地区内国家至关重要的出口市场。当然，前文一再强调，就中国周边经贸关系的重心而言，中美框架仍然是中国周边经济的主要分析框架，中美经贸关系的变动也是当前国际社会关注的核心。而且，对于像纺织等初级制造业产品以及一些最终产品的出口来说，欧洲市场对中国周边不少国家仍然非常重要。

五、周边经济中谁是中美贸易摩擦的最大获益者？

国际观察家在回顾特朗普贸易保护主义政策时，也都将他2018年1月初在达沃斯世界经济论坛上的演讲视为一种信号。2018年1月下旬，特朗普宣布对中国生产的太阳能产品征税之后，美国媒体迅速做出反应，担忧美国跨国公司如苹果、波音以及英特尔等招致报复。美国关注中国经济的学者和智库专家也在接受采访中分析预测中国政府的行为，例如，华盛顿的战略与国际问题研究中心的甘思德（Scott Kennedy）、彼得森国际经济研究所的尼古拉斯·拉迪（Nicholas Lardy）等都认为，中国势必要针锋相对。另外，多数人也都拿出2009年小布什政府对中国出口美国的轮胎征税的案例，说明中国会报复，而且贸易战不利于美国。[①] 但是，经济学家和分析师当时并未预见到2018年中美贸易摩擦的烈度。

自2018年3月下旬特朗普公布对中国出口美国产品征收10%关税之后，世界舆论开始密切关注这一重大的风险。以学者为主体发布的评论，基本认为特朗普的政策目标背离基本经济原理，但也高度重视特朗普贸易政策给其他国家带来的风险。例如，澳大利亚学者阿姆斯特朗（Shiro Armstrong）在2018年3月下旬的一篇评论文中认为，贸易战没有赢家，所有人都有损失。特朗普的政策将威胁到以规则为基础的秩序，他呼吁日本、澳大利亚、加拿大等国联合

---

① Julia Horowitz, "Trump-China trade war: Who has the most to lose?" January 25, 2018, https://money.cnn.com/2018/01/25/news/economy/us-china-trade-war-companies/index.html.

起来应对这次挑战。① 其他一些评论则认为，贸易摩擦升级将导致美国从中国进口下降，这势必将影响到亚洲其他经济体，如马来西亚、中国台湾省、韩国等的经济表现，因为这些经济体有大量的中间品贸易在中美之间进行。不过，在贸易战中也会有受益者，如最显著的是拉美国家将增加对华大豆出口，高盛则认为中东地区也会扩大对华原油出口。② 5月7日，越南经济和政策研究所（VEPR）经济学家成士范（Pham Sy Thanh）在接受越南《河内时报》采访时强调，由于生产网络的存在，贸易战会波及许多国家，进一步激发保护主义和民族主义，并会改变诸多第三方国家的贸易平衡。越南既有贸易转移的机遇，但也会遭遇汇率、关税等不确定因素的影响。③

2018年5月初，中美双方在北京进行磋商，但毫无结果，贸易摩擦升级。5月下旬，美国彼得森经济研究所两位学者发布评论认为，特朗普的政策在经济上缺乏理论支持，美国应采取更加针对性的政策，如聚焦于中国的国有企业。贸易战不会解决知识产权问题，如果中美贸易完全崩溃，双方都将受损。而且该评论认为，美国解决贸易赤字的首要手段是降低美国增速，其次是将中美贸易赤字转移给美国的其他贸易伙伴。该评论还强调，特朗普的政策将削弱美国对全球多边规则的承诺，有可能导致中国脱离WTO机制，而这并不符合美国的利益。值得注意的是，截至那时彼得森经济研究所研究人员对世界经济发展形势的评估还比较正面。但该机构已经注意到亚洲开发银行的警告，认为中美贸易摩擦升级将损害地区内商业经营者的信心。④ 按照前文我们对IMF和世行发布的世界经济预测的分析，有两个基本结论需要加以强调。第一，截至2018年5月底，美国主流学界还无法对中美贸易摩擦的负面影响发布准确的评估，但共识是特朗普政府的政策不利于以规则为基础的多边贸易秩序；第二，就亚洲经济形势的分析而言，亚开行似乎走在主要国际组织的前列。因此，对于关注亚洲经济形势的学者而言，似乎应该更加重视和跟进亚开行的相关信息

---

① Shiro Armstrong, "Trump's tariffs a call to arms for global community", 26 March 2018, http://www.eastasiaforum.org/2018/03/26/trumps-tariffs-a-call-to-arms-for-global-community/.

② Rishi Iyengar, "How a US-China trade war could hurt (and help) others," April 10, 2018, https://money.cnn.com/2018/04/10/news/economy/us-china-trade-war-fallout-countries/index.html.

③ The Hanoitimes, "Potential risks and gains for Vietnam from trade war," 7 May 2018, http://www.hanoitimes.vn/economy/industry/2018/05/81E0C631/potential-risks-and-gains-for-vietnam-from-trade-war/.

④ Gary Hufbauer and Euijin Jung, "No winners in a US–China trade war," 21 May 2018, http://www.eastasiaforum.org/2018/05/21/no-winners-in-a-us-china-trade-war/.

发布。

到了6月下旬，各方都判断到特朗普将于7月初加征关税，亚洲一些经济体因而也更加从产业链角度分析中美贸易摩擦的影响。例如，越南被认为将有可能吸收更多外资，对试图调整制造业产地的公司来说，越南是一个良好的替代者。从数据来看，有报道提出越南2018年对美出口年均增速达到了14.65%，2018年前两个月对美出口甚至达到总出口额的39.7%。① 但对该地区内收入水平高于中国的经济体，如韩国、中国台湾省、新加坡和马来西亚等，不仅出现了本币贬值，而且也因对华出口额大，纷纷预计将会是贸易战的受损者。一些公司也在考虑是否将生产基地搬迁至泰国或者越南。② 不过，由于那时美国还未公布关税涉及的产品清单，也就无法准确估算贸易战给亚洲经济体带来的损失。

7月10日，特朗普政府宣布将于9月对中国出口至美国的2000亿美元产品加征10%关税。彼得森经济研究所的加里·赫夫鲍尔（Gary Hufbauer）在接受采访时给出了中美双方的一个初步损失估算。他认为，如果贸易战全面爆发，那么中国将每年减少对美出口2000亿美元，400万工人失业，而美国出口减少500亿美元，25万名工人失业。此外，他还强调，如果跨国公司预判贸易战继续升级，那么将会重组供应链，将生产基地转向低成本生产国家，如越南、马来西亚、印尼、墨西哥和秘鲁等。而对中国来说，则会加大从韩国、加拿大和澳大利亚的高技术零部件进口。赫夫鲍尔还认为，特朗普政府将贸易赤字摆在贸易战的中心位置完全是没有意义的。③

由于电子产业是此次加征关税的主要目标产业，中国周边地区电子产业发展较好的经济体，如新加坡、马来西亚和韩国都将遭受较大损失。有报道提及，韩国25%的产品出口至中国，马来西亚13.5%的货物出口至中国，而中国出口品中大约三分之一是外国公司的增加值贸易，这些都将会受到此次贸易战的打击。但与此同时，由于产业链转移过程中也会导致贸易创造效应，同样这

---

① Am Cham, "US-China trade war to help or hurt Vietnam's economy?" 25 June, 2018, https://www.amchamvietnam.com/us-china-trade-war-to-help-or-hurt-vietnams-economy/.

② Yen Nee Lee, "Asian economies have a lot to lose in a US-China trade war," 20 June 2018, https://www.cnbc.com/2018/06/20/us-china-trade-war-to-hurt-asian-exporters-like-taiwan-south-korea.html; Daniel Shane, "US-China trade war will spill into other Asian economies," June 28, 2018, https://money.cnn.com/2018/06/28/news/economy/trade-war-impact-asia-economy/index.html.

③ Mercy A. Kuo, "The US-China Trade War: Winners and Losers, Insights from Gary Hufbauer," July 11, 2018, https://thediplomat.com/2018/07/the-us-china-trade-war-winners-and-losers/.

些经济体也会受益于中国公司的产业转移。大约从此时开始，媒体报道在援引经济学家的意见时，会频繁提及2018年下半年经济增长会受累于此次贸易战。① 同样也是在这个阶段，一些经济学家开始提出，中美第一阶段500亿美元关税战中，农产品贸易摩擦导致一些获益者，这不仅包括前期特别明显的拉美国家，还有如澳大利亚、新西兰，甚至中亚很多国家被认为都因此扩大了对华出口。例如，哈萨克斯坦扩大了对华大豆出口，乌兹别克斯坦和吉尔吉斯斯坦扩大了对华樱桃出口等。②

9月，特朗普政府关税加征扩大版如期而至之后，双方涉及金额分别提高至对美出口2500亿美元和对华出口1100亿美元，这终于引发了全球震动。2018年10月初，IMF总裁拉加德对中美贸易摩擦提出了警告，认为6个月前的一些预判如今成真，保护主义将极大影响商业和消费者信心，而强势美元和财政不良对多数新兴市场都有负面冲击。拉加德还提及，全球公私债务已创纪录地达到182万亿美元，比2007年增长了60%。可以说，经济增长环境已经有所恶化。在这种情况下，中美两大经济体的贸易战会波及全球，而不仅仅是参与产业链的中国周边国家。③ 出于对债务危机的担忧，一些舆论也开始指责中国推动"一带一路"造成发展中国家的问题，诸如"债务陷阱"和"债务外交"等也开始在部分国家传播。这既是一些分析人士对中美贸易摩擦的担忧，同时也反映出中美贸易摩擦有着更为广阔的时代背景。

10月中旬，世界银行经济学家卡利（Massimiliano Calì）发表的研究成果估算了贸易战引致的四种类型的效应。④ 他基于贸易产品6位数编码和8位数编码的计算表明，这一轮加征将使得美国减少从中国进口686亿美元，相当于美国从中国进口的13.6%和中国向全球出口的3%。这部分产品金额中大约有414亿美元是在中国产生增值的，约占当年中国GDP的0.3%。如果按照2位数编码计算，则该金额的半数都是电子设备和机械产品及其零部件。第二种变化是

---

① Rajiv Biswas, "Region to suffer collateral damage of a trade war," *China Daily*, 2018-07-25, https://global.chinadaily.com.cn/a/201807/25/WS5b57bb96a31031a351e8fecc.html.

② Eurasianet, "Central Asia sees opportunity in US-China trade war," 26 July, 2018, http://vestnikkavkaza.net/analysis/Central-Asia-sees-opportunity-in-US-China-trade-war.html.

③ Andrew Mayeda, "'Devastating' effects: IMF chief sends warning on trade wars," October 2, 2018, https://www.smh.com.au/business/the-economy/devastating-effects-imf-chief-sends-warning-on-trade-wars-20181002-p50771.html.

④ Massimiliano Calì, "The impact of the US-China trade war on East Asia," 16 October 2018, https://voxeu.org/article/impact-us-china-trade-war-east-asia.

从美国转而从东亚进口来看,卡利的估算表明,按照替代额占该国GDP的比重,越南、菲律宾和柬埔寨是最大的替代者,其中越南新增出口占GDP比重将因此而增长4.4%,菲律宾大概为3%。而中国台湾省、新加坡、马来西亚和泰国的效应则不太明显。第三种效应是跨国公司投资转出中国,卡利的计算表明,泰国、马来西亚、越南和菲律宾吸收的外资均会增加。总的来看,印尼和老挝的影响比较小。第四种效应是周边经济体向中国出口减少。马来西亚是最大的对华贸易减少方,由此将导致GDP分别降低0.24%和0.2%。新加坡、韩国、泰国大约降低0.1%的GDP。柬埔寨、印尼和越南三国,由于参与中国引领的全球价值链程度并不高,对华出口基本不受影响。

11月初,英国《经济学人》情报社在一份报告中指出,越南和马来西亚将是中美贸易摩擦中的最大受益者,印度、印尼和泰国是中等受益者,菲律宾、日本、新加坡、韩国和中国台湾省则面临挑战。①但是,该报告也强调,现在还很难计算出哪一个国家究竟能获益多少,即便是最为乐观的预测,至少也要到2020年才能看到贸易战的明确效果。也有报道指出,韩国正在加速投资越南,2018年上半年,韩国企业对越南投资19.7亿美元,而对华投资仅为16亿美元。②也有新加坡的企业表示,在2018年7月之前,中国的一些企业已经将制造业转向东南亚,但是中美贸易摩擦加速了这一进程。如果说以前的产业转移速度是演化式的,那么现在可以说是革命性的。③

与世行10月的估算类似的是,日本野村证券的经济学家再度强调了进口替代效应和生产转移效应。前者主要是短期的,即中美两国增加从中美之外的经济体的进口,后者则是中长期的,跨国公司转移生产到中美之外。据估算,马来西亚将是进口替代的最大受益者,越南则是生产转移的最大受益者。在进口替代方向上,位于马来西亚之后的,依次是日本、巴基斯坦、泰国和菲律宾。马来西亚收益的产业主要是电子器件、液化天然气和通信设备,日本则主要是汽车,以及巴基斯坦的棉纱产业,泰国的自动数据处理产业以及菲律宾的电子器件产业。在生产转移方向上,继越南之后,则依次是马来西亚、新加

---

① Ida Lim, "EIU report: Malaysia a winner in US-China trade war," November 1, 2018, https://sg.news.yahoo.com/eiu-report-malaysia-winner-us-061317781.html.

② Lee Jeong-ho, "South Korea nimbly dodges crossfire of US-China trade war," December 14, 2018, https://sg.news.yahoo.com/south-korea-nimbly-dodges-crossfire-223318840.html.

③ Finbarr Bermingham, "Singapore companies enduring mixed fortunes in US-China trade war," December 21, 2018, https://ph.news.yahoo.com/singapore-companies-enduring-mixed-fortunes-070035420.html.

坡、印度和泰国。①从上述报告来看，越南、马来西亚、菲律宾是中美贸易摩擦中的最主要受益者。

在美国共和党于中期选举控制参议院之后，伍德罗威尔逊中心研究员后藤志保子（Shihoko Goto）估计特朗普政府将继续对中国施压，亚洲各国应该根据各自情况，分别做中美的工作，而不是选边站，特别是日本可以扮演战略平衡者的角色。他的这一见解于12月6日刊登于世界经济论坛网站，在国际舆论上有一定的影响力。②后藤认为，特朗普已经严重损害美国对盟友的承诺，为此日本增强战略自主性，与欧洲缔结了经济伙伴关系协定（EPA），并进一步联合欧洲、美国，要求像中国这样的国家实施公平贸易、减少产业补贴和停止强迫技术转移等。不过，后藤也认识到，平衡者角色也面临着巨大的挑战，中美2018年11月在巴布亚新几内亚召开的APEC峰会上分歧十分严重，可以说是APEC峰会历史上少见的。美国前财长亨利·保尔森甚至提出"经济铁幕"等概念。后藤认为，这些事件进一步表明形势恶化。从目前发展的态势看，日本的应对措施相对充足，其典型做法是强行推动自由贸易区建设，如没有美国参加的TPP11国。

联合国贸发会（UNCTAD）在2019年2月4日发布的年度贸易政策报告中认为，中美贸易摩擦不仅事关两国，而且波及所有国家。③该报告尤为关注贸易摩擦对发展中国家的影响，认为贸易摩擦将减缓全球经济增长，因为企业经营的成本因贸易战而增加，进而影响到企业的投资决策与生产。贸易规则的不确定性也会影响海外投资，这些因素对大多数发展中国家的影响都是负面的。另外一种宏观经济上的负面影响是汇率波动，UNCTAD认为贸易摩擦导致人民币自7月以来贬值，美元则同期升值。发展中国家关心的问题是，美元升值将会导致这些国家以美元计价的债务增多。UNCTAD主要计算了关税提高到25%时的影响，该报告认为此时双边关税政策对于保护国内企业几乎是没有作用的。以机械产品为例，届时美国从中国进口的330亿美元产品中，有大约270亿美元将从其他国家进口，40亿美元仍旧从中国进口，其他则从美国国内产生。就贸易转移效应而言，届时欧盟将是最大获益者，出口增加700亿

---

① Robert Subbaraman and Sonal Varma, "The Implications of the U.S.-China Trade War on Asia," January 2, 2019, http://www.brinknews.com/asia/the-implications-of-the-u-s-china-trade-war-on-asia/.

② Shihoko Goto, "What do US-China tensions mean for Asia?" 06 Dec. 2018, https://www.weforum.org/agenda/2018/12/how-will-the-us-china-trade-war-impact-asia/.

③ UNCTAD, *Key Statistics and Trends in Trade Policy 2018*, Geneva: United Nations, 2019, pp.1-6, https://unctad.org/en/PublicationsLibrary/ditctab2019d1_en.pdf.

美元（替代了中国出口至美国的500亿美元和美国出口至中国的200亿美元），其次是墨西哥（270亿美元），日本和加拿大的出口也将分别增加200亿美元以上。此外，贸易战对国际生产网络会产生更大的影响，很多公司将离开中美两国到其他地方生产。北美和东亚两个地区都将受到很大冲击，东亚尤其严重，贸易额将收缩1600亿美元。而在北美地区，中国提高关税带来的影响几乎被新签订的美墨加协定抵消，净损失不过100亿美元贸易额。之所以如此，在于美国提高关税产生的后果更严重，而且清单上的产品多数都瞄准中间品。

Assessment and Analysis on the Economic Situation in China's Neighboring Countries

ZHONG Feiteng

Abstract Neighboring diplomacy is an important part of China's diplomatic strategy. The main purpose of studying economy of neighboring countries is to serve the interest of China's diplomacy and national development. In 2008, China's economy exceeded 28 neighboring countries' economy combined, whereas in 1992 and early 21st century, China's economy only amounted to 10% and 20% respectively of neighboring countries' economy. China had accelerated its economic development from 2003-2015. From 2016-2023, the rise of China's economy has slowed down and stabilized, indicating that the economic relations between China and its neighboring countries are moving toward the next step. According to the World Bank and IMF, the 2019 global economic growth will drop 0.3% compared to that of 2018, while East Asia, the Pacific and South Asia are still the regions with the fastest growth rate, which in 2019 is expected to be 6.0% and 7.1% respectively. Global trade growth in 2019 will be significantly weaker than in 2017 and 2018, but it is still a rather good year since the financial crisis. The export capacity of developed economies will decline, while the decline in import growth in emerging markets will show a different trend. As the developed economies occupy an absolute share of world exports, the decline in exports from developed countries will lead to a significant decline in world trade growth. In 2018, China's trade volume with 28 neighboring countries was 1.4 trillion US dollars, accounting for 30.7% of China's global trade and 59.7% of Asian trade. In 2018, China's foreign trade pattern was basically stable, and its economic and trade relations with neighboring countries tended to be balanced, and there was no "decoupling" from developed countries. The trade share between China and the surrounding areas has increased slightly, which at least means that China's trade layout is broader and more dependent on the world economic development. China has surpassed the United States as the largest export market for neighboring economies. As far as the focus of China's economic and trade relations is concerned, the China-U.S. framework remains the main analytical framework for China's neighboring economies, but the economic situation around China is diversified. Countries in various sub-regions have their own important export markets. It is not possible for China or the United States plus a large regional country to determine its model. In 2018, the impact of the China-U.S. trade war has become increasingly apparent. Under the current 10% tariff, most institutions believe that Vietnam, Malaysia, and the Philippines are the biggest beneficiaries, but if the tariff is raised to 25%, then in addition to Japan, the loss of East Asia will be the most serious in the world.

Key Words　Neighboring Economy; Economic Growth; Trade Pattern; China-U.S. Trade Friction; Trade Substitution; Production Transfer

Funding　This article is a phased outcome of the National Social Science Fund's major project "Construction of the Northeast Asian Community with Shared Future: China's Leadership and Action" (Project No. 18ZDA129).

Author　Zhong Feiteng, Director and Professor at Department of Great Power Relations Studies of National Institute of International Strategy, CASS.

"一带一路"与中国国家形象的内外构塑

马丽蓉

【内容提要】 "一带一路"倡议提出以来,中国国家形象的美誉度稳中有升,但因美国等西方大国舆论围剿"一带一路"而使构塑中国形象的内外力博弈日益激烈,也使中国国家形象的构塑面临严峻的现实挑战,但中国国家形象在外界对"一带一路"的认知中得以构塑,则是不争的事实。今后,随着"一带一路"的精耕细作,中国应"立足周边",深化塑造中国的"文明形象""政党形象""学术形象"来提升中国国家形象的自塑力,进一步丰富和加强中国国家形象的内涵建设,提高国家软实力,助推"一带一路"行稳致远。

【关键词】 一带一路 中国国家形象 中国软实力

【作者简介】 马丽蓉,上海外国语大学丝路战略研究所所长、教育部伊斯兰合作组织研究中心主任、《新丝路学刊》主编。

"一带一路"倡议提出以来,中国国家形象的美誉度稳中有升,但因美国等西方大国舆论围剿"一带一路"而使构塑中国形象的内外力博弈日益激烈,也使中国国家形象的构塑面临严峻的现实挑战,但中国国家形象在外界对"一带一路"的认知中得以构塑,则是不争的事实。今后,随着"一带一路"的精耕细作,尤其是"民心相通"举措的持续推进,中国国家形象的自塑力也将在此过程中得以提高,彰显出"一带一路"对增强中国软实力的战略意义。

一、中国国家形象全球调查报告显示：中国软实力稳中有升

自2013年中国倡建"一带一路"以来，中国外文局对外传播研究中心与凯度华通明略（Kantar Millward Brown）、Lightspeed合作开展了2014年、2015年、2016—2017年三次中国国家形象全球调查并发布了调查报告。

2014年调查发现：中国形象不断上升，领导人形象成为新亮点；发展中国家民众对中国发展的认可度更高；海外青年群体对中国评价更为积极；中国形象的中外认知差异持续存在；中外关系影响海外民众对中国的评价。

2015年调查发现：中国整体形象稳步提升；中国经济的国际影响力位居世界第二；海外受访者最为期待中国在经济和科技领域的全球治理中发挥更大作用；中国科技创新能力广受好评，高铁被认为是最突出科技成就；海外受访者来华意愿上升，北京、上海、香港成为首选城市。

2016—2017年调查发现：中国整体形象好感度稳中有升，内政外交表现受好评，"一带一路"倡议赢得普遍点赞；中国经济的国际影响力获公认，未来发展赢得海外信心，受访者预期中国即将成为全球第一大经济体；中餐、中医药、中国高铁等中国文化与科技元素继续成为国家形象亮点。三次调查报告表明："一带一路"对中国国家形象构塑具有不容置疑的带动作用，且主要集中体现为以下三个方面。

一是外界对中国形象的评价日趋客观。如2014年从经济发展、国家领导人、发展理念三个维度予以评价，认为中国整体形象是"经济发展迅速但贫富差距较大"，中国国家主席习近平在9国中以"国内、国际事务处理能力认可度第二""认知度位列第四"的较高美誉度而为中国形象添彩，中国的"和平共处五项原则"与"亲、诚、惠、容的周边外交理念"等为中国形象加分。又如2015年从文明古国、政治影响力、"一带一路"三个维度予以评价，认为"历史悠久、充满魅力的东方大国是中国最突出的国家形象""中国对国际事务的影响力在所有国家中位居第二"、"一带一路"倡议"对国家、个人、地区经济和区域和平都具有积极意义"等，表明外界从丝绸之路与"一带一路"这一特定语境中开始构塑中国国家形象的新态势。再如2016—2017年从丝路古国、全球贡献、"一带一路"意义三个维度予以评价，认为中国是"历史悠久、充满魅力的东方大国""全球发展的贡献者""积极参与全球治理的负责任大国"，表明外界从"中国与世界关系"的古今比较视野中开始构塑中国国家

形象的新趋势。因为,"中国历史悠久、充满魅力的东方大国形象"在海外受访者,尤其是发达国家中最受认可,选择该选项的海外受访者比例平均达到57%;中国作为"全球发展的贡献者"形象也较为突出,选择比例近四成,在发展中国家的选择比例更是接近半数。

二是对中国经济形象的美誉度不断攀升。如2014年从影响世界、惠及本国、国际合作三个维度予以评价,认为"中国经济发展推动了全球经济发展""本国从中国经济发展中获得了利益"以及"中国乐于在经贸方面与本国开展合作,共享中国经济发展成果"。又如2015年从影响力、引领作用、贸易合作三个维度予以评价,认为"中国经济影响力排名仅次于美国,位居世界第二""中国经济发展可以推动全球经济发展""中国正在成为越来越多国家的最大贸易伙伴",表明中国经济形象被普遍认可的现实真相。再如2016—2017年从地位预判、全球治理、合作前景三个维度予以评价,认为"中国即将成为全球第一大经济体的海外受访者比例从2013年的17%、2014年的20%、2015年的24%,到2016—2017年的33%,呈逐年加速增长趋势,中国未来经济发展形势赢得国际信心"、中国在经济领域参与全球治理的表现赢得64%的认可度、"中国正成为越来越多国家的最大贸易伙伴,中国市场需求依然很大,中国经济仍保持高速增长"等,中国经济形象美誉度的日益趋高已成全球化时代的稳定器。

三是对"一带一路"的认知日趋深化。如2014年从中国形象认可度、领导人能力、中国发展道路和模式三个维度予以评价,"与2013年相比,中国形象正被越来越多的受访者所认可。中国整体形象得分相比去年高出了0.8分(总分为10分)"、"不论是国内事务还是国际事务,中国领导人习近平的处理能力都得到了很高的评价。在进行调查的9个国家中,中国国家主席习近平的国内、国际事务处理能力认可度均排在第二位"、发达国家和发展中国家对中国道路和模式的理解有所不同(发达国家31%的受访者认为"是中共领导的中央集权模式"、23%的认为该模式"核心是国有经济占主体";发展中国家多认为是"融合了中国历史文化和现实国情需要的一种创新"与"中国取得惊人发展成就的主要原因")等。又如2015年从国家、个人、地区经济和区域和平等对"一带一路"倡议予以积极评价,了解"一带一路"的海外受访者占15%,发达国家和发展中国家受访者的比例分别为16%和14%,发展中国家与年轻群体对该倡议的认可度更高。此外,"与2014年相比,海外受访者对与中国外交关系的重视程度基本保持在相同水平,62%的海外受访者看重与中国的外交关系并期待有更好的发展","由中国倡导的合作举措受到了海外受访者的普遍认可"。再如 2016—2017 年从认知度、美誉度、全球治理三个维度予以评价，27% 的海外受访者选择"非常了解"或"比较了解"中国，这一比例在发展中国家达到 36%，同比增长 7 个百分点。在 2014 年调查中，仅有 6% 的海外受众听说过"丝绸之路经济带"和"21 世纪海上丝绸之路"，到 2016—2017 年，"一带一路"的认知比例增至 18%，在印尼、印度等认知度高达 40% 以上。"中国历史悠久、充满魅力的东方大国形象"在发达国家中最受认可，"中国作为全球发展的贡献者形象"在发展中国家的选择比例更是接近半数，海外受访者普遍看好中国未来发展。"中国对全球治理的贡献和国内治理的表现得分分别为 6.5 和 6.2 分，中国的国际贡献得到更多认可。""中国对国际事务的影响力在所有国家中位居第二"，"中国在科技（65%）、经济（64%）、文化（57%）等多个领域参与全球治理的表现得到国际社会的普遍好评"。

总之，自 2013 年倡建"一带一路"至今，中国形象的认知度、美誉度、贡献度等均得到了快速提升，这是切实推进"五通"举措所取得的显著成效，也是"一带一路""共商、共建、共享""人类命运共同体"等一系列公共产品对国际社会正在形成塑造力的可喜现实，彰显出走向世界舞台中心的中国应有的大国软实力日益提升的强劲势头。

二、"一带一路"背景下中国国家形象构塑中存在的主要问题

我们从这三份中国国家形象全球调查报告也发现了几个较为突出的问题：1. 因受访行为体不同导致了几组差异比值，如发展中国家/发达国家、年轻群体/年长群体等对中国形象认知不同，前者对中国形象的认知度、美誉度、贡献度均普遍大于后者；2. 国际社会对中国形象的认知度与美誉度存在明显的错位现象，如孔子学院和中国文化中心的认知度较低，但美誉度较高等；3. 国际社会对中国形象的贡献度渐被提及，尤其赢得了发展中国家越来越多的肯定，这是中国形象中的一抹新亮点；4. 国际社会针对中国形象的外塑力与中国对自身国家形象的自塑力之间形成张力且内外力间博弈日趋紧张，在外塑力中发达国家与发展中国家间对华形象构塑力间也存在博弈，甚至在发达国家对华形象构塑行为体间也存在分歧等。正因以上诸多原因造成中国国家形象日趋复杂，"一带一路"国际合作中的中国形象复杂化现象折射出新旧全球化更替过程中的现实真相。而且，透过复杂表象也反映出"一带一路"背景下中

国国家形象构塑中存在某些突出问题,并集中体现在以下三个方面。

一是西方大国政客一贯挥舞"人权"大棒,诋毁中国民族宗教政策形象,中国"被动救火"式的应对举措,又被西方主流媒体二度诋毁,使得中国在涉疆、涉藏等话题上陷入"握有信源却无议题制定权"的传播窘境。事实上,国家的政策形象实为将政府的政策解读揉入国家形象解读所致,西方主要通过歪曲中国的民族宗教政策、双重标准地应对中国反恐,以及发布年度人权报告、宗教报告等方式臆造了一个负面的中国政策形象。其中,美欧等西方大国明帮暗助"世维会"在西方主流媒体上肆意歪曲我国民族宗教政策与对口援疆政策等。"7·5事件"以来,"东突"势力又采取了"一文一武、两线作战"的策略。当"东伊运"等在我境内外制造暴恐事件后,"世维会"领导人马上在西方媒体上公开为其开脱罪责,污蔑中国治疆政策。近期其又在西方金主指使下屡次上演"哭诉受害、讨要人权"的"人权闹剧",借大肆炒作"新疆教育营"来误导国际舆论以强化外界对中国形象的消极构塑,使得"疆独"问题国际化,进而对中国软硬实力均构成极大冲击。

二是西方大国某些学者打着"学术"旗号臆造"锐实力""资本陷阱"等一系列概念,诟病"走出去"的中国企业形象;中国企业因缺乏企业公关意识及能力有限等所致失误又遭这些学者的二度曲解,使得中国企业在海外陷入"费力不讨好并有口难辩"的合作窘境。事实上,"走出去"的中国企业无力肩负构塑中国形象的重任。尽管互联互通项目在丝路沿线国家的有序推进,极大地带动了中国企业"走出去"的进程,但因中国企业多属有项目但无公共外交的"孤军奋战",虽重视并承担了更多的企业社会责任,但仍被当地媒体贴上"破坏环境""侵犯传统""掠夺资源"等标签而拖入环保、人权、殖民等既定议题而遭肆意歪曲。近期,因缅甸"罗兴亚人问题"、马来西亚领导人马哈蒂尔的"重返政坛"等地区热点问题影响了我与周边国家互联互通合作项目的进程,近而又波及了中国企业的海外形象,这些企业苦于项目与公关的顾此失彼而成为当地媒体攻击的目标,进而又成为西方大国某些学者继续攻击中国企业形象的新料。

三是美澳印日德等联手舆论绞杀"一带一路",凸显了舆论战背后的大国博弈色彩,美欧分歧性中国观的形成,更使得"一带一路"形象的认知度大增,但中国形象却日趋复杂化。印度媒体最早将中巴经济走廊项目与克什米尔问题绑在一起,炒作所谓"中国干涉印度主权"论,日本媒体跟进开始对"一带一路"说三道四,美国发布智库报告也充满了质疑与离间等唱衰调子,澳大利亚与德国高官诋毁甚至敌视"一带一路"的言论，更起了推波助澜的作用，折射出美国及其铁杆盟友对华战略博弈的实质。此外，为配合美日印澳四国谋划"一带一路"替代方案，美国学者臆造"锐实力"、日本政客"说三道四"、印度学者宣扬"债权帝国主义论"、澳大利亚政客鼓噪"抵消影响力"说等，都在为"替代战略"营造舆论环境。2018年11月，美国副总统彭斯在APEC"亚太经贸合作会议"上恶言诋毁中国"一带一路"为"束缚带"和"单行路"（Constrictive Belt and Oneway Road），甚至被西方某些媒体衍化为"荆棘带"与"不归路"等。事实上，随着"一带一路"国际影响力的不断提升，美欧分歧性中国观的形成已是不争的事实，如美欧学界对"一带一路"的分歧性认知、美欧智库报告的唱衰性结论、美欧民众对中国"新四大发明"青睐有加等即为明证。

总之，在由西方主流媒体把控的国际舆论竞技场上，仍然存在着西强东弱的"软实力逆差"。就中国而言，主要表现为："中国政府的形象被刻意抹黑，中国的政策意图被歪曲解读，中国的解释申辩被压制淡化，中国的价值观和传统被贬低和边缘化。"[①] 结果造成中国"没处说理，有口莫辩，甚至费力不讨好"。作为新兴大国，中国仍在价值观和国际舆论竞争中处于劣势。如何构塑中国民族宗教政策形象、"走出去"的中国企业形象以及"一带一路"形象等，以便最大程度地塑造客观真实的中国形象，都是中国成长过程中所面临的严峻挑战。

三、"立足周边"提升中国国家形象的自塑力

一般而言，国家形象是一个国家对自己的认知以及国际体系中其他行为体对它的认知的结合；它是一系列信息输入和输出产生的结果，是一个结构十分明确的信息资本。国家形象被认为是国家软实力的重要组成部分之一，国家的综合实力和影响力。国家形象作为反映在媒介和人们心理中的对于一个国家及其民众的历史、现实、政治、经济、文化、生活方式以及价值观的综合印象，是国家的外部公众和内部公众对国家本身、国家行为、国家的各项活动及其成

---

① 吴旭：《扭转软实力逆差，打造"中国梦"》，《公共外交季刊》2010年夏季号总第2期，第61页。

果所给予的总的评价和认定。① 亦即,国家形象是由"他者"这一来自外部的塑造体与"自我"这一来自内部的塑造体共同完成,且因外塑力与自塑力的互动造成国家形象的动态性与不确定性,也因这两股力量博弈而使国家形象复杂化与可再塑性。其中,自塑力的高下成其国家形象客观塑造的前提之一。

就中国而言,针对因政策形象、企业形象、"一带一路"形象等被纳入西方霸权语境所致中国形象复杂化的现实挑战,应"立足周边"来提升中国国家形象的自塑力。2018年11月23日,中国外文局当代中国与世界研究院在"2018当代中国与世界智库论坛"上发布了《"一带一路"沿线主要国家的中国观》调查报告,再次确证了中国国家形象构塑中"周边因素"的重要性。为此,应从以下几方面着力予以切实推进。

首先,应与周边国家共享丝路文明历史资源,以重构中国的"文明形象"。

尽管"丝绸之路"这一公共产品赋予中国先在的丝路话语权,但如何维护才是关键,习近平主席多次讲述"丝路故事"、倡导"丝路精神"、论及"丝路文明",旨在与丝路沿线国家强化"丝路共有认知"、与我周边国家共享丝路文明历史资源,以及与"一带一路"支点国家盘活丝路外交资源,力争将"丝路价值"转化为"共同价值",为世界提供更多的丝路语境中的公共产品。换言之,我们要想与周边国家真正共享丝路文明历史资源,就必须进一步加强能够提供丝路公共产品的能力,一方面与周边国家共享"丝绸之路""郑和文化""协和万邦""宣德化、柔远人""朝贡制度""国之交在于民相亲""和而不同""己所不欲勿施于人"等一系列丝绸之路公共产品,另一方面也要与周边国家共享"共商共建共享""利益共同体""责任共同体""中国梦""亲诚惠容""丝绸之路经济带""21世纪海上丝绸之路""人类命运共同体"等一系列公共产品。因为,从某种意义上讲,外交的实质是如何在价值共享中维护国家利益,人文价值观的表达、理解都会程度不同地影响国际关系的基本建构,进而影响全球治理的未来走向。在中国向世界成功提供了"一带一路"这一公共产品之际,被誉为中国"新四大发明"的高铁、网购、手机支付、共享单车等广受美欧社会的青睐,"中国制造"与其寻常百姓的生活息息相关,中餐、中药、中华武术更成为当地民众的时尚选择。近三年皮尤等民意调查报告显示,中国正从"有经济影响力大国"向"有传统文化魅力大国"发生悄然变化,凸

---

① 马丽蓉等:《丝路学研究:基于中国人文外交的阐释框架》,北京:时事出版社,2014年,第41—42页。

显了中国文明形象的持久魅力。

因此,"一带一路"不仅为中国向世界提供公共产品创造了新机遇,还将中国与周边国家基于丝路文明历史资源与互联互通现实红利基础上来重构中国的"文明形象"成为可能。

其次,应与周边国家共建"一带一路"国际合作平台,以构塑中国的"政党形象"。

三份中国国家形象全球调查报告表明,中国的"政党形象"美誉度一路攀高:从2014年的"权力集中、有超强的组织动员能力"到2015年的"具有高度凝聚力、组织严密"直至2016—1017年的"全面从严治党""具有很强的组织动员能力"和"具有高度凝聚力"等,中国共产党的国际形象随着"一带一路"的不断推进而得以正面塑造,并成为中国国家形象中最核心的组成部分。今后,在精耕细作"一带一路"的实践中,尤其因"一带一路"核心区的中国新疆周边国家与地区,既有因诸多民族、宗教、教派所致的复杂社会环境,又有因"三股势力"集结所致的复杂安全环境,也有因大国战略博弈所致的复杂地缘政治环境等,造成"一带一路"核心区亦即我西部周边外交环境充满诸多不确定性。因此,一方面,应梳理我周边地区传播现状与环境、重点与难点、挑战与机遇等以擘画传播格局,明确周边国家定位、找准目标受众以加强分类传播策略,以及围绕"一带一路""人类命运共同体"等设置议题以彰显中国"政党形象"的国际传播力。另一方面,应借公关组织外力为"走出去"的中国企业"保驾护航"来修复中国企业形象,包括就外界质疑的债务、标准、透明度、公开采购等话题做好增信释疑工作,讲好中国企业成长故事,包括中国技术、标准、速度、质量及成就,更应包括党的领导力、政府决策力及中国特色发展模式,以及发布"中国企业社会责任年度报告",以第三方评估报告方式向当地国发布运营项目对当地社会经济发展的贡献以彰显中国"政党形象"的国际责任心。

最后,应与周边国家共商"丝路学学术共同体"的打造,以构塑中国的"学术形象"。

由李希霍芬等西方"探险家"创建的丝路学,实为关于"中国与世界关系"的百年显学,"一带一路"带动全球丝路学发展进入转型期,美欧丝路学霸权话语体系遭受空前挑战,欧美丝路学界对"一带一路"的分歧性学术认知日渐明显。一方面美国的芮乐伟·韩森(Valerie Hansen)还原了丝路的丰富内涵(2015)、威廉·恩道尔正视了"一带一路"的内涵与机遇(2016)以及英国的彼得·弗兰科潘"全新丝路史"的问世（2016）而标志着美欧丝路学派的转型，尤其是彼得·弗兰科潘的《丝绸之路：一部全新的世界史》指出："中国是丝路开拓者与规则制订者"，"一带一路"是为造福天下而提出的一个"深度合作的黄金机遇"。另一方面，美欧智库高度关注中国议题，尤其对"一带一路"充满诋毁与离间情绪，高频使用"转移过剩产能""输出中国模式""破坏世界秩序"等词语，表明美欧丝路学研究正被一股政治化逆流所侵蚀的现实。因此，在必须重估"中国与世界关系"的当下，美欧丝路学界分歧性的学术认知，迫使我们将构塑中国的"学术形象"提上了议事日程。为此，应以"丝路学术工程"为抓手振兴中国丝路学，廓清丝路学实为关于"中国与世界关系"的一门百年显学，揭示美欧学派"领跑"与中国学派"碎片化"坚守实为西方学术殖民所致的真相，以及与周边国家在共商"丝路学学术共同体"的打造中振兴中国丝路学，进而实现"中国思想"为"中国方案"正名的夙愿，在彰显中国学术力量中构塑中国的"学术形象"。

质言之，通过深化塑造中国的"文明形象""政党形象""学术形象"来提升中国国家形象的自塑力，旨在进一步丰富和加强中国国家形象的内涵建设、提高国家软实力，助推"一带一路"行稳致远。

BRI and the Internal and External Construction of China's Image

Ma Lirong

Abstract　In the five years since the proposal of the "Belt and Road Initiative" (BRI), the reputation of China's national image has risen steadily. However, BRI has been constantly slandered by the United States and other Western powers, leading to the internal and external forces that shape China's image playing an increasingly fierce game. The construction of China's national image is thus facing serious challenges, but it is an indisputable fact that China's national image is shaped by the outside world's perception of the BRI. In the future, along with the intensive cultivation of the BRI, China should lay a solid foundation in neighboring countries so as to strengthen the construction of China's "civilized image", "party image" and "academic image". This is to further enhance the capacity of self-shaping, connotation construction and soft power of China, facilitating BRI to be stable and far-reaching.

Key Words　BRI; China's National Image; China's Soft Power

Author　Ma Lirong, Director of Institute of Silk Road Strategy Studies of Shanghai International Studies University, Director at Center for Islamic Cooperation Organization Studies, Ministry of Education, Chief editor of Journal of New Silk Roadology.

论新时代海防观的理论来源、内涵及思维方法

高新生

【内容提要】新时代海防观的产生是时代发展的要求,有着深刻的理论来源。新时代海防内涵丰富、系统完整、思想深邃,以习近平同志为核心的党中央,审时度势,站在国家安全和全局的战略高度,科学判断形势,明确新时代海防工作指导思想,确立了建设发展目标,重点改革体制机制,提高斗争艺术,明晰实现路径,运用多种思维方法,坚决维护国家主权、安全和海洋权益,努力建设强大稳固的现代海防,为实现中华民族伟大复兴的中国梦提供重要保障。

【关键词】海防 思想 新时代 战略

【基金项目】2016年度国家社会科学基金重点项目"习近平总书记海防思想研究"(16ADJ002)的阶段性研究成果。

【作者简介】高新生,中国人民解放军陆军炮兵防空兵学院士官学校副教授。

没有强大海防就不是真正意义上的海洋强国,也就谈不上有效维护国家主权、安全和发展利益。党的十八大以来,习近平同志日理万机,夜以继日,上舰船、登海岛、进渔村、访渔民,站在国家安全和发展全局的战略高度,对新时代国家海防工作做出了一系列重要论述。新时代海防观是新中国成立以来中国共产党人海防思想的继承和发展,是党的强军目标的重要组成,是新时代中国特色社会主义思想的有机整体,其内涵丰富、系统完整、思想深邃,为进一步推进海防现代化指明了发展方向,为边海防工作提供了科学指南。党的十九

大报告提出"建设强大稳固的现代边海空防"的战略目标，建设强大稳固的现代海防是战略目标之一，在"加快建设海洋强国"、实现中华民族伟大复兴的中国梦的雄伟征程中，进一步推进新时代国家海防工作显得十分迫切和尤为重要。

一、新时代海防观的时代要求

"国家安全是头等大事"，[①]海防安全是国家安全的重要组成部分。习近平同志指出："边海防工作是治国安邦的大事，关系国家安全和发展全局。"[②]

（一）形势逼人、挑战逼人

中国拥有漫长海岸线，拥有众多岛屿和广阔海域，周边与多个国家海域相连。按照《联合国海洋法公约》规定，中国拥有300多万平方公里管辖海域。"海洋关系国家长治久安和可持续发展。必须突破重陆轻海的传统思维，高度重视经略海洋、维护海权。"[③] "海洋在国家安全与发展中的作用更加重要，在维护国家主权、安全、发展利益中的地位更加突出，在经济、军事、科技竞争中的战略地位明显上升。"[④] "生于忧患，死于安乐。"[⑤] "天下虽安，忘战必危。"[⑥] 当前，海上方向将长期面对遏制与反遏制、分裂与反分裂、侵权与反侵权等诸多矛盾和斗争，海洋主权权益争夺态势加剧，海防防卫管控任务日益繁重，海防战略地位更加突出，海防的内涵和外延进一步扩大，海防安全领域更加复杂，海防安全威胁成为我国国家安全的主要挑战。"个别海上邻国在涉及中国领土主权和海洋权益问题上采取挑衅性举动，在非法'占据'的中方岛礁上加强军事存在。一些域外国家也极力插手南海事务，个别国家对华保持高

[①] 《习近平在首个全民国家安全教育日之际作出重要指示》，《人民日报》2016年4月15日，第1版。

[②] 习近平：《强化忧患意识使命意识大局意识 努力建设强大稳固的现代边海防》，《人民日报》2014年6月28日，第1版。

[③] 中华人民共和国国务院新闻办公室：《中国的军事战略》，北京：人民出版社，2015年，第14页。

[④] 习近平：《进一步关心海洋认识海洋经略海洋 推动海洋强国建设不断取得新成就》，《人民日报》2013年8月1日，第1版。

[⑤] 《孟子·告子下》。

[⑥] 《司马法·仁本》。

频度海空抵近侦察，海上方向维权斗争将长期存在。"①建设强大稳固的现代海防，责任重大，使命光荣，任重而道远。

（二）因时而变、因势而为

"明者因时而变，知者随事而制。"②习近平同志强调，"胸怀大局、把握大势、着眼大势，找准工作切入点和着力点，做到因势而谋、应势而动、顺势而为"。③势者，大局也。因势而谋，就是要对形势进行分析和研判，这是制定一切方针、政策、路线的依据。形势变了，就要根据变化了的形势，采取积极应对。哲学家说过，世上没有一成不变的事物，人类不能同时跨入同一条河流。传统的岸防或防海观念，以及海岸架设大炮、依靠大炮射程维护海防安全的时代已经一去不复返了。随着海防的概念外延从传统海防转变为现代海防，从纯粹"以陆制海"转变为"以海制海"，新时代海防的内容更加丰富、范围日益扩大、领域不断拓宽、地位不断提高，海防的职能、内涵、范围、难度以及岛屿防御任务，与以往相比都发生了很大的变化。现代海防的前线不是在海岸线，也不是在领海外侧线，而是在大陆海岸与岛屿海岸的领海基线以外200海里的专属经济区外侧以至350海里的"海洋国土"外侧线海域的广阔空间的外沿上，是在更广阔的空间最大程度地保护国家的海上利益和安全。

（三）寸土必守、寸海必争

习近平同志指出："长期战斗在边海防一线的同志们，钻密林，走大漠，巡荒原，战雪域，踏巨浪，创造了可歌可泣的英雄业绩，对这种艰苦奋斗、牺牲奉献、精忠报国的英勇精神，要结合培育和践行社会主义核心价值观，在全社会大力提倡和发扬，使之成为实现'两个一百年'奋斗目标的强大精神力量。"④在漫长边海防线上，有无数人不计个人得失，将青春和热血奉献给了那一片土、那一片海。1986年，民兵王继才接受守岛任务，从此与妻子以海岛为家，与孤独相伴，在没水没电、植物都难以存活的孤岛上默默坚守，把青春年华全部献给了祖国的海防事业。习近平同志在对王继才同志先进事迹做出重

---

① 中华人民共和国国务院新闻办公室：《中国的军事战略》，第4页。
② 《盐铁论·卷二·忧边第十二》。
③ 《胸怀大局、把握大势、着眼大事，因势而谋、应势而动、顺势而为》，《人民日报海外版》2013年8月21日，第1页。
④ 《人民日报》2014年6月28日，第1版。

要指示时强调,"王继才同志守岛卫国32年,用无怨无悔的坚守和付出,在平凡的岗位上书写了不平凡的人生华章。我们要大力倡导这种爱国奉献精神,使之成为新时代奋斗者的价值追求。"① 当前,必须进一步增强忧患意识,树立新时代海防观,发扬"老海岛精神""三沙精神""王继才守岛精神",矢志扎根海防、守卫海防、建功海防,牢固树立"守海有责、守海负责、守海尽责"的神圣职责,勇于敢当、敢于担当,用坚定的信念、坚强的意志、决胜的力量和无畏的决心坚决维护国家神圣的主权安全、领土完整和海洋权益,为实现"建设强大稳固的现代边海空防"奉献自己的青春和力量。

二、新时代海防观的理论来源

新时代海防观来源于中华民族优秀传统文化,来源于中华人民共和国成立以来始终坚持积极防御的国防政策、总体国家安全观、海洋强国战略、和平发展道路、和平解决海洋争端等一系列方针政策、重要理论和实践经验。

(一)积极防御的国防政策

习近平同志指出,"中国奉行防御性的国防政策。中国发展不对任何国家构成威胁。中国无论发展到什么程度,永远不称霸,永远不搞扩张。"② "中国奉行积极防御的军事战略方针,不会动辄以武力相威胁,也不会动不动到别人家门口炫耀武力。"③ 积极防御战略思想是中国共产党军事战略思想的基本点,是在长期革命战争和社会主义建设的实践中,不断丰富和发展了这一思想内涵。积极防御的国防政策,规定着我国建设和运用海防力量的根本目的只是为了有效遏制和抵御来自海上对我国的武装入侵,保卫国家领土主权完整,维护国家海洋权益。近代以来,虽然中国接连不断受到列强欺侮,但从来没有把对外侵略和扩张作为国家走向强大的工具。今天的中国建设强大海防,不是以夺占不属于自己主权和扩大部分海域范围之外利益为目的,其根本目标就是为了维护一个国家长期建设和发展的国内和国外安全环境。中国建设航空母舰,形

---

① 《要大力倡导爱国奉献精神　使之成为新时代奋斗者的价值追求》,《人民日报》2018年8月7日,第1版。
② 习近平:《决胜全面建成小康社会　夺取新时代中国特色社会主义伟大胜利——在中国共产党第十九次全国代表大会上的报告》,北京:人民出版社,2017年,第59页。
③ 习近平:《在庆祝中国共产党成立95周年大会上的讲话》,北京:人民出版社,2016年,第25页。

成航母编队，中国也绝不会以武力侵略或威胁任何和平国家，更不会谋求建立扩张为目的的军事基地。

（二）总体国家安全观

习近平同志指出，"要坚持把国家主权和安全放在第一位，贯彻总体国家安全观，周密组织边境管控和海上维权行动，坚决维护领土主权和海洋权益，筑牢边海防铜墙铁壁。"① 海防从属于总体国家安全观，是总体国家安全观的重要组成，必须高度重视海防安全在总体国家安全观中的地位和作用。党的十八大以来，国家加强海防建设，采取一切必要的防卫和管控措施，保卫领海和海洋主权安全，维护海洋权益，既注重海洋主权安全，又注重海洋权益安全；既注重沿海地区经济社会安全，又注重近海、中远海海域国家利益安全；既注重军事领域合作和斗争，又注重政治、经济、外交等领域的合作和斗争，在贯彻总体国家安全观的实践中，国家海防工作取得了划时代的成就，海防建设进入发展快车道，海防力量扎根海防一线，在陆海的结合部，承担着其他军兵种力量所不能承担的相应任务，在维护国家海防安全中做出了突出贡献，为维护海疆地区安全稳定提供重要保障。

（三）海洋强国战略

海洋关系国家长治久安和可持续发展，建设海洋强国是中国人千百年来孜孜以求的梦想。新时代中国特色社会主义进入一个崭新的发展阶段，中国真正进入一个由大向强发展的关键机遇期，习近平同志强调，"我国既是陆地大国，也是海洋大国，拥有广泛的海洋战略利益。""建设海洋强国是中国特色社会主义事业的重要组成部分。党的十八大做出了建设海洋强国的重大部署。实施这一重大部署，对推动经济持续健康发展，对维护国家主权、安全、发展利益，对实现全面建成小康社会目标、进而实现中华民族伟大复兴都具有重大而深远的意义。"② 2017年10月18日，党的十九大报告提出"加快建设海洋强国"。③ 2018年4月14日，习近平同志在中国科学院深海科学与工程研究所考

---

① 《人民日报》2014年6月28日，第1版。
② 《习近平在中央政治局第八次集体学习时强调　进一步关心海洋认识海洋经略海洋 推动海洋强国建设不断取得新成就》，《人民日报》2013年8月1日，第1版。
③ 习近平：《决胜全面建成小康社会　夺取新时代中国特色社会主义伟大胜利——在中国共产党第十九次全国代表大会上的报告》，第59页。

察时指出,"一定要向海洋进军,加快建设海洋强国。"6月12日,习近平同志在山东青岛考察时说道,"建设海洋强国,我一直有这样一个信念。""加快建设海洋强国"是习近平同志站在时代高度、历史高度,统筹谋划党和国家工作全局而提出的重大战略,充分体现了新时代中国特色社会主义思想的理论创新和实践创新。中国实现富强,必然走向海洋;走向海洋,实现海洋强国梦,必须有强大的海防提供安全保障。新时代,维护国家海洋权益任务日益繁重,海洋强国召唤着国家海防力量为日益扩大的海洋利益空间安全提供全面、可靠的保护。

(四)和平发展道路

"国虽大,好战必亡。"[①] 和平发展道路是新中国成立以来长期坚持的既定方针,是实现中华民族伟大复兴中国梦的必然选择。这一道路是由社会主义本质和中国国情决定的,中国坚持走和平发展道路毫不动摇,这是一个崛起大国向世人的郑重承诺,更是追求和平、珍爱和平的中华民族承担的责任和义务。"中国需要和平,就像人需要空气一样,就像万物生长需要阳光一样。"[②] "中国走和平发展道路,不是权宜之计,更不是外交辞令,而是从历史、现实、未来的客观判断中得出的结论,是思想自信和实践自觉的有机统一。和平发展道路对中国有利、对世界有利,我们想不出有任何理由不坚持这条被实践证明是走得通的道路。"[③] 习近平同志强调,"必须毫不动摇走和平发展道路。中国主权、安全、发展利益和民族尊严绝不允许任何势力侵犯,同时任何力量也不能动摇我们坚持和平发展的信念。"[④] 中国"永远不称霸、永远不搞扩张",[⑤] 始终是维护世界和平的坚定力量,这是中国向世界做出的庄严承诺。

(五)以和平方式解决海洋争端

习近平同志强调,"我们要摒弃一切形式的冷战思维,树立共同、综合、合作、可持续安全的新观念。……通过和平解决争端和强制性行动双轨并举,

---

① 《司马法·仁本》。
② 《习近平谈治国理政》(第一卷),北京:外文出版社,2014年,第266页。
③ 《习近平谈治国理政》(第一卷),第267页。
④ 习近平:《在纪念中国人民抗日战争暨世界反法西斯战争胜利69周年座谈会上的讲话》,《人民日报》2014年9月4日,第2版。
⑤ 《习近平谈治国理政》(第一卷),第248页。

化干戈为玉帛。"① "我们坚决摒弃落后于时代发展潮流的思想观念和陈旧的方式方法，努力为解决老问题寻找新答案，为应对新问题寻找好答案，不断破解人类面临的发展难题和安全困境。中国致力于在尊重历史事实和国际法的基础上，通过当事方直接对话谈判来解决双边的海洋争端和纠纷。"② "我们致力于维护南海和平稳定，坚持通过对话管控争议，坚持通过谈判协商和平解决争议，积极探索通过合作实现互利共赢，坚持尊重和维护各国依据国际法享有的南海航行和飞越自由。中国在南沙群岛的有关建设活动不针对、不影响任何国家，也无意搞军事化。"③ 我们坚持通过对话管控争议，"坚持用和平方式、谈判方式解决争端，努力维护和平稳定。"④ "中国南海政策的出发点和落脚点都是维护南海地区和平稳定。"⑤ "坚持'主权属我、搁置争议、共同开发'的方针，推进互利友好合作，寻求和扩大共同利益的汇合点。"⑥ 这些重要论述，高屋建瓴，高瞻远瞩，体现了习近平同志大爱无疆的宽阔胸怀和处理国与国、特别是处理中国与周边国家关系的原则立场。习近平同志运用新思路、新对策，提出建设"丝绸之路经济带""21世纪海上丝绸之路"的倡议，增进同海上国家合作，通过和平、发展、合作、共赢方式，打造命运共同体，大力加强双边友好与加强陆海大区域合作，加快与周边国家和地区的互联互通，构建新型合作机制，为解决争端问题创造条件。

三、新时代海防观的深刻内涵

海防强弱，与国家安危、兴衰和荣辱密切相关。只有建立起强大稳固的现代海防，才能为保卫主权安全和维护国家海洋权益树立起坚固的安全屏障。新时代海防观，明确了新时代海防工作指导思想，确立了建设发展目标，突出改革创新，运用斗争手段，明晰实现路径，充分体现了以习近平同志为核心的党中央维护领土主权和海洋权益的坚强决心和意志。

---

① 习近平:《携手构建合作共赢新伙伴 同心打造人类命运共同体——在第七十届联合国大会一般性辩论时的讲话》(2015年9月28日),《人民日报》2015年9月29日,第2版。
② 《人民日报》2013年8月1日,第1版。
③ 同上。
④ 同上。
⑤ 习近平:《深化合作伙伴关系 共建亚洲美好家园——在新加坡国立大学的演讲》,《人民日报》2015年11月8日,第2版。
⑥ 《人民日报》2013年8月1日,第1版。

（一）明确指导思想

中国领土虽大，但没有一寸是多余的。今天的国家版图，点点滴滴都是祖祖辈辈用智慧、血汗甚至无数生命换来的，这是中华民族生存和发展极其宝贵的历史遗产，海防的根本任务就是维护国家主权、安全和海洋权益，其基本指导思想就是"老祖宗留下来的领土一寸也不能丢！"[①] 领土和主权是国家利益的核心。任何政党、团体和个人都必须无条件地服从国家利益，维护国家主权和领土的完整。坚决保卫属于我国主权性质的每一座岛礁、每一寸水面、底土、海床和上空，对那些侵犯我国海洋权益，掠夺我国海洋资源，威胁我国海疆安全的行为，无论来自哪个国家和哪个方向，也不论其规模大小，采取何种手段，我们都要奋起自卫，坚决反击。习近平同志多次强调指出："老祖宗留下的地盘，我们不能搞小了。""要做好应对各种复杂局面的准备，提高海洋维权能力，坚决维护我国海洋权益。"[②] "要坚决维护领土主权和海洋权益，维护国家统一，妥善处理好领土岛屿争端问题。"[③] "中国不觊觎他国权益，不嫉妒他国发展，但决不放弃我们的正当权益。中国人民不信邪也不怕邪，不惹事也不怕事，任何外国不要指望我们会拿自己的核心利益做交易，不要指望我们会吞下损害我国主权、安全、发展利益的苦果。"[④] "在事关中国主权和领土完整的重大原则问题上，我们不惹事，但也不怕事，坚决捍卫中国的正当合法权益。"[⑤] "不惹事"，就是不会向任何国家和地区挑衅和闹事，决不走"国强必霸"的道路，不会破坏地区和平稳定；"不怕事"，是我们有足以自卫防御的国防力量。习近平同志指出："我们要坚持走和平发展道路，但决不能放弃我们的正当权益，决不能牺牲国家核心利益。任何外国不要指望我们会拿自己的核心利益做交易，不要指望我们会吞下损害我国主权、安全、发展利益的苦果。"[⑥] "中国将坚定不移维护自己的主权、安全、发展利益，任何国家都不要指望我们会吞下损害中国主权、安全、发展利益的苦果。"[⑦] "在维护国家核心

---

① 《习近平会见美防长马蒂斯的讲话》，《人民日报》2018年6月28日，第1版。
② 《人民日报》2013年8月1日，第1版。
③ 《中央外事工作会议在京举行 习近平发表重要讲话》，《人民日报》2014年11月30日，第1版。
④ 习近平：《在庆祝中国共产党成立95周年大会上的讲话》，第21页。
⑤ 习近平：《中国坚定不移走和平发展道路》，《人民日报》2014年3月30日，第1版。
⑥ 《习近平谈治国理政》（第一卷），第249页。
⑦ 《习近平谈治国理政》（第二卷），北京：外文出版社，2017年，第267页。

利益上敢于针锋相对,不在困难面前低头,不在挑战面前退缩,不拿原则做交易,不在任何压力下吞下损害中华民族根本利益的苦果"。①"我们决不允许任何人、任何组织、任何政党、在任何时候、以任何形式、把任何一块中国领土从中国分裂出去,谁都不要指望我们会吞下损害我国主权、安全、发展利益的苦果。"②"我们决不允许任何人、任何组织、任何政党、在任何时候、以任何形式、把任何一块中国领土从中国分裂出去!"③反复声明"不要指望",是为了告诉世人中国在主权、安全和发展利益问题上,绝对没有任何讨价还价的可能;六个"任何"说明在涉及国家领土主权上,态度坚决绝不动摇的意志和信念,六个"任何"更加强烈地表明我们有坚强的力量维护国家主权、安全和发展利益,这是中国作为一个大国维护自身利益的根本立场。2018年3月20日,在两会闭幕会上,习近平同志声若洪钟、铿锵坚毅:"我们伟大祖国的每一寸领土都绝对不能也绝对不可能从中国分割出去!"④"绝对不能",力重千钧,宣示坚定不可动摇的意志决心;"绝对不可能",斩钉截铁,彰显了维护国家主权和领土完整的足够力量。

(二)确立建设发展目标

第一,维护国家主权、领土完整和海洋权益,是国家根本利益之所在。2014年6月27日,习近平同志在第五次全国边海防工作会议上发表重要讲话,首次提出"努力建设强大稳固的现代边海防"。⑤2017年10月18日,在中国共产党第十九次全国代表大会开幕式上,习近平同志代表第十八届中央委员会向大会做报告,指出"建设强大稳固的现代边海空防"。⑥新时代我国海防工作的总的建设目标是:以习近平同志新时代中国特色社会主义思想和强军目标为指导,全面实现海防现代化,努力建设强大稳固的现代海防,坚决保卫国家主权

---

① 《中共中央政治局召开民主生活会 习近平主持会议并发表重要讲话》,《人民日报》2016年12月28日,第1版。
② 习近平:《在庆祝中国人民解放军建军90周年大会上的讲话》,北京:人民出版社,2017年,第15—16页。
③ 习近平:《决胜全面建成小康社会 夺取新时代中国特色社会主义伟大胜利——在中国共产党第十九次全国代表大会上的报告》,第57页。
④ 习近平:《在第十三届全国人民代表大会第一次会议上的讲话》,北京:人民出版社,2018年,第11页。
⑤ 《人民日报》2014年6月28日,第1版。
⑥ 习近平:《决胜全面建成小康社会 夺取新时代中国特色社会主义伟大胜利——在中国共产党第十九次全国代表大会上的报告》,第54页。

和领土完整，维护海洋权益安全，保持海疆地区的安全与稳定，为实现中华民族伟大复兴的中国梦创造安全稳定的环境。

第二，"建设强大稳固的现代海防"。所谓强大，是指力量的强大，也就是说海防力量要具有完成祖国统一、捍卫海防安全、防御外敌入侵的强大能力；所谓稳固，是指国家沿海地区、海疆建设的稳固，形成维护国家主权、安全和发展利益的"铜墙铁壁"；所谓现代，是指"突破重陆轻海的传统思维""改变维护传统安全的思维定式""改变单一军种作战的思维定式""改变固守部门利益的思维定式"，[①]树立新时代海防观。"建设强大稳固的现代海防"，是保卫祖国海疆的需要，是国际海洋斗争形势变化发展的要求，是抵御外来侵略的需要，是长期历史经验的总结，是经历百年耻辱后的中国人惨痛教训的觉醒，是新时代贯彻积极防御军事战略方针的必然要求。

第三，建设强大稳固的现代海防力量体系。新型陆军海防部队是建设强大稳固现代海防的重要力量。积极推动陆军海防部队整体转型，拓展海防部队职能任务，提高海防部队的防空能力、海上火力打击能力、封控能力、快速反应能力，增强威慑力，遏制外方侵犯我国领土主权和海洋权益势头，配合推进我驻守岛礁基础建设和有效管控，巩固我国在争议岛礁及其附近海域的实际存在，确立适应新型海防战场特点的体系结构，调整前沿岛屿岛礁力量部署，加强海区常态化战备巡逻，布建侦察预警设施，前伸感知触角，前推防卫前沿，真正成为维护国家海防安全的铜墙铁壁。海军担负着保卫国家海上方向安全、领海主权和维护海洋权益的任务，是海上作战行动的主体力量，"建设一支强大的人民海军，寄托着中华民族向海图强的时代夙愿，是实现中华民族伟大复兴的重要保障。""在新的时代征程上，在实现中华民族伟大复兴的奋斗中，建设强大的人民海军的任务从来没有像今天这样紧迫。"[②] 必须"深入贯彻新时代党的强军思想，坚持政治建军、改革强军、科技兴军、依法治军，坚定不移加快海军现代化进程，善于创新，勇于超越，努力把人民海军全面建成世界一流海军。"[③] 海警部队是一支海上维权执法的新型武装力量，中国海警最初由原国家海洋局海监、公安部边防海警、农业部中国渔政、海关总署海上缉私警

---

① 习近平：《在十八届中央政治局第十七次集体学习时的讲话》，《人民日报》2014年8月31日，第1版。

② 《深入贯彻新时代党的强军思想 把人民海军全面建成世界一流海军》，《解放军报》2018年4月13日，第1版。

③ 《解放军报》2018年4月13日，第1版。

察的队伍和职责整合。根据2018年3月中共中央印发《深化党和国家机构改革方案》内容,"将列武警部队序列、国务院部门领导管理的现役力量全部退出武警,将国家海洋局领导管理的海警队伍转隶武警部队","公安边防部队不再列武警部队序列,全部退出现役"。民兵是护海控海的重要力量,"民兵积极参加战备执勤、边海防地区军警民联防、哨所执勤和护边控边等行动,常年在边海防线上巡逻执勤。"①

第四,积极推进海防基础设施建设。习近平同志在党的十九大报告中回顾经济建设成就时,特别指出"南海岛礁建设积极推进",②肯定了在南海岛礁建设工作中取得的成就。党的十八大以来,南沙群岛部分驻守岛礁上的建设完成陆域吹填工程。中国南沙岛礁建设除满足必要的军事防卫需求外,更多的是为各类民事需求服务,以更好地履行中国在海上搜救、防灾减灾、海洋科研、气象观察、生态环境保护、航行安全、渔业生产服务等方面承担的国际责任和义务。各领域各系统各部门认真分析当前安全环境及其可能发生局部战争和武装冲突的主要方向和地区,结合以往战场建设情况,统筹规划海防基础设施建设。由于各方向的威胁程度、战场情况和建设重点各不相同,因而在建设布局上必须区分轻重缓急。对受局部战争威胁最紧迫、海防基础条件又十分薄弱的方向和地区,重点投入、重点建设、重点保障,保证海防斗争的需要。

(三)重点改革体制机制

习近平同志指出:"要坚持发扬改革创新精神,着力解决制约边海防工作的体制机制问题,加强边海防各项建设,不断增强新形势下防卫管控能力。"③我国涉及海防工作的系统、单位和部门比较多,军队有陆、海、空三军,地方有海事、海关、海洋、海警、公安边防等多个部门,这些单位有的是国家垂直领导,有的是地方政府编制,虽然各有分工,但工作职责又有些交叉。在解决海防面临的困难和问题时,不管是管理体制机制调整,还是力量体系建设,都要向改革要出路。改革要剥"壳子",更要取"里子",要善于抓住"牛鼻子"。2013年11月12日,党的十八届三次会议通过《中共中央关于全面深化改革若

---

① 中华人民共和国国务院新闻办公室:《中国武装力量的多样化运用》,北京:人民出版社,2013年,第12页。

② 习近平:《决胜全面建成小康社会 夺取新时代中国特色社会主义伟大胜利——在中国共产党第十九次全国代表大会上的报告》,第3页。

③ 《人民日报》2014年6月28日,第1版。

干重大问题的决定》，重点指出："调整理顺边海空防管理体制机制。"2014年3月5日，十二届全国人大三次会议政府工作报告时指出，"统筹抓好各方面各领域军事斗争准备，保持边防海防空防稳定"。海防工作改革创新就是要根据军事斗争和信息化建设的要求进行调整，完善海防体制机制，使之与新形势下海防现代化建设相适应，与海防信息化的要求相适应。

（四）提高斗争艺术

实现伟大梦想，必须进行伟大斗争。习近平同志强调，"面对新形势、新挑战，要发扬斗争精神，既要敢于斗争，又要善于斗争"，①"维护我国主权、安全、发展利益，坚决反对一切分裂祖国、破坏民族团结和社会和谐稳定的行为；……全党要充分认识到这场伟大斗争的长期性、复杂性、艰巨性，发扬斗争精神，提高斗争本领，不断夺取伟大斗争新胜利"。②直言斗争，说明当前形势的严峻和复杂，必须运用强有力的斗争这把利剑迎接各种挑战，绝不退缩，坚决"御敌于国门之外"。我国是海洋大国，拥有广泛的海洋战略利益，这是老祖宗留下来的，是中华民族生存和发展极其宝贵的历史遗产，"一寸也不能丢"！面对严峻的涉海局势，必须始终保持高度警惕，着眼大局，因势而为、顺势而为、乘势而为，采取积极斗争，实现风险管控，把握好斗争的时机、力度、方式方法，妥善应对、综合施策，"要做好应对各种复杂局面的准备，提高海洋维权能力，坚决维护我国海洋权益"。③

（五）明晰实现路径

习近平同志指出，"要坚持军民合力共建边海防，统筹边海防建设和边境沿海地区经济社会发展，巩固军政军民团结和民族团结，发挥军警民联防的特色和优势，坚决维护边疆安全稳定和繁荣发展。"④2018年4月23日，中共中央政治局召开会议，审议《关于新时代加强党政军警民合力强边固防的意见》。中共中央总书记习近平同志主持会议。会议指出，"党政军警民合力强边固防是我国边海防的独特优势。新时代巩固党政军警民合力强边固防，对于加强党

---

① 《中共中央政治局召开民主生活会　习近平主持会议并发表重要讲话》，《人民日报》2016年12月28日，第1版。
② 《习近平：决胜全面建成小康社会　夺取新时代中国特色社会主义伟大胜利——在中国共产党第十九次全国代表大会上的报告》，第15—16页。
③ 《人民日报》2013年3月31日，第1版。
④ 《人民日报》2014年6月28日，第1版。

对边海防工作集中统一领导、实现建设强大稳固现代边海防战略目标具有十分重要的意义。要统一思想，凝聚共识，增强责任担当和进取精神，加紧推进各项工作，为建设强大稳固的现代边海防奠定坚实基础。"① 边海防是一个整体，但边防和海防又有着本质的不同和特点；即便是海防领域，不同方向也有很大差异。要针对不同方向，运用不同手段，采取不同方式，抓住深化国防和军队改革的有利契机，强化强边固防的特色和优势，搞好军警民联防联管联建，完善军民深度融合机制，使海防力量在融合中建设、在融合中发展。

四、新时代海防观的思维方法

时代在进步，国际社会快速变化，海洋战略地位凸显。海防工作是一个复杂的系统工程，必须运用现代思维方法，加快推进新时代海防工作。新时代海防观的思维方法，是方法论，是理论与实践相结合的统一。

（一）战略思维

"不谋全局者，不足以谋一域。"战略思维，是对全局性、长远性、根本性问题进行谋划的思维方法。习近平同志多次指出："谋大势、讲战略、重运筹"，②"加强战略思维，增强战略定力"③。"要保持战略定力、战略自信、战略耐心"，④强调战略思维永远是中国共产党人应该树立的思维方法。强海固防，战略先行。海防是战略问题，是全局，就要坚持战略先行。海防的主体是国家，国家主权和利益在哪里，海防活动范围就应该出现在哪里。当前，围绕岛礁主权、海域划界、资源开发的争夺态势进一步加剧，维护国家主权、领土完整和海洋权益任务更加繁重艰巨。破解这种复杂局面，必须要有清晰的战略指导。坚持战略先行，就是要深刻认识海防问题的严峻性、复杂性以及艰巨性，科学把握海防发展的时代特征，区分不同方向，分清主次、轻重缓急，"积极主动、未雨绸缪，见微知著、防微杜渐，下好先手棋，打好主动仗，做好应对

---

① 《中共中央政治局召开会议分析研究当前经济形势和经济工作 审议〈关于新时代加强党政军警民合力强边固防的意见〉》，《人民日报》2018年4月24日，第1版。
② 《习近平谈治国理政》（第一卷），第297页。
③ 同上，第247页。
④ 同上，第382页。

任何形式的矛盾风险挑战的准备"，①努力争取有利战略态势，赢得战略主动。

（二）辩证思维

习近平同志指出，"辩证思维是一种全面地看待问题的方法"。"不断增强辩证思维能力，提高驾驭复杂局面、处理复杂问题的本领。""在任何工作中，我们既要讲两点论，又要讲重点论，没有主次，不加区别，眉毛胡子一把抓，是做不好工作的。"②海防问题不只是一个局部问题，而是属于全局战略层面，没有全局的视野、长远的眼光，就无法从整体上把握海防的发展趋向，更无法处理好全局与局部的关系。海防问题涉及多领域多部门多系统，狭义海防突出军事属性，现代海防突破军事属性，与政治、经济、外交等因素紧密相连，必须坚持具体问题具体分析，以联系的、发展的观点综合考虑涉及海防问题的各方面因素，把握其关联性、协调性。海防由"沿海和领海"扩大到权益所及的范围，其活动空间是一个由陆地、海上、海下、海底与空中构成的多维空间，海防任务也由传统的陆上、近岸防御向海上、近海、重点海域转变，兼备防卫和管控等多项职能。用一种固守、分割的大陆方式对待海防，忽略了海防流动、一体性的特点和规律，这种根深蒂固的观念造成的被动、落后、无效，值得深刻思考。

（三）历史思维

"历史是一面镜子"，"历史是最好的老师，它忠实记录下每一个国家走过的足迹，他给每一个国家未来的发展提供启示。"③历史教训不容忘记，"要有历史责任感。"习近平同志在思考近代历史上中国落后挨打的惨痛教训时指出，"我经常看中国近代的一些史料，一看到落后挨打的悲惨情景就痛彻肺腑！"④"中华民族永远不会忘记这段血泪史、羞辱史。""悲惨的历史，给中国

---

① 习近平：《在省部级主要领导干部学习贯彻党的十八届五中全会精神专题研讨班上的讲话》，北京：人民出版社，2016年，第39—40页。
② 《习近平强调辩证唯物主义是中国共产党人世界观方法论，要不断接受马克思主义哲学智慧滋养　坚持辩证唯物主义世界观方法论　在政治局集体学习时强调：增强辩证思维战略思维能力，提高解决改革发展基本问题本领》，《解放日报》2015年1月25日，第1版。
③ 《人民日报》2014年3月28日，第2版。
④ 习近平：《在中央军委扩大会议上的讲话》（2013年12月27日），参见中共中央党史和文献研究院编：《习近平关于总体国家安全观论述摘编》，北京：中央文献出版社，2018年，第54页。

人留下了刻骨铭心的记忆。"① "一提到边海防,就不禁想起了中国近代史。那个时候,中国积贫积弱,处于任人宰割的地步,外敌从我国陆地和海上入侵大大小小数百次,给中华民族造成了深重灾难。这一段屈辱历史,我们要永志不忘。大家要不忘历史,牢记使命,扎扎实实把我国边海防工作搞好。"② 历史的经验告诉我们,海防以制海为要,制陆相佐,制海与制陆紧密结合。制海权在自己手中,则敌不能近岸。但单纯的制海不可取,如若制海不成,岸防的有利条件又放弃了,敌人就可以长驱直入;单纯的制陆也不妥,若使海上门户敞开,岸上防御失去屏障,要防也是防不住的。所以,"坚持陆海统筹",③ 强边强海固防,陆海紧密结合,构建从海洋、海岸到沿海地区的大纵深海防体系,既制敌于海上,也威慑敌不敢、更不能冒犯于岸上。

(四)底线思维

坚持国家核心利益不动摇就是要坚决捍卫国家主权、领土完整和海洋权益,防范和遏制入侵、挑衅、蚕食、侵略等行为,其根本必然是国家主权权益至上,国家领土和主权神圣不可侵犯。不论形势如何变化,都要"坚持底线思维,坚持原则性和策略性相统一",④ "任何外国不要指望我们会拿自己的核心利益做交易,不要指望我们会吞下损害我国主权、安全、发展利益的苦果"。⑤ 2015年10月18日,在对英国进行国事访问前夕,习近平同志接受路透社采访指出:"南海诸岛自古以来就是中国领土,这是老祖宗留下的。任何人要侵犯中国的主权和相关权益,中国人民都不会答应。"⑥ 2016年12月31日,习近平同志发表2017年新年贺词,强调"我们坚持和平发展,坚决捍卫领土主权和海洋权益。谁要在这个问题上做文章,中国人民决不答应!"⑦ 这就是中国作为一个大国维护自身利益的根本立场。坚持底线思维就是坚持国家核心利益不动摇。守护好脚下的每一寸礁盘,寸土不丢、寸海不失,就是捍卫国家的主权,就是坚守中华民族的千秋基业。

---

① 《习近平谈治国理政》(第一卷),第266页。
② 《人民日报》2014年6月28日,第1版。
③ 习近平:《决胜全面建成小康社会 夺取新时代中国特色社会主义伟大胜利——在中国共产党第十九次全国代表大会上的报告》,第33页。
④ 《习近平谈治国理政》(第二卷),第382页。
⑤ 《习近平谈治国理政》(第一卷),第249页。
⑥ 《南海诸岛是祖宗留下的不容侵犯》,《人民日报》2015年10月18日,第1版。
⑦ 习近平:《二〇一七年新年贺词》,《人民日报》2017年1月1日,第1版。

（五）法治思维

法治思维，是基于法治的信念、精神和特性认识事物、判断是非、解决问题的思维方法。党的十八大以来，习近平同志在许多重要场合多次提及"法治思维"的概念，强调"法治是治国理政的基本方式"，"提高运用法治思维和法治方式的能力"。[①] 维护国家领土主权安全和海洋权益，必须走依法管海控海之路。这里所讲的"法"，既包括联合国颁行的《联合国海洋法公约》，又包括国家颁布的《中华人民共和国领海及毗连区法》《中华人民共和国海洋环境保护法》《中华人民共和国渔业法》等关于管理海疆和沿海地区的法律制度，也泛指党和政府指导海防工作的方针政策。依法管海控海是现代维护国家海洋权益的重要原则之一。海防工作中，既有对外交往的内容，又有对内管理的事务，既有军事斗争，又有政治和外交斗争，政策性很强。万里海疆又是与国际关系和国家利益紧密相连的敏感地区，往往在海上特别是在争议海区发生的一件涉外小事，就可能引起外事交涉，处理稍有失误，就会损害国家战略利益，牵动国际关系格局。因此，完善海防防卫和管控的各项法规政策，严格按照法律准则管控海防，是关系到国家主权安全、保证万里海疆长治久安的大问题。

（六）创新思维

"创新是一个民族进步的灵魂，是一个国家兴旺发达的不竭动力，也是中华民族最深沉的民族禀赋。"[②] 习近平同志强调，边海防工作不能刻舟求剑，因循守旧，更不能抱残守缺，故步自封，必须转变传统的思维定式，运用创新思维，采取创新方法，实现海防现代化。中国新时代海防不同于传统"以陆制海"守土战略，从明代"防海之制谓之海防"到今天新时代海防，体现着一脉相承的中国传统话语体系特质，深深地打上了中国烙印，属于中国话语体系的海防一词，最能体现中国传统文化。西方以霸权为目的的海权不适合中国国情。西方海权是一种海上争霸，中国骨子里不具备称霸的因子。在现阶段，中国是一个尚未完全实现统一的国家，而这些尚未统一的地区又多集中在东部和南部中国海区，中国海洋部分领土至今还在部分周边国家手里，岛屿被侵占、海域被分割、资源被掠夺、通道被控制的局面在短时间内还很难打破，在这种

---

① 雷宏泽：《提高运用法治思维和法治方式的能力》，《解放军报》2014年11月7日，第6版。
② 习近平：《在欧美同学会成立100周年庆祝大会上的讲话》（2013年10月21日），《人民日报》2013年10月22日，第2版。

情况下，中国即便是发展海权，也只是"有限海权"，是隶属于中国主权的海洋权利而非海洋权力，这种"有限海权"区别于海洋国家进攻型的霸权海权，坚持和平发展道路的中国不会也不可能把海上进攻作为自己的战略选择，这与传统的海权国家争霸海洋的行为有着截然区别和本质的不同。

On the Origin of Theory, Contents and Thinking Methods of Coastal Defense in the New Era

GAO Xinsheng

Abstract Due to the rapid social development, the conception of coastal defense in the new era has a profound theoretical origin. The coastal defense conception in the New Era is rich in content, comprehensive in system, and profound in thought. The Central Committee of the Party with President Xi Jinping as the core has scientifically judged the situation at the strategic level of national security and overall situation, clarified the guiding ideology of coastal defense work, and established the development goals. China puts much emphasis on reforming institutional mechanisms, improving ways of making efforts, clarifying the path for goal achievements through thinking in a variety of ways. China safeguards national sovereignty, security, and maritime rights and interests resolutely, striving to build a strong and stable modern coastal defense so as to provide vital guarantees for realizing the Chinese dream of the great rejuvenation of the Chinese nation.

Key Words Coastal Defense; Conception; New Era; Strategy

Funding This article is a phased outcome of the 2016 National Social Science Fund's key project "Study on the conception of coastal defense of President Xi" (Project No. 16ADJ002).

Author Gao Xinsheng, Associate Professor at PLA Army Academy of Artillery and Air Defense.

新书栏

中国周边学的提出、推介和研究
——《中国周边学研究文集》前言

石源华

2018年新年伊始，复旦大学中国与周边国家关系研究中心（简称"复旦中国周边中心"）根据中共十九大确定的国家战略部署，为推进中国特色社会主义大国外交研究，开创中国周边外交研究新局面，提出和推动了中国周边学研究和学科建设研讨，得到国内学者同仁的大力支持。迄今已到了将《中国周边学研究文集》奉献给大家的时候了！

一

回顾中国周边学的提出和推介，实始于我和我的研究团队对于中国周边外交和中国周边国情问题的长期关注和研究。

我对于中国周边外交的研究始于历史问题，逐步扩展至现实问题，并以现实问题为中心。1995年，我获准承担上海市"九五"中长期规划项目"近代中国与周边国家关系史研究"。2006年，该项目的最终成果《近代中国周边外交史论》由上海辞书出版社出版，2008年获上海市第十届哲学社会科学优秀著作二等奖。2012年，我承担上海市社科重大委托项目暨国家社科后期资助项目"中华民国外交史研究"，民国时期中国周边外交是该书的研究重点和主要特色之一。2013年，该项目的最终成果《中华民国外交史新著》（全三卷）由社会科学文献出版社出版，2014年获上海市第十二届哲学社会科学优秀著作一等奖，2015年再获教育部第七届哲学社会科学优秀著作一等奖，在学术界产生重要影响。同时，我也承担了其他项目的周边外交部分研究，如复旦大学倪世雄教授主持的教育部重大项目"我国的地缘政治及其战略"，承担了

"中国东北亚地缘政策"子课题；上海社会科学院金永明研究员主持的中国太平洋学会项目"东海争端问题的史地考证"，承担了"中日琉球争端问题"子课题；中国社会科学院学部委员张蕴岭研究员主持的国家新闻出版总署重大项目"中外关系四十年"，承担了"中国和周边国家关系"子课题等，均已结项，拓展了我对于中国周边外交和周边国情研究的视野和思路。

2012年9月起，我应武汉大学胡德坤教授邀请参与教育部"2011计划"国家领土主权与海洋权益协同创新中心（简称"协同创新中心"）的创建活动。2012年10月12日，复旦大学与武汉大学两校领导签署《武汉大学—复旦大学共建国家领土主权与海洋权益协同创新中心框架协议》。2013年11月11日，复旦大学校长办公会议决定同意成立"复旦大学中国与周边国家关系研究中心"，隶属复旦大学国际问题研究院，对接协同创新中心建设，由我担任复旦大学中国与周边国家关系研究中心负责人。[①] 2014年10月，"国家领土主权与海洋权益协同创新中心"被教育部、财政部认定为2014年度"2011协同创新中心"。我担任该协同创新中心副主任兼复旦大学分中心主任，组建了跨学科的研究团队，依托复旦大学政治学科的强大后盾和国际问题研究院相关研究中心对于中国周边研究的长期积累，按照协创中心的整体规划和有力经费支撑，推动复旦大学的中国周边外交研究进入了兴盛发展时期。

6年多来，我和我的团队从事的主要工作有十个方面。

1. 主编"复旦大学中国周边外交研究丛书"。截至2019年7月，"复旦大学中国周边外交研究丛书"（简称"丛书"）已出版8部著作：《中国崛起背景下的周边安全与周边外交》（祁怀高等著，中华书局2014年7月版）、《冷战后中国周边地区政策的动力机制研究》（吴琳著，中华书局2016年6月版）、《中国周边外交十四讲》（石源华著，社会科学文献出版社2016年12月版）、《转型期日本的对华认知与对华政策》（包霞琴等著，中华书局2017年1月版）、《人文化成：中国与周边国家人文交流》（张骥、邢丽菊主编，世界知识出版社2018年9月版）、《近代中国的周边外交》（石源华等著，中华书局2018年11月版）、《中国与周边各国的人文交流与互鉴》（洪军主编，世界知识出版社2018年12月版）、《权力扩散视角下的中越南海争端研究》（赵卫华著，世界知识出版社2019年7月版）等。丛书即将出版以下著作：《中国与"一带一路"沿线

---

① 复旦大学办公室：《关于同意建立"复旦大学中国与周边国家关系研究中心"的批复》，校批字[2014]46号，2014年3月17日印发。

支点国家发展战略对接研究》(祁怀高著)、《近代中朝外交史稿》(张礼恒著)、《东亚地缘格局的新变迁与中国的复合型大战略构想》(郭锐著)等。

2. 编辑出版《中国周边外交研究》集刊。《中国周边外交研究》(简称"集刊")为国内首份中国周边外交研究学术集刊,每年出版2辑,已出版8辑。集刊辟有"周边外交综合研究""中国周边学笔谈""'一带一路'研究"、"周边次区域研究""周边人文交流""周边经济合作""周边国情研究""周边看中国""南海争端研究""战略新边疆研究"等专栏,已刊出论文160余篇。集刊的宗旨是:"瞄准中国国家领土主权和海洋权益重大问题,努力推进对中国与周边国家之间的政治、安全、经济、外交、文化关系的理论研究、战略研究、个案研究和综合研究,开辟培育中国周边外交研究的新园地。"

3. 编撰"中国周边外交研究报告"。"中国周边外交研究报告"(简称"研究报告")由复旦中国周边中心主编,每年邀请全国著名专家参加"复旦大学中国周边外交研讨会",在此基础上形成研究报告。已经出版了《党的十八大以来中国周边外交研究报告》(石源华著)。2017年8月30日,中共中央党史研究室科研管理部撰文《习近平总书记外交思想相关图书选介》,将本书列为"最近我国外交政策成果"研究的五种代表著作之一,是专论周边外交的唯一一部著作,肯定了本书研究新时期中国周边外交的政治意义和学术价值。中国共产党新闻网、人民网、新华网等数十种网站转载,向全党推介,产生了很大的社会影响和政治影响。2018年10月,《党的十八大以来中国周边外交研究报告》被中国社会科学院评价研究院评为第一届中国智库学术成果"优秀著作奖"。已经出版的研究报告还有:《中国周边外交研究报告(2015—2016)》(石源华主编)、《中国周边外交研究报告(2016—2017年)》(祁怀高主编)、《中国周边外交研究报告(2017—2018年)》(石源华主编)。

4. 开展中国周边国情研究。复旦中国周边中心根据"大周边"概念[①],组

[①] 复旦大学中国与周边国家关系研究中心学者提出了"大周边"概念。中国的"大周边"涵盖东北亚、东南亚、南亚、中亚、西亚、南太平洋六个次区域。"大周边"理念是相对于"小周边"理念而言的。"小周边"通常是指与中国领土领海直接相邻的国家和地区,如俄罗斯、蒙古、东北亚、东南亚、南亚、中亚诸国。而"大周边"概念超越传统的地理范围界限,包括同中国海上、陆上有相同战略利益需求的国家和地区。界定中国"大周边"地理范畴需要考虑三个因素:最大程度上有利于巩固中国地缘战略依托;要考虑中国自身实力以及对周边的有效影响力;实施周边外交的成本与收益。参见祁怀高、石源华:《中国的周边安全挑战与大周边外交战略》,《世界经济与政治》2013年第6期,第44—45页;祁怀高:《中国崛起背景下的周边安全与周边外交》,北京:中华书局,2014年,第363—365页。

织全国优秀专家编纂大型工具书《中国周边国家概览》（石源华、祁怀高主编，世界知识出版社2017年8月版）。《中国周边国家概览》（简称《概览》）涵盖64个"大周边"国家的国情及其与中国关系，共计137万字。《概览》主要包括六个方面的内容：国土、国民与国情；政治制度与政府；经济；国防与安全；外交与对外关系；对华关系。"对华关系"部分涉及各国对"一带一路"倡议的反应。《概览》是复旦中国周边中心的基本学科建设成果，是了解和研究中国周边国家国情的重要工具书。《概览》计划每5年修订一版。

5. 积极为党和政府提交周边外交领域内的政策咨询报告。复旦中国周边中心提交的咨询报告曾获总书记批示3次、常委批示2次、副国级领导批示1次。复旦中国周边中心曾取得外交部亚洲司、政策规划司、新闻司，水利部，军委某部，新疆智库，以及国家社科基金、教育部、上海市社科基金等高层科研项目30余项；积极参与中央国家安全委员会，外交部亚洲司、政策规划司、边界与海洋事务司，中共中央对外联络部政策研究室等组织的各种会议和调研活动；为中央国家安全委员会、中共中央办公厅、中央军委某部、国家安全部、水利部等提交决策咨询报告60余份。复旦中国周边中心为周边外交和国家安全献计献策做出了一定贡献。

6. 围绕中国周边外交主题举办国内外学术会议。截至2018年11月，复旦中国周边中心单独或与相关单位合办国际会议10多次、国内会议20多次、内部圆桌研讨会30多次。会议内容涉及以下四个类别：中国周边外交理论、战略、政策、顶层设计研究；东南亚、东北亚、南亚、中亚等中国周边次区域研究；中国周边国别和国情研究；"一带一路"、海洋事务、跨界民族、宗教安全、全球公域、周边人文交流、朝核问题等周边重大热点问题研究。

7. 主办"复旦大学中国周边外交研究论坛"。"复旦大学中国周边外交研究论坛"（简称"论坛"）邀请国内外从事"中国与周边国家关系研究"的知名学者与官员主讲。截至2018年11月，论坛已举办学术讲座60余次，其中20余位主讲者是来自美国、英国、俄罗斯、日本、东盟国家、韩国、印度等国的高层人士和知名学者。论坛为我们全面了解周边国家如何看待中国提供了一个很好的平台，深受复旦大学校内外师生欢迎。

8. 发起建立"中国—东盟学术共同体"。2017年5月28日，复旦中国周边中心与来自9个东盟国家的著名学术机构签署了《共同建立"中国—东盟学术共同体"合作备忘录》，正式建立了"中国—东盟学术共同体"（简称"学术共同体"，The Network of ASEAN-China Academic Institutes，NACAI）。学

中国周边学的提出、推介和研究——《中国周边学研究文集》前言

术共同体的10个创始成员包括：文莱大学亚洲研究所、柬埔寨皇家研究院人文与社会科学研究所、复旦大学中国与周边国家关系研究中心、印度尼西亚大学东盟研究中心、老挝国立大学亚洲研究中心、马来西亚马来亚大学中国研究所、缅甸仰光大学国际关系系、菲律宾大学边利曼分校亚洲研究中心、泰国朱拉隆功大学东盟研究中心、越南社会科学翰林院东南亚研究所。新加坡南洋大学拉惹勒南国际研究院参加了学术共同体历年的年会。学术共同体的常设秘书处设立在复旦中国周边中心。学术共同体每年举办国际学术会议，组织东盟国家的青年学者来复旦大学短期研修项目等。未来10年，拟将学术共同体办成中国与东盟十国之间高水平的非官方学术合作机制。

9. **与主流媒体合作让中国周边研究走向大众**。复旦中国周边中心与《世界知识》杂志合作，开辟了"中国周边外交重大问题研究专栏"（封面专题报道）。截至2018年4月，共推出14期。主题分别是："周边外交的习近平色彩""一带一路：不留缺口才完美""全球公域秩序与中国的应对""周边外交中的'经略'与'塑造'""外空秩序与中国应对战略""中国与东盟合作：做增量不做减法""我居北海君南海——为南海解局寻求借鉴""周边外交谨防'愿望思维'""中国与东盟：分歧管控与合作共赢""未来十至十五年的中国周边外交""国家形象与中国周边关系""'一带一路'建设中的宗教因素""中国周边学呼之欲出""淡定应对周边外交环境变化"等，在海内外产生了广泛而积极的影响。同时，在《世界知识》设置由我主持的"周边外交新视点"专栏，每月1篇，迄今已刊50余期，宣传周边外交的个性观点和主张，引导公共舆论，宣传中国国策，提出政策建议，是一种新的尝试。复旦中国周边中心还开设"复旦中国周边研究"微信公众号和《中国周边外交研究通讯》，宣传本中心的周边外交研究和活动。

10. **重视和打造中国周边外交研究的基础工程**。由我主持的《中华人民共和国周边外交大事编年》（十卷本），已被列为国家新闻出版广电总局《"十三五"国家重点图书、音像、电子出版物出版规划》（2018年7月7日）。《中华人民共和国周边外交大事编年》按年、月、日顺序编撰中国周边外交大事记，建设周边外交史研究最基础的工作。经复旦大学批准立项，我还承担了复旦大学"传世之作"精品著作项目《中国周边外交七十年史（1949—2019）》（多卷本），希望此书的完成能为中国周边外交研究奠定扎实的基础。

在我和我的团队开展中国周边外交研究的过程中，我们通过各种形式，不断提出一些新的观点。包括"大周边"概念、"中间国家"概念、"五海联动"

概念、"海洋维权与维稳平衡"观点、"六大板块"和"印太两洋"观点、解决与周边国家争端的"双轨思路"、周边外交人脉工程观点、新时代中国周边外交十大"亮点"等。在不断深入的研究中，我们越来越感觉到中国周边外交研究还处于出现什么问题研究什么问题的阶段，在学理和体系建设上处于滞后、碎片状态。目前，"中国学"或称"世界中国学"已经成为"显学"，广受重视，发展迅猛。国内美国学、欧洲学、日本学、俄罗斯学等也已经成为成熟的学科，建立了学科群，成立了全国性的学会，创办了专门性的刊物，设立了相关的论坛。而对于中国周边外交及问题的研究，却缺乏对于周边国家群体，尤其是中小国家的全面关注和研究，相关周边国家的语言人才也处于极其缺乏的状态。国内冠名"周边"的专业研究机构虽也已经成立了一些，但数量偏少，研究方向和研究内容偏窄，这些机构及其已经开展的研究工作远远不能适应中国周边外交的需求。① 为此，提出"中国周边学"研究和学科建设成为顺理成章的事。建设"中国周边学"成为学科建设的紧迫需要。

二

2018年1月3日，复旦大学国际问题研究院中国与周边国家关系研究中心发出《中国周边学理论务虚研讨会征稿通知》，首次提出创建中国周边学的命题，指出"进入新世纪，随着中国的和平崛起，中国特色社会主义建设道路影响日益扩大，中国周边地区的政治安全结构发生重大变化，建设具有中国特色的'中国周边学'成为历史性的任务"。"鉴于中国周边外交在整个中国外交布局中的地位越来越重要。为了使'中国周边学'广受社会各界重视，并推动新时代国际关系和大国外交的体系建设"，决定在复旦大学举办"中国周边学"理论务虚研讨会。

会议邀请函提出了17个研讨参考议题：1. 建立中国周边学的现实意义和理论意义；2. 中国周边学的概念、内涵；3. 中国周边学的中国社会主义特色；4. 中国周边学与"命运共同体"建设；5. 中国周边学与中国周边外交三个"30

---

① 据不完全统计，现有相关研究机构包括：中国社会科学院亚太与全球研究院、复旦大学中国与周边国家关系研究中心、中国人民大学中国周边外交与安全研究中心、中国政法大学周边安全研究中心、北京师范大学中国周边地缘研究中心、华东师范大学周边国家研究院、上海师范大学中国周边问题研究院、华中师范大学中国周边安全与合作研究中心、云南大学周边外交研究中心、广东国际战略研究院中国周边战略研究中心、曲阜师范大学中国南海与周边国家关系研究中心等。

中国周边学的提出、推介和研究——《中国周边学研究文集》前言

年"的理论与实践；6. 中国周边学与其他世界大国周边学的异同点；7. 中国周边学与"中华美国学""中华日本学""中华欧洲学"等的异同点；8. 中国周边学与中国传统礼仪观；9. 中国周边学与"东方外交学"；10. 中国周边学与周边国家国情研究；11. 中国周边学与中国海洋强国建设；12. 中国周边学与中国边海问题；13. 中国周边学与中国大国关系研究；14. 中国周边学与周边中外关系史料的收集和研究；15. 中国周边学与跨境民族和宗教问题研究；16. 中国周边学与周边区域组织；17. 其他相关观点等。这些议题大致反映了我们对于中国周边学新概念的初步理解和研讨指向。①

这个会议原计划于2018年1月27日在复旦大学举行，却因江南骤降少有的大雪，导致交通中断，而改为笔谈会。但同行学者支持研讨的热情不减，在通知发出短短不到一个月时间里，有中国社会科学院李文研究员、钟飞腾研究员，中共中央对外联络部赵明昊研究员、北京师范大学陈奉林教授、广东外语外贸大学周方银教授、赵卫华教授，武汉大学关培凤教授、云南大学李晨阳教授、苏州科技大学祝曙光教授、青岛科技大学石建国教授，以及复旦大学任晓教授、石源华教授、林民旺研究员、祁怀高副教授、陈康令助理研究员等送来文稿，他们是本次研讨活动的最先响应者和实践者，为"中国周边学"推介做出了贡献。

中国周边学首批笔谈稿推出后，《中国社会科学报》于2018年2月5日在显著位置发表了《构建中国周边学正当其时》②一文，较为详细地报道了本次笔谈会文章的主要观点，引起中国学术界关注。4月16日，《世界知识》杂志2018年第8期，刊出命题为《中国周边学呼之欲出》的封面专题论文，刊出《开展中国周边学研究刻不容缓》（石源华）、《学科定位、研究视角与重点领域》（李文）、《中国周边学的理论视角与理论意义》（周方银）、《中国周边外交何以特色》（赵明昊）、《创建中国周边学的机遇与挑战》（关培凤）、《中国周边学研究的新契机与新方向》（钟飞腾）6篇文章，引起学术界更大震动。

会后，参加笔谈的各位学者根据本中心要求修改各自提交的文章，复旦大学周边中心公众号"复旦中国周边研究"开辟《中国周边学研究简报》专栏，逐篇推出这些文章，从2018年2月5日至14日，共推出12篇。这些文章在公众号上推出后，引起了学术界积极反响。有的资深专家评点，研究中国周边

---

① 复旦大学中国与周边国家关系研究中心：《"中国周边学"理论务虚研讨会邀请函》2018年1月3日。

② 毛莉：《构建中国周边学正当其时》，《中国社会科学报》2018年2月5日（第1388期）。

学,不能光从中国角度研究,还要顾及其他方面,提醒我们不仅要研究中国周边学,同时要研究"周边中国学",研究中国与周边国家的互相认知,中国周边学需要吸引、获取周边国家的认可与对接。有的专家从语言学角度提出研究中国周边学需要解决学习掌握周边国家民族语言的问题,指出哈佛大学设置外国语种90余种,中国国内大学对于周边国家语种开设和专业人才培养实在太少,不能适应中国周边研究和"一带一路"建设的现实需要。有的专家提出需要从人类学和民族学的视角研究中国周边学,开辟一个新的研究领域。还有一些学者提出从中华传统文化及其影响的角度研究中国周边学,提出中国周边学不仅要与中华美国学、欧洲学、日本学、俄罗斯学进行比较,而且要与其他大国的周边学进行比较研究,等等。已有更多的学者自动投稿,参与中国周边学的研讨。

2018年3月,本中心再次发出征稿邀请函,在学界广为征稿,并根据大家反馈的意见,对于原定参考议题做了调整和补充,从17条增加为23条,重要者为"中国周边学在中国站起来、富起来、强起来不同阶段的不同使命""中国周边学与中国边疆(边海)学""中国周边学与中国海洋学""中国周边学与中国民族学""中国周边学与中国宗教学""中国周边学与中国人类学""中国周边学与中国语言学"等。中心还欢迎大家不限于这些议题,放开思路,不断提出新的研究视角和思考方向。

随后,复旦大学中国与周边国家关系研究中心通过公众号"复旦中国周边研究"进一步推介《中国周边学研究简报》,引起更多学者的热议和关注,不断有学者、外交官、军人研究者等撰文加盟研讨,提出了更多极具价值的战略性或实用性的探索观点和有重要影响的评论,合计近50篇,举办大型学术研讨会的条件逐步成熟。

2018年6月23日,"'中国周边学'研究和新学科建设研讨会"在复旦大学举行。来自中国社会科学院、北京师范大学、国防大学、山东大学、山东师范大学、青岛科技大学、烟台大学、南京大学、吉林大学、武汉大学、苏州科技大学、云南大学、广东国际战略研究院、陆军炮兵防控兵学院、上海社会科学院、上海国际问题研究院、同济大学、华东师范大学、上海交通大学、上海外国语大学、上海理工大学、上海金融学院、复旦大学等单位的40余位专家学者以及来自中国社会科学杂志社新闻中心的媒体人共同出席研讨会,提交论文45篇。

中共中央对外联络部研究室栾建章主任应邀在研讨会上发表特别演讲。他认为，中国正处在一个崛起的前夜，面临诸多问题与困境，需要一套理论体系来支撑起整个中国崛起的过程。中国周边学理论的阐释与创新远远不只是创造几个新词，而是建立起中国特色的国际关系理论，既能够解释中国本身，也能够解释世界。中国周边学的构建在打消外界对中国的疑虑方面承担着重任，需要向世界说明一个新型的中国与世界的关系。中国周边学不是将周边几个区域战略进行机械性叠加，而是必须通过构造逻辑主线、逻辑起点并贯穿始终来解决中国周边外交的整体性问题，体现出"中国周边学"的独特性与理论创新性。栾建章主任的演讲对本次会议起了重要的引领和指导作用。

本次研讨会老中青三代学者欢聚一堂，围绕着"中国周边学的概念、内涵及学科定位""中国周边学的研究缘起和时代背景""中国周边学的理论创新和研究框架""中国周边学的实际运用和学科交叉""如何进一步开展中国周边学研究"五个专题，从不同的学科视角、专业方向进行了热烈而充分的研讨，集中体现了国内学界对中国周边学的真知灼见和最新研究成果，为开辟和发展中国周边学提供了许多新思考和新启示，引起学术界的广泛关注。

2018年7月2日，《中国社会科学报》在第一版的重要位置发表题为《发展回应时代的中国周边学》的文章，分列"以构建人类命运共同体为导向""创建中国特色周边外交理论""形成多学科交叉的立体体系"三个专题，详细介绍了参会学者的重要观点。[①] 8月1日，《世界知识》杂志刊发《再探"中国周边学"：学科建设的进展与前景》一文，分列"概念、内涵及学科定位""研究缘起和时代背景""理论创新和研究框架""中国周边学的实际运用和学科交叉"四个专题，详细介绍了参会学者的重要观点。[②] 本次会议和中国周边学的研讨活动也受到《人民日报内参》的关注，2018年第863期刊载了李文研究员撰写的《学者建议构建中国周边学服务外交需求》一文，送交政府高层决策参考。[③]

---

① 郑成宏、毛莉：《发展回应时代的中国周边学》，《中国社会科学报》2018年7月2日，第1版。
② 肖阳：《再探"中国周边学"：学科建设的进展与前景》，《世界知识》2018年第15期。
③ 李文：《学者建议构建中国周边学服务外交需求》，《人民日报内参》第863期，2018年8月1日。

三

《中国周边学研究文集》是本次会议的论文精选集，共收入27篇论文和14篇笔谈稿，可以说是中国周边学研究的结晶和最新成果，是国内综合研究中国周边学的第一部著作，汇聚了国内学术界重要专家学者对中国周边学研究的新观点和新思路。非常荣幸的是，中国社会科学院学部委员、国际关系学部前主任、著名国际政治学者张蕴岭先生和中共中央对外联络部政策研究室主任栾建章先生应邀为本书撰写了热情洋溢、评点中肯和高屋建瓴的序言，使本书大为增色。

本书的核心观点是：中国周边学是为适应中国从富起来到强起来的历史任务和时代需求而建设的新学科。中国成长为一个世界级大国后，需要解决如何与周边国家友好相处，合作共赢，建设中国所倡导的"命运共同体"，实现中国强大后仍不称霸的庄严承诺。建设中国周边学的历史目标和任务是，实际解决中国成为周边和世界"中心国家"后对中国周边地区的应对方略和理论建树。本书的主要亮点如栾建章先生在本书序言中所指出的体现在以下四个方面。

一是为中国周边学学科构建勾勒出基本雏形。本书着眼于对中国周边学的整体把握，对中国周边学的研究缘起、时代使命、理论视角、研究框架与应用领域等问题进行了全面而广泛的探讨，明确了其学科归属、学科定位、学科特色以及学科理论体系，为读者呈现出中国周边学作为一门学科的基本雏形，为今后中国周边学从碎片化研究走向整体性研究，并发展成为一门独立学科奠定了坚实的理论基础。

二是提出了一系列亟须回答的重大命题。本书中各位专家学者提出了诸如"封贡体系学"的历史评价与学理价值、当代西方国际关系理论的缺陷、中国周边学与"中国边疆学""区域国别研究"的异同、中国周边的范围及其变动等若干重大命题，并针对这些命题展开了十分精辟的论述，从深层次直接点出了问题的实质，如何回答这些重大命题成为中国周边学未来发展的关键。

三是推动中国周边学在理论研究方法上的突破。本书站在时代的高处，将构建中国周边学理论作为一项重大任务进行了深入探讨，主张既要批判和摒弃东西方国际关系理论中的种种弊病和糟粕，又要借鉴和汲取东西方国际关系理论中的合理成分和思想精华，从而形成了对东西方两种思想和文化的继承与超越，为构建和形成以"合作共赢"为核心理念和以"人类命运共同体"为目标的新理论体系提供了方法论指导。

四是多学科交叉成为中国周边学发展的新路径。本书收录的中国周边学论文中除了对周边政治、经济等传统问题的研究外，还拓展到对周边的民族宗教、边疆历史、语言文字、国防军事、周边国情、跨界河流、北极航道等关联问题的探讨，从理论和实践的多维视角探讨了中国与周边的互动关系，进一步彰显了中国周边学研究的重大意义，为共同促进中国周边学发展开辟了新路径。

需要指出的是，由于中国周边学的研究尚处于起步阶段，本书收录的论文中一定还存在不少缺点和问题。首先，对于中国周边学概念，尽管在学术界已有许多共识，但也存在不少分歧。本书收入了不同观点的论文，并相信不同思想的碰撞将有助于中国周边学研究的深入和发展。其次，由于提交论文的时间比较局促，难免有些粗糙，论文本身可能存在不足之处，有待于作者进一步思考和潜心研究，贡献更好的精品。最后，这些论文表达了作者们个人的观点和思考，若干论文提出的观点可能会引发分歧和争论，相信这种学术争鸣会有益于推进中国周边学的发展。

《中国周边学研究文集》的问世，将起到抛砖引玉的作用，中国周边学的研究和探索将继续前行。在经过一段时间准备后，2019年开春，我们将进行第二批规模征稿，除坚持原有多视角、多专业、多层次方向选择作者外，还希望邀请一批海外著名学者发表意见，并将征稿对象倾向中青年学者，包括博士研究生，希望更多的年轻人加入研讨，培植中国周边学新学科建设的新生力量和后继骨干。期待在未来的岁月里，经过大家的努力，能够出版《中国周边学研究文集》的第二、第三集，甚至更多，并且进而产生若干部不同风格和特点中国周边学研究专著，推动中国周边学早日成为一门独立的新学科，并对中国周边外交宏伟事业的发展做出重要的理论贡献。

值此《中国周边学研究文集》出版之际，我要向为中国周边学推介和本书编撰出版付出辛勤劳动的方方面面表示由衷的感谢，他们是：中国社会科学院学部委员、前国际关系部主任张蕴岭，中共中央对外联络部研究室主任栾建章，复旦大学副校长陈志敏、文科科研处处长顾东辉、国际问题研究院院长吴心伯、副院长冯玉军、国际关系和公共事务学院执行院长苏长和、党委书记刘季平，《中国社会科学报》新闻部主任郑成宏、记者毛莉，世界知识出版社总编章少红、副总编罗洁、副社长汪琴、编辑张怿丹，《世界知识》杂志社编审徐波，复旦大学中国与周边国家关系研究中心中心行政助理胡旸昱、博士研生陈妙玲等。我更要感谢从百忙之中抽出时间精心写作贡献论文和笔谈稿的全体作者,是大家的共同努力和心血打造了这部具有创新意义的著作!

会议综述

第八届中国周边外交研讨会综述

复旦大学中国与周边国家关系研究中心秘书　胡旸昱

2018年11月16日至17日，由复旦大学国际问题研究院主办，复旦大学中国与周边国家关系研究中心承办的复旦大学第八届中国周边外交研讨会在复旦大学举行。本届研讨会的主题为"新时代的中国周边外交：机遇与挑战"。来自中国外交部、复旦大学、中国社会科学院、国防大学、中国国际问题研究院、中国现代国际关系研究院、上海国际问题研究院、广东国际战略研究院、中国南海研究院、武汉大学、中山大学、吉林大学、云南大学等机构的30余位专家学者以及来自世界知识出版社、《世界知识》杂志社等新闻出版机构的媒体人共同出席了本届研讨会。

研讨会开幕式由复旦大学国际问题研究院院长吴心伯教授致辞。吴心伯指出，中国周边外交的地位和重要性不断提升，周边外交在中国特色大国外交中的作用不断得到弘扬，我国在周边地区面临着很多前所未有的矛盾和挑战。周边外交的本质是与周边国家进行长期、深层次的互动，因此，吴心伯提出今后的周边外交研讨会将不仅限于国内学者，还可增加与周边国家学界的合作与研讨，使周边外交研究更接地气，更具针对性，从而为中国周边外交的理论与实践研究做出贡献。

外交部亚洲司董书慧参赞，国防大学少将朱成虎教授分别发表主旨演讲。董书慧总结了2018年的中国周边外交工作，指出在习近平新时代中国特色社会主义思想和党的十九大精神的指引下，主要通过保持高层交往的投入，实现对周边外交的政治引领；重点突破，全面改善与周边国家关系；"一带一路"务实合作；区域合作等方式努力维护国家的主权安全与发展利益，保证周边的战略稳定。董书慧表示，2019年是我国建国70周年，也是实施"十三五"规划的关键一年，周边外交下一步的主要思路依旧是抓住构建周边命运共同体这一条主线，抓好安全和发展这两个方向，着力强化建设性的介入、安全运筹和软实力三大手段和能力，统筹东北亚、东南亚和南亚区域合作方向的工作，坚持稳中求进，以进促稳的总基调。在周边大国关系、热点问题上促稳，在推动经济与区域合作上求真，突出周边在国际国内两个大局中的重要地位和作用，全方位提升我们稳定周边和经略周边的能力，服务国内外的总体目标。

朱成虎就美国与中国周边外交的关系着重进行探讨。朱成虎指出，中国周边外交是中美博弈的一个重要组成部分，中方需要正确看待美国的全球战略，厘清现今美国的对华战略，客观认识到中美贸易摩擦所表现出的结构性矛盾的不可调和性。朱成虎认为，贸易战是中美在一系列问题上摊牌的开始，中美之间利益碰撞不可避免，若能在东亚地区建立"10+3"自由贸易圈则能在一定程度上抵消中美贸易摩擦带来的负面影响，也有利于扩大中国的影响力。同时，在周边地区建立起有效的安全机制，对于周边地区安全具有关键的作用。在当前国际形势下，中美之间的利益碰撞不可避免，如何重新定义中美关系、经贸能否继续成为中美关系的压舱石是目前中国外交亟须研究的新议题。

一、中国周边外交综论

第一专题"中国周边外交综论"研讨由复旦大学国际问题研究院日本研究中心胡令远教授主持，共有4位学者围绕议题发言。

中国社会科学院亚太与全球战略研究院张洁研究员介绍了周边安全形势的分析框架，并就2018年中国周边安全环境进行评估。张洁认为，对于周边安全形势的评估主要考虑大国因素和地区热点问题。2018年中国周边安全的整体压力加大。压力主要来自两方面，一是大国竞争重返亚洲并且不断加剧。"中国方案"与美国"印太战略"围绕地区秩序展开竞争，引发周边国家和地区进行外交政策调整；美日印澳四边对话的重启意味着亚太地区安全机制的重生，给中国崛起带来挑战。二是地区热点问题酝酿着新的"临界点"。热点问题的数量有所减少，但是危险度明显上升，突出表现为朝核问题和南海问题，这增加了周边形势的复杂性。为更好地应对中美贸易摩擦和地区形势的变化，中国应继续深化国内的经济改革和开放，因为经济安全是中国安全的首要基石。

国防大学政治学院张芳副教授做了题为《中美战略博弈与中国周边的军事合作》的发言。张芳认为，2018年中国与周边国家的军事合作基本态势表现出三大特点：稳定性、平衡性和积极性。中国坚持与邻为善、以邻为伴，通过高层交往、深化联演联训、人员培训、能力建设等军事外交模式，不断丰富中国与周边国家军事外交的内涵和外延。与此同时，美国持续推进一套"对华大战略"，对中国的周边安全尤其是中国与周边国家的国际军事合作造成了不利影响。张芳指出，美国的"对华大战略"主要分为三个战略运作来对中国周边安全施加影响：一是美国战略重心持续东移引发地区动荡，美国试图通过海上围堵把中国塑造为亚太公敌；二是美国密织印太地区的军事关系网络，通过扩建关岛基地，打造战略枢纽，提升二线投送能力；三是美国加强联合军演等方式提升与日、韩、印度等国家的军事合作密切度。中国应做到冷静判断，清醒认知美国及其战略目的，同时在世界上传播一流军队的价值理念，提升军事影响力。

中国社会科学院亚太与全球战略研究院许利平研究员就2018年中国周边人文外交进行评估与展望。许利平认为，2018年是中国全面贯彻十九大精神的开局之年，也是中国改革开放40周年，中国举办了博鳌亚洲论坛、上海合作组织青岛峰会、中非合作论坛北京峰会、中国进口博览会四场主场外交，其中三场涉及中国的周边外交，而人文外交在其中扮演着日益重要的角色。在共建"一带一路"和周边元首外交过程中，中国的周边人文外交地位凸显。智库外交、文化外交、旅游外交、科技外交、媒体外交等人文外交形式全面推进，综合发力。许利平指出周边人文外交存在三点问题：一是实践先行、理论滞后；二是中央积极、地方消极；三是人文外交项目规划或设计应景项目较多，而解决根本性问题的长期项目较少，缺少系统思维和设计。

复旦大学国际问题研究院中国与周边国家关系研究中心主任石源华教授对2018年中国周边外交形势做出评估，并探讨了周边外交的定位和新方略。石源华对中国周边外交形势的评估主要有五点内容：一是中美竞争态势成主流，但处可控范围；二是既成国际秩序遭遇挑战，但不容随意舍弃；三是周边热点问题有所降温，但存在复活和反复可能；四是"中间国家"对华关系趋好，但须继续强化；五是周边合作机制面临冲击，但有望整合推进。石源华指出，未来中国周边外交的定位将表现为：周边外交仍然在中国外交全局中占据首要地位；中国仍将在既成国际体系之下实现强国目标；中美仍将维系"兼容共存"基本格局；"中间国家"是周边外交的重要对象；多边主义是未来中国周边秩序的主要方向。石源华强调，未来中国的发展需要制定一个大战略，即中国不走苏联曾经走过的老路，将做大做好做强自身放在"重中之重"地位，同时积

会议综述

极争取广大的"中间国家",保持和增强自身的战略定力。

二、中国周边大国外交

第二专题"中国周边大国外交"由上海国际问题研究院亚太研究中心吴寄南研究员主持,共有4位学者就该议题进行研讨。

复旦大学国际问题研究院副院长、俄罗斯研究中心主任冯玉军教授从政治、经济、安全合作角度介绍了2018年中国对俄外交。在政治层面上,中俄两国互信进一步增强,领导人互动密切;在经济层面上,中俄在能源、高科技、基础设施建设、互联互通领域取得了新的进展;在安全层面上,中俄的军用飞机合作在经历了短暂停滞后取得了新的突破,装备和技术实现双向流动。冯玉军指出,除了关注中俄关系取得的成果,还应关注中俄关系中三点不平衡之处:一是中俄两国的国力对比正在经历着历史上前所未有的变化,中国应思考如何让中国的崛起和发展能够保持在稳定、健康的轨道之上;二是中俄相互依赖程度不平衡,在面对来自美国的压力时中方对于俄罗斯心理上的依赖度依然很大;三是成本与收益的不平衡,中俄关系中,目前为止俄罗斯付出的成本是极低的,但获得的收益却是来自中国的大量投资乃至技术上的输出。中国应致力于推进中美、中俄、俄美三对双边关系并行不悖的发展模式。

云南大学国际关系研究院潘亚玲副研究员就2018年中国对美外交做了书面报告。潘亚玲总结了2018年中美关系的三个特征:一是坚持战略审慎,在对中美关系不确定性上升的认知逐渐占据主导的同时,对中美关系中的积极因素仍保持战略信心和战略耐心;二是强化战略韧性,以"斗智斗勇而非斗气斗狠"的原则为指导,真正做到"硬的更硬,软的更软";三是拓展战略纵深,从国际体系转型关键期和中国崛起历史交汇期的高度出发,管理中美关系战略不确定性,推动对美工作中长期战略转型。潘亚玲指出,应关注中国对美外交中出现的一些重要且深远的变化,积极深入思考中国对美外交以及中国外交的变化,从而真正实现学术研究与政策实践的更好对接。

中国社会科学院亚太与全球战略研究院孙西辉助理研究员就2018年中印关系进行发言。孙西辉总结了2018年中印关系的两个主要特点:一是双边关系高开高走;二是中印关系在中国外交中地位上升。中国从首脑外交、外事交流、经贸交流、军事互动四个方面推动中印关系的改善,为中印关系现状定调。孙西辉认为,中印关系发展仍存在着一定的限度和挑战,我们需要对中印关系的发展有合理的预期,可以预期中印保持相对友好,但不要期待两国关系非常密切;可以预期中印关系实现总体稳定,但不要期待两国关系一帆风顺;可以吸引印度在"一带一路"倡议的部分具体项目的合作,但不要期待印度全面参与"一带一路"倡议。

上海国际问题研究院亚太研究中心吴寄南研究员将2018年中日关系归纳为三大特点:一是重启首脑互访,深入战略沟通;二是解决敏感问题,构建合作框架;三是密切经贸合作,启动第三方市场合作。中日关系出现转圜,其背后具有三点主要驱动因素:一是应对外部挑战、改善战略态势的共同需求拉近了中日两国的距离;二是深化结构改革、克服发展瓶颈的内在要因推动中日两国携手合作;三是两国民众对睦邻友好、互利合作的渴望促使双方高层领导人积极响应。吴寄南预测,这一波中日关系的改善大约能够持续两三年时间,但长期来看还存在诸多问题与阻碍,如中日之间一些结构性矛盾没有得到解决,日本国内的"嫌华"思潮仍然非常猖獗,美国加大遏华的溢出效应等。

三、中国周边次区域外交

第三专题"中国周边次区域外交"由复旦大学国际问题研究院冯玉军教授主持,共有5位学者在此环节发言。

中国社会科学院俄罗斯东欧中亚研究所中亚室主任张宁研究员就2018年中国的中亚外交做出评价。张宁表示,2018年中亚形势总体稳定,中国与中亚关系继续深化,政治互信不断加深,地区安全得到有效维护,丝绸之路经济带建设稳步推进。未来,中国与中亚国家将继续重点发展丝绸之路经济带与中亚国家,以及上海合作组织与欧亚经济联盟的对接合作,中国西部将维持良好的稳定与发展环境。在推进"一带一路"建设方面,张宁认为尚存四大难题:1. 政府支持但基层百姓缺乏积极性;2. "中国威胁论"等谣言和误解难以消除;3. 新疆地区安全问题;4. 中亚市场规模小,有待开拓。

云南大学周边外交研究中心首席专家卢光盛教授分析了2018年中国东南亚外交的成就与存在的问题。在2018年不确定性剧增的国际形势下,中国的东南亚外交涌现出诸多亮点:1. 双边经贸关系持续深化;2. 政治关系不断攀升新高度;3. 防务合作取得突破;4. 地区热点、难点问题取得进展;5. 澜湄合作从培育期进入成长期;6. RCEP谈判进入攻坚收尾阶段。卢光盛同时指出中国的东南亚外交面临着诸多问题,尤其美国因素是中国东南亚外交中的最不稳定因素。卢光盛提出，未来中国的东南亚外交可从四方面入手：一是加快构建更为紧密的中国—东盟命运共同体；二是深入对接中国—东盟发展战略，促进地区合作机制的协调与融合；三是加强第三方市场合作，发掘区域合作新的增长点；四是挤压"印太战略"的生存空间，防止东南亚国家倒向美方阵营。

吉林大学行政学院国际政治系郭锐教授围绕2018年中国和西亚的关系变化进行研讨。2018年，中国因应西亚国家的不同国情，灵活运用元首外交、政治交往、经济外交、政党外交等多种形式，进一步增进了中国与西亚国家关系，为开创中国与西亚外交新局面，奠定了良好基础。郭锐进一步指出，美国在西亚地区实行"战略收缩"政策与俄罗斯"重返西亚"举动之间的激烈博弈，以及西亚国家自身存在的政局不稳、发展差距增大、地缘安全形势复杂等突出问题，使现阶段中国西亚外交面临不小的挑战，中国应积极推进"一带一路"建设，参与西亚地区新秩序构建，努力开创全方位的中国西亚外交新局面。

中山大学大洋洲研究中心费晟副教授探讨了2018年中国的南太平洋外交形势。费晟认为，2018年中国与南太平洋国家的关系呈现出两个相互关联但对比鲜明的态势。一方面，澳大利亚与中国关系自2017年下旬开始处于"30年来最糟糕的状态"，但从2018年8月开始触底反弹，在许多方面呈现出回暖势态；另一方面，中国与大洋洲岛国的关系不断升温，达成了空前的互利互惠及认同，但也出现了一些针对中国崛起的抵制与摩擦。费晟表示，习近平主席与南太岛国领导人举行集体会晤并受到高度认可的现实表明，中国对南太岛国外交将越来越多取决于中方及岛国自身的意愿。

中国国际问题研究院海洋安全与合作中心主任赵青海研究员的发言题为《美国炒作南海军事化及其影响》。赵青海介绍了美国炒作南海军事化的三种手段：一是在多边层面批评指责中国南海军事部署，并警告中国若在南海进驻将有长期的后果；二是美国军方、学界和媒体联合向相关媒体喂料，介绍并公布南沙岛礁的建设和部署情况；三是美国将岛礁军事化与中国参与主导的多边军演挂钩，引发制裁担忧。赵青海分析了美国炒作和针对中国在南海军事化的动因：1. 防止中国在南海军事部署的规模扩大和升级；2. 通过炒作来彰显美国对南海地区安全的承诺，维护该地区安全事务的主导权；3. 特朗普政府要为持续增加的军费和推进"印太战略"寻找更多的合法性。赵青海认为，美国炒作南海军事化的一大影响是制造了域内外国家对中国控制南海海上通道的担心，为澳大利亚、日本、英国、法国等国介入南海乃至东亚安全事务创造了机会。

四、中国周边外交热点议题

第四专题"中国周边外交热点议题"由中国国际问题研究院亚太研究所所长刘卿研究员主持，共有7位学者围绕议题展开研讨。

中国社会科学院亚太与全球战略研究院董向荣研究员的发言题为《朝鲜半岛无核化动向及朝美关系未来走势》。董向荣表示，2018年的朝鲜半岛局势变化几乎超出了所有人的预期，围绕朝鲜的中韩、中美、韩美之间的多轮首脑会晤大大缓解了半岛紧张局势，朝美之间实现了事实上的"双暂停"。董向荣认为，未来朝美之间的博弈将集中在朝鲜的"核冻结"与美国的放松经济制裁之间的讨价还价上。中国将继续积极参与朝鲜半岛对话进程，在期盼朝鲜半岛对话取得实质性成果的同时，也需要做好未来危机管理的准备。

中国南海研究院海洋法律与政策研究所闫岩所长就中菲南海共同开发的进展与前景进行发言。闫岩梳理了2018年南海总体形势以及中菲关系，表示中菲南海问题双边磋商机制的设立、《中菲联合声明》的发布和《中菲油气合作开发谅解备忘录》的签署体现了两国政府良好的政治意愿，两国在南海开展油气合作开发以及共同开发的可能性明显提升。但考虑到菲政府受到的来自国内反对派的压力以及菲律宾国内法的重重限制等因素，中菲南海油气共同开发仍面临着难以跨越的障碍。中菲在突破障碍推进共同开发的同时，应更注重其他领域的海上合作，以共建互信，稳定局势。

广东国际战略研究院赵卫华教授分析了"南海行为准则"磋商的进展与挑战。2018年，中国与东盟各国就"南海行为准则"单一磋商文本达成一致，在全面落实《南海各方行为宣言》和制定"南海行为准则"过程中取得的突破性进展。然而，在美国的单边主义倾向日益突出的情况下，以美国为首的域外大国却不断加大对南海的介入，使得南海呈现出缓和与紧张并存的复杂局面，也对"南海行为准则"的进一步磋商带来很大的不确定性。赵卫华认为，"南海行为准则"的最终达成依然需要克服诸多障碍，中国和东盟各方需以和平协商的方式追求共赢。

复旦大学国际问题研究院中国与周边国家关系研究中心薛松助理研究员的发言主题是《中美日在印尼基础设施投资中的竞争分析》。薛松指出，基础设施建设作为印尼总统佐科推出"全球海洋支点"的国家发展战略的核心内容，吸引了大量来自中国、日本、新加坡、美国等国家的投资。其中,中国已成为印尼第二大外资来源国,主要原因是中国具有强大的融资能力,在"一带一路"倡议的推动下形成了以高铁外交为代表的基础设施外交。针对中国的基础设施外交,美国、日本分别出台一系列投资政策,旨在与中国竞争影响力,从经济与安全方面压制中国。薛松认为,中美日在印尼基础设施领域的竞争使印尼受益,印尼借此机会增加就业,推动经济增长,提升基础设施水平。同时,作为东南亚第一人口大国和东盟创始国之一以及东盟非正式主导者的印尼,对中美日等大国在东南亚基础设施领域竞争的态度,对其他东南亚国家也会产生重要的影响。

复旦大学国际关系与公共事务学院贺嘉洁副研究员的发言题为《缅甸若开邦问题与中国的斡旋外交》。贺嘉洁介绍了缅甸若开邦罗兴亚穆斯林与政府之间冲突的历史背景,并分析了该地区严重的难民问题对中国周边地区安全稳定造成的影响。为了维护地区安全稳定,为"一带一路"项目在该地区顺利推进营造良好政治安全环境,中国积极参与若开邦问题的斡旋,其中主要包括三个层面:一是外长和特使在缅孟之间的穿梭外交;二是中国为难民遣返提供了必要的物质保障和人道主义支持;三是针对贫困问题提供了根本性的解决方案,即提出制暴、遣返、发展的三阶段"中国方案"。贺嘉洁总结了中国斡旋外交的原则与立场:一是始终坚持不干涉缅甸国家的内政;二是始终反对将罗兴亚问题国际化和过度政治化;三是坚持标本兼治,在解决眼前冲突的同时,也要消除导致冲突的根本原因。

武汉大学中国边界与海洋研究院关培凤教授从历史、安全、宗教角度研讨了克什米尔争端与中印巴关系。关培凤认为,克什米尔争端涉及中国西部和西南边疆的安全问题,其长期未解决意味着中国和巴基斯坦的边界问题始终是一个临时安排,而且克什米尔地区的恐怖主义问题和新疆极端势力和分裂势力的关联问题是当前亟须关注的重点。出于中国在南亚维护稳定以及防止恐怖主义渗透的战略考虑,中国在克什米尔争端问题上的作用和做出的贡献较为有限,难以充当调停者的角色。关培凤建议,中国可以做一个积极中立的劝和者,尽量将克什米尔争端的问题控制在一定范围内的冲突,防止对中国西部安全和南亚战略造成重大影响。

中国现代国际关系研究院南亚所王世达副研究员就阿富汗和平进程及中国的作用发言。王世达梳理了阿富汗和解的历程,表示2018年阿富汗和平进程虽然有一些实质性进展,但从整体看其固有的障碍仍然没有彻底消除。阿富汗政府及各方利益诉求难以弥合和美军撤军未果是阻碍和平进程的核心问题。王世达指出,作为阿富汗近邻,中国在阿富汗存在安全、政治和经济等多重利益。未来中国应坚持倡导以"阿人主导、阿人所有"为基本原则的阿富汗和平进程,推动阿族群内部就和解问题充分交流看法,寻求共识,早日实现持久和平、稳定与发展。

会议"自由研讨"环节由复旦大学国际问题研究院祁怀高副院长主持,学者们就会议研讨内容展开精彩评析。复旦大学国际问题研究院中国与周边国家关系研究中心主任石源华教授做会议总结。石源华向与会学者表示感谢,并汇报了复旦大学中国与周边国家关系研究中心正在进行的一系列有关周边外交的基础性项目。本次研讨会是开展中国周边外交研究的年度会议,既总结了当前周边外交成果,也对未来周边外交形势进行研判。学者们在会上提出许多创新性的想法和务实的政策建议,对中国周边外交研究的发展具有十分积极的意义。

附　录

复旦大学中国与周边国家关系研究中心简介

（2019年4月）

复旦大学中国与周边国家关系研究中心（Center for China's Relations with Neighboring Countries of Fudan University，CCRNC-Fudan，以下简称"复旦中国周边中心"）成立于2013年11月11日，隶属于复旦大学国际问题研究院，同时也是国家领土主权与海洋权益协同创新中心（教育部2011协同创新中心）复旦大学分中心。

中心的定位是：以复旦大学优势学科政治学和国际关系为依托，着力于中国与周边国家之间的政治、安全、经济、外交、民族、宗教与文化关系研究；担当中国与周边国家关系研究领域有重要影响力的问题研究者、政策建言者、思想提供者和舆论塑造者。中心将凝聚研究团队，努力建设成为中国周边研究的新高地和具有国际影响的研究机构，为中国周边外交建设做出重要智力贡献。

截至2019年3月30日，中心研究人员为13人，其中教授（研究员）9人、副教授（副研究员）2人、助理研究员2人。包括：石源华教授、陈玉刚教授、纳日碧力戈教授、信强研究员、包霞琴教授、方秀玉研究员、邢丽菊研究员、徐海燕研究员、郑继永研究员、祁怀高副研究员、涂怡超副研究员、薛松助理研究员、朱芹助理研究员。中心在站博士后研究人员1人，科研秘书1人。

中心的主要工作包括：1. 为中国周边外交建设资政献策；2. 推介"中国周边学"研究；3. 编著《中国周边外交研究报告》（年度报告）；4. 主办《中国周边外交研究》（学术集刊，每年2辑）；5. 出版"复旦大学中国周边外交研究丛书"，"丛书"已先后出版《中国崛起背景下的周边安全与周边外交》（中华书局2014年版）、《冷战后中国周边地区政策的动力机制研究》（中华书局2016年版）、《中国周边外交十四讲》（社会科学文献出版社2016年版）、《转型期日本的对华认知与对华政策》(中华书局2017年版)、《人文化成：中国与周边国家人文交流》(世界知识出版社2018年版)、《中国与周边各国的人文交流与互鉴》(世界知识出版社2018年版)；6. 编制"中国周边国家概况及对华关系数据库"，该数据库的成果之一是工具书《中国周边国家概览》(世界知识出版社2017年版)；7. 主办"复旦大学中国周边外交研究论坛"；8. 举办国际国内学术会议；9. 参与打造周边外交的中国话语权；10. 教书育人，人才培养。

中心是"中国—东盟学术共同体"(the Network of ASEAN-China Academic Institutes，NACAI)的常设秘书处。

中心成立后，中心研究人员获得多个国家社会科学基金项目，并积极承担中国政府部门的相关科研项目。中心招收政治学博士后研究人员，招收国际关系、国际政治、外交学专业的博士生和硕士生。中心欢迎国内外从事中国与周边国家关系研究的学者和官员前来访学交流。

《中国周边外交研究》征稿启事

《中国周边外交研究》是由复旦大学中国与周边国家关系研究中心、国家领土主权与海洋权益协同创新中心复旦大学分中心主办的中国周边外交研究专业性学术集刊。宗旨是：瞄准中国领土主权与海洋权益重大问题，努力推进对中国与周边国家之间的政治、安全、经济、外交、文化关系的理论研究、战略研究、个案研究和综合研究。

《中国周边外交研究》设有"特稿""'中国周边学'笔谈""周边外交综论""'一带一路'研究""周边次区域研究""亚洲新安全观""亚洲命运共同体""中国边海事务""周边看中国""周边国情研究""周边文化交流""青年论坛""学术动态""书评"等栏目。

欢迎国内外从事中国与周边国家关系研究、中国领土主权与海洋权益重大问题研究的学者和朋友们赐稿。

《中国周边外交研究》每年出版2辑，每年度第1辑于3月1日截止收稿，第2辑于9月1日截止收稿。

投稿者务请注意以下事项：

一、来稿请提供电子版。严格遵守学术规范，引用的文献、观点和主要事实要注明来源。网上资料的引用应做到可核查。具体注释体例请参见"《中国周边外交研究》注释体例"。

二、学术论文每篇字数一般为1万—2万字；书评及学术动态一般在5000字以内。

三、来稿请提供中英文的题名、作者姓名、工作单位、内容提要（250—300字）、关键词（3—5个）。同时请提供作者简介、详细通信地址、邮编、电话号码、电子邮件地址，以便联系。

四、请勿一稿多投。来稿一经刊用，即付稿酬（含信息网络传播和数字发行稿酬），并赠送当期集刊2册。

五、本集刊对采用的稿件有修改权，不同意修改者，请在来稿中申明。

六、本集刊实行匿名评审制度，确保论文质量。

七、《中国周边外交研究》编辑部联系方式：电邮：ccrnc@fudan.edu.cn；联系人：胡旸昱；电话：021-65642939；传真：021-65642939；地址：上海市邯郸路220号复旦大学文科楼307室复旦大学中国与周边国家关系研究中心；邮编：200433。

《中国周边外交研究》编辑部

2019年4月

《中国周边外交研究》稿件体例及注释规范

一、文稿请按题目、作者、内容提要（250—300字）、关键词（3—5个）、基金项目（可选）、作者简介、正文之次序撰写。节次或内容编号请按一、（一）、1、（1）……之顺序排列。文后请附英文题目和英文摘要。

二、正文或注释中出现的中文书籍、期刊、报纸之名称，请以书名号《》表示；文章篇名请以书名号《》表示。英文著作、期刊、报纸之名称，请以斜体表示；文章篇名请以双引号""表示。古籍书名与篇名连用时，可用·将书名与篇名分开，如《论语·学而》。

三、正文或注释中出现的页码及出版年月日，请尽量以公元纪年并以阿拉伯数字表示。

四、所有引注均需详列来源。注释一律采用"页下脚注"格式，并请参考下列附例：

（一）书籍

1. 中文

（1）专著

石源华：《中华民国外交史新著》（第三卷），北京：社会科学文献出版社，2013年，第1094—1174页。

（2）编著

石泽主编：《中国周边国家与合作组织》，北京：人民出版社，2014年，第39页。

（3）译著

[美]亨利·基辛格：《大外交》，顾淑馨等译，海口：海南出版社，2012年，第146页。

（4）文集中的文章

爱德华·卡尔：《现实主义对乌托邦主义的批判》，秦亚青编：《西方国际关系理论经典导读》，北京：北京大学出版社，2009年，第3—24页。

2. 西文

（1）专著

Robert G. Sutter, *Chinese Foreign Relations: Power and Policy since the Cold War*, Lanham, Maryland: Rowman & Littlefield Publishers, Inc., 2012, pp.17-37.

（2）编著

Christopher M. Dent, eds., *China, Japan and Regional Leadership in East Asia*, Cheltenham, U.K.: Edward Elgar Publishing Ltd., 2008, p.286.

（3）文集中的文章

June Teufel Dreyer, "Sino-Japanese Territorial and Maritime Disputes," Bruce A. Elleman, Stephen Kotkin, and Clive Schofield, eds., *Beijing's Power and China's Borders: Twenty Neighbors in Asia*, New York: M. E. Sharpe, 2013, pp.81-95.

（二）论文

1. 中文

（1）学术论文

祁怀高、石源华：《中国的周边安全挑战与大周边外交战略》，《世界经济与政治》2013年第6期，第25—46页。

（2）报纸文章

温家宝：《关于社会主义初级阶段的历史任务和我国对外政策的几个问题》，《人民日报》2007年2月27日，第2版。

（3）学位论文

都允珠：《后冷战时期中国周边区域多边外交研究》，博士学位论文，复旦大学，2008年，第134页。

2. 西文

（1）期刊论文

Adam P. Liff and G. John Ikenberry, "Racing toward Tragedy?: China's Rise, Military Competition in the Asia Pacific, and the Security Dilemma," *International Security,* Vol.39, No.2 (Fall 2014), pp.52-91.

（2）报纸文章

Joseph S. Nye Jr., "Work With China, Don't Contain It," *New York Times*, January 26, 2013, p.19.

（三）档案文献

1. 中文

《斯大林与毛泽东会谈记录》，1949年12月16日，俄总统档案馆，全宗45，目录1，案宗239，第9—17页。

2. 西文

U.S. Department of States, *Foreign Relations of the United States*, 1932, Vol. III, The Far East, Washington D.C.: Government Printing Office, 1948, p.8.

（四）辞书类

1. 中文

夏征农、陈至立主编：《辞海》（第六版彩图本），第2册，上海：上海辞书出版社，2009年，第2978页。

2. 西文

The New Encyclopaedia Britannica, "The Transition to Socialism, 1953-57," *Encyclopaedia Britannica*, Vol.15, 15th ed., Chicago, 1988, p.145.

五、第一次引用应注明文献全名与出版项，再次引用可以简化为"作者、著作、页码"。

六、来源于互联网的电子资源，除注明作者、题目、发表日期等信息外，还应注明完整网址。

1. 中文

国务院新闻办公室：《中国的和平发展》，2011年9月，http://www.scio.gov.cn/zfbps/ndhf/2011/Document/1000032/1000032.htm。

2. 西文

Central Intelligence Agency, "Maritime Zones of Northeast Asia," Report No. 923, February 9, 1978, https://www.cia.gov/library/readingroom/docs/CIA-RDP08C01297R000200130003-5.pdf.

《中国周边外交研究》编辑部
2019年4月